陈春花 著

陈春花文集

第二集

商业评论 ③
成长

·广州·

图书在版编目（CIP）数据

成长/陈春花著. —广州：华南理工大学出版社，2018.9
（陈春花文集. 第二集，商业评论；3）
ISBN 978-7-5623-5765-0

Ⅰ.①成⋯　Ⅱ.①陈⋯　Ⅲ.①企业管理　Ⅳ.①F272

中国版本图书馆CIP数据核字（2018）第191887号

Chengzhang

成长

陈春花　著

出 版 人：卢家明
出版发行：华南理工大学出版社
（广州五山华南理工大学17号楼，邮编510640）
http://www.scutpress.com.cn　　E-mail:scutc13@scut.edu.cn
营销部电话：020-87113487　87111048（传真）

总 策 划：卢家明
策划编辑：罗月花
责任编辑：袁晓凤　兰新文
印 刷 者：广州市新怡印务有限公司

开　　本：787mm×960mm　1/16　印张：18.5　字数：342千
版　　次：2018年9月第1版　2018年9月第1次印刷
印　　数：1~2000册
定　　价：92.00元

版权所有　盗版必究　印装差错　负责调换

《陈春花文集》总序

对实践敬仰，守理论自信

如果不是这样的幸运，我相信这套文集不会有面世的一天。

我是幸运的。1982年开始能够在华南理工大学学习和工作，让我有机会置身于改革开放浪潮下的珠江三角洲这片热土。1992年开始，因为青年教师需要到基层学习和实践，我来到东莞厚街镇，在这里我直接接触并切身体会到乡镇经济发展的点点滴滴。之后由于学校的机缘到汕头春源集团任职，在这家香港企业家投资创办的加工企业参与管理，深入了解境外投资企业本土化的管理过程。随后，我开始有机会到康佳、TCL、科龙、美的、万和、顺德农商银行（原顺德信用合作社）、南方航空、深圳航空、南方电网、广东电信、珠江啤酒、香港星光集团、招商基金、威创股份、东方园林等企业做管理顾问工作或者主持咨询项目，与这些企业一起成长并拥有了长期近距离观察企业的机会。更有幸的是，2003—2004年出任山东六和集团总裁，2013—2016年出任新希望六和股份有限公司联席董事长兼首席执行官，2017年则接任新华都集团的工作。这些直接的管理实践，让我更清晰地理解管理研究与管理实践之间的融合度，也为我能够展开研究奠定了丰厚的企业实践基础。

而对我而言，最大的幸运是一直可以保有作为一个管理学教师和研究者的身份，与众多的商学院学生们一起学习和交流，见证和参与了中国改革开放40年间中国企业的成长与进步。这些经历无疑给了我巨大的帮助，让我能够因应企业的成长去透彻理解管理理论的价值,去理解并找寻理论的本质内涵,去发现和发展管理理论与研究的真正意义。也正因如此,在过去30年从教经历中,可以针对管理问题展开充分的讨论,并形成了这些文字。企业实践中不断涌现出新的方案,也促使我的思考、研究与写作源源不断,那些实践激荡我的想法,甚至有无法停下来的感觉,这种感觉真的很好。感恩这所大学,感恩这片热土,感恩这个时代,感恩中国,感恩中国企业实践。

研究会带来什么?

当我决定做一个教师,把教学与研究作为终生职业的时候,我并未真的理解"研究到底意味着什么"。20多年前,我把自己的研究目标确定为研究"中国本土企业成长模式"时,我和我的团队开始对研究进行了漫长而艰难的思考,其产品就是那本《领先之道》。这本书的内容是对中国企业成长的分析,在其中,我们试图回答这些问题:一些中国企业为什么可以成为领先者?这个成长的过程到底发生了什么?这些影响因素是否可以让其他企业借鉴并获得成长?对于这三个问题的追问和探讨,持续了接近30年,我们持续给出阶段性的答案,这些答案帮助到一些企业成长,也帮助了我和我的团队成长。更重要的是,对这些问题的答案的不断追寻使我持续与企业互动,并将感悟持续融入教学、研究中,让更多人去关注这三个问题,去寻找属于每个思考过这三个问题者自己的答案。接近30年持续的研究,让我可以真切地理解研究带来的贡献到底是什么,研究本身给我的帮助是什么。

我深受彼得·德鲁克先生的影响,德鲁克先生1994年写给《经济学人》主编的信中再一次重申管理研究要解决实践问题。在信中,他列举自己1950—1971年间从事管理学研究和实践的累累硕果。这一时期,他完成了自己9部主要管理学著作中的6部;这一时期,他是纽约大学研究生院的全职管理学教授,其中有10年,他还在宾夕法尼亚大学沃顿商学院任兼职教授;他的主要商业咨询活动也是在这一时期完成的。这样的研究路径,让德鲁克的著作承载着其极具旺盛生命力的管理实践思想。

德鲁克先生认为,管理研究要解答实践问题。能提出管理实践中出现的问题并解决这些问题，是管理学进步的标志。在其一系列经典著作中，德鲁克回答了管理实践研究中最根本的问题：管理作为独特的组织活动如何设定自己的结构？管理中如何面对人？管理决策的依据是什么？管理的范围如何界定？管理实践界定的标准是什么？管理的成效如何评价？当德鲁克先生清晰、准确地回答了这些问题的时候，管理实践所取得的成效成为人类历史上最激动人心的一项创新。而对于管理教育应该如何具有价值，也应该如德鲁克先生所设计的那样，让管理者"可以把课堂上学的东西立即运用到他们的实践中，同时把他们在日常工作中的经验和问题拿到课堂上进行讨论分析"。

"比使命更重要的是实践"这句话是我总结德鲁克先生经典著作《价值贡献》一文的结束语。在点评先生的信件时，我忍不住还是用这句话做结束语，但是改动了一个词"行动"——"比使命更重要的是行动"。我们一直在思考德鲁克思想旺盛生命力的来源，最后发现其长盛不衰的原因就在于，作为旁观者的德鲁克的思考是如此地贴近管理实践的真实情况，以至于后人的所有优秀作品的重要观点几乎都可以从其思想中找到根源。德鲁克的思想可以被不同的个人和组织所接受，并且应用于不同的领域。正是源于他对于管理本质的界定："管理是一种实践，其本质不在于'知'，而在于'行'，其验证不在于逻辑，而在于成果。"对于每一个管理学者而言，比使命更重要的是行动，就像德鲁克先生倾力实践他的使命一样。我是这样评价先生的，也是这样去要求自己的。

研究会带来什么？ 在管理学领域，研究可以解答实践问题。我的研究致力于关注中国企业的实践，那些存在于管理日常行为中的、对绩效和成长有意义的、充满着鲜明个性的却又隐含着共性价值的各种真实案例。在我看来，如果不能够真切地去观察、去理解并融入其中，是无法真正理解管理本身、无法真正理解管理理论本身的。管理研究的对象不仅仅是管理本身，同时也是管理研究及理论在管理实践中的位置，它对日常管理生活的意义，它在日常管理生活中的功能，尤其是它的思想方式和行为方式本身，都会直接或者间接地彰显着管理理论及研究的价值。如果作为管理研究学者，根本未关注到这些真实的管理对象，未能真正接受和理解这一事实，我们又怎么可能真正有对于管理理论与知识的自信呢？

波提舍（Sulpiz Boisser`ee，1783—1854）说过一句让我记忆深刻的话："对不引人注意之事的虔敬。"在19世纪的进程中，这一揶揄之词却成了充满

敬意的话语,因为人们开始将许多被忽略的民间文化看作是文化的见证。每每想到这句话,我也总是对企业实践充满敬意,从1992年的东莞厚街开始,我几乎一半的时间都在与实践者交流、与实践对话,这些交流与对话,给了我用实践的视角去看待管理问题的帮助,正如哲学家恩斯特·布洛赫(Ernst Bloch)提出的警言,即我们不能隔岸钓鱼。

我也同样要求自己拿出另外一半的时间,保持与实践的距离,因为我把自己定位于一个研究学者,定位于一个让理论与研究创造价值的人,如果我完全陷入到具体的日常管理中,这又会导致我因缺少必要的时间和距离,无法去反思实践,无法去找寻理论的价值,或者只是满足于解决个案,满足于具体的实践绩效,而陷入到经验主义之中。

珠江三角洲企业的实践给了我莫大的帮助,这里有大量的企业实践、大量的创新和可见的绩效,这里区域经济发展和产业集群的功效,让我既可以看到企业成功的个案,也可以理解产业价值链的集合成效;让我既可以了解非经济因素的作用,也可以感受每一次外部环境变化对企业成长的影响;只要我踏实地走在这片土地上,这里的企业实践总是会以它们鲜活的事例,给我的研究以支撑和启示,甚至于我的很多观点完全是因为它们而得出。

保持对实践的敬仰,又坚守理论的自信,这就是过去近30年的研究带给我的帮助。正是这个帮助,让我可以安静而持续地做研究,可以真切地与中国本土企业成长互动,可以呈现出自己的思考和观点,并与企业实践做深度的对话。

研究学者会带来什么?

在我的初中学习生活中,因为宁齐堃老师,每一天我们都要提前一个小时到学校,大声朗诵《古文观止》《增广贤文》和唐宋诗词。年少的我并不知道这样的学习,对我意味着什么。到了大学的时候,我保留了阅读典籍的习惯,《大学》《论语》《道德经》《金刚经》《易经》和《六祖坛经》等,这些经书典籍的阅读,在其时我并不能够完全理解,只是因为阅读变成习惯,保持了下来。但是多年后,我才恍然大悟,这些不期然的、积极投入的朗诵和阅读,已经把这些经典沉淀在我的认知和秉性里,这些我早年并不理解的典籍,已经在多年前成了改变我人生埋入的种子。时至今日，这些看似遥远的典籍，却真实地解决了今天世事的苦恼与问题——怎样与自然相处？怎样与变化相处？怎样与人相处？怎样去发现和想象美好？选择怎样的生活？让我在今天，能够去理解"如何成为一个更好的人"和"如何创造一个更好的世界"的思维方式和可能性。

借助于怀特海在《教育的目的》一书中的一段话来说明我的想法，他在书中写道："要用充满想象力的视角去看任何人类组织的约束力，用充满同情的眼光去看人类天赋的局限性以及唤起服务忠诚度的条件。要掌握一些养生规律、疲劳规律和保持持久耐力的条件的知识。要富有想象地理解工厂的社会影响。要对科学对现代社会的作用有充分的概念。要懂得对别人说'不'或是'好'的原则，不是出于盲目的固执，而是出于对相关可选择的方案经过理智的评估后得出的坚定回答。"

无论是中国传统文化的典籍还是有关现代大学教育作用的诠释，都给予我们有关知识的魅力和价值的理解。美国《独立宣言》的作者杰弗逊（Thomas Jefferson）曾说："我们相信最终会证明，人是可以受理性和真理支配的。"先贤把知识比喻为一个代代相传的火炬，照亮着人类前行的路，并指向人类的理想。人类的自信心是由人类社会在获取知识进步方面所取得的成就而产生的自豪感，如果回顾人类发展的历程，进步的地方通常就是那些知识空前繁荣的地方。怀特海继续写道："学者的作用是唤起生活中的智慧和美……一个前进中的社会需要依靠这三类人：学者、发现者和发明者。它的进步也依赖这样一个事实，即社会中的受教育人群由同时具有些许学识、发现能力和创造能力的人组成。我在这里用的'发现'，指的是关于具有高度一般性的原理方面的知识进步；'发明'，指的是根据当前的需求，一般原理以某些特殊方式进行应用的知识进步。"

研究学者会带来什么？在管理学领域，研究学者带来理论知识与实践经验的完美组合。我从这个组合中获益良多。我之所以能够享受到管理研究与管理实践之间的自由切换，正是基于这样的原因：一是理论研究与教学，让我得以了解较为完整的知识体系；更多的阅读让我了解丰富的案例和文献，让我可以隔开一定的距离理性地面对问题，并了解其中关联与相互的影响。二是承担具体的企业绩效成长，让我得以面对各式各样的实际问题与挑战，并与同事们寻找一个又一个解决方案，从而取得绩效实现目标；承担具体的绩效成长，让我得以承受压力而去感受管理者真实的立场和角色，从而要求自己做出理性决策并承担责任。

我明确地意识到了这种组合的完美，我们去看管理经典理论产生的背景和缘由，不难发现，那些贡献了经典管理理论的研究学者，无一不是把理论知识与实践经验完美组合的人。Coloquitt和Zapata-Phelan（2007）回顾了1963—2007年在AMJ杂志上发表的667篇文章，发现管理学领域中的大部分理论都是在20世纪50—80年代之间发展起来的。结合管理实践现象不难发现，在这个时期出现了有意思的实践现象。在20世纪50—80年代，是欧美经济快速发展、工业化进程非常高的时期，也就是在这个时期，管理实践的创新层出不穷。以前从来没有过一家工厂可以有十几万人，在大工业革命时代成为现实；以前从来没有过一个小的组织单元可以全球分布，这个时候已经做出来了；以前也从来没有过用绩效来获取收益的职业经理人。所以我们会发现，实践上做出一堆创新，研究上就会贡献出一堆新理论。管理研究和管理实践本身的合一，造就了非常多的、具有影响力的、改变世界进程的管理理论。这些理论学者共性的地方，是密切观察，并且亲身经历了他们那个时代的社会问题。更重要的是他们对已观察到的各种组织形式和实践的变异，具有很深的感受和困惑，然后试图去解答它，而且幸运的是，他们解答出来了，也就出现了相应的管理理论。因此研究与实践是本源归一的。

所以，管理研究学者的基本价值取向是：理论研究与实践经验不能分离，研究主题的选择要基于某些管理实践现实中的问题并包含着对现实的启蒙。就如《浮士德》里的句子："如果你们没有感觉，你们就不能有所追求！"在具体责任之下的、对决策结果的理解是最真实的。当你需要对几万人的成长负责、对每一个顾客负责、对每一分钱的投资负责、对利益相关者和社会负责的时候，对于管理决策本身的理解是极为深刻而清晰的，而由此对理论价值的阐述和界定也是深刻而清晰的。就如泰勒对于生产效率的理解，波特对于成本与竞争优势关系的理解，德鲁克对于知识员工价值创造的理解，他们都是把自己置身于真实的管理实践之中，寻找到有效的答案——将实践经验升华为理论知识。

康德在《实践理性批判》第一卷第一章第一节中，对实践原理下了定义，在他看来，所谓实践原理是包含意志一般决定的一些命题，这种决定在自身之下有更多的实践规则。当主体认为条件仅对自己的意志有效时，这些原理是主观的，或者是准则；当主体认为条件是客观的，对于每个理性存在者的意志均有效时，这些原理是客观的，或者就是法则。这些话的意思其实就是说只有这些实践原理对每个理性存在者都是客观有效的，才能够成为普遍受用的法则，否则就是准则了，这些准则只能主观上受用。康德还明确地指出："实践的规则始终是理性的产物，因为它指定作为手段的行为，以达到作为目的的结果。"我试着去理解康德，去理解实践理性，这也许可以帮助我们去理解研究学者的价值与意义。

研究学者必须强调学术性，必须能够运用抽象的、理论性的表述，准确的引文以及规范性训练，这是基本技能，但是这不是学术本身，即便是詹姆斯·马奇（James G. March），一个被誉为一以贯之的数理科学倾向的学者，其核心也是一直围绕着人类的各种决策过程和问题的解决过程，以及这些过程在不同组织中的表现和意义。

研究主题的选择要基于某些管理实践中的问题并包含着对现实的启蒙，这就是研究学者能够贡献的价值。《墨经》上说：知，接也。人的知觉，是与外面物质界接触而生。我依然觉得自己幸运，可以与中国企业的实践界充分接触，从而有机会去感受管理理论知识的意义与价值，并有机会把这些理论知识借助课堂传递出去，从而见证和参与了一些企业的成长和发展。

重新创造"道"

我曾经为我的一个班的学生写过一段毕业寄语，这段话比较完整地表达了我之所以写出这样多文章的原因。毕业寄语如下：

你们无疑会成为各自领域里的未来领导者，也正因如此，你们的品性与思想将会显得更重要，因为那会影响到很多人。所以，我决定手抄《德道经》送给大家，因为这是对我影响至深的，关于"道"的启悟。

很多人都相信每个人应该是一个充分认识自我的独特个体，尤其是在互联网技术的驱动下，每个人都相信自己应该活得真实，对真理保持忠诚。所以，我们都会为"如何成为一个更好的人"和"如何创造一个更好的世界"做出努力，这也是我想教授给你们的一种世界观。

因我们拥有着共同生长的训练，你不会让自己从整个世界中抽离出来，而是让自己深深地融入现实世界中,因为你我都很清楚,唯有在实践与行动中,人的性格才会被培养出来。换句话说:我们不止于我们现在的样子,我们还可以成为更好的人。这项任务并不简单,这要求我们改变自己,而从你我认识的那一天开始,我希望改变开始发生。

我们再回到"道"。**"道"并不是一个我们必须尽力遵循的"理想",而是一条通过我们自身的选择、行动与努力而不断去开拓的道路。**

这套文集就是我的选择、行动与努力,集合了过去20多年我对于中国企业实践的观察、思考与判断。这套文集,我并不曾想如管理学家们,有系统、有组织、严格地、精准地,把思想凝练在一条线上,依照逻辑的推演,祈求创造出一个理论体系。我只是想把伴随中国企业成长过程中所遭遇的各种真实问题,展开真实的对话,让理论与实践之间实现动态呼应,让管理研究与管理教育,能够根植于中国企业的实践,能够面向中国企业实践,能够与企业管理者交流,并给实践以理论的回应和支持。

所以这套文集分为3集10卷,第一集《管理研究》,包含5卷,分别为:《组织与文化管理》《变革与创新》《企业家与领导力》《组织学习与知识管理》《本土管理研究》,这是我在管理学研究领域所发表的观点,我在自己定位组织与文化管理领域、关注组织与文化管理过程中所产生的问题,以及有关这些问题的答案。第二集《商业评论》,包含3卷,分别为:《经营》《管理》《成长》,这是围绕着每个阶段现实案例和企业实践所面对的现实问题而展开的思考,我曾经分别在主要的财经杂志开设专栏,及时与大家探讨中国企业面临的现实问题,并给出我自己的答案。第三集《春暖花开》,包含2卷,分别为:《不为彼岸只为海:陈春花人生感悟》和《正在发生的未来:陈春花商业洞见》,这是在我所主持的微信公众号"春暖花开"上所发布的一系列的随笔,虽然不是全部,但是也收入了大部分。在"春暖花开"公众号上,我不仅仅关注企业管理实践,也关注人们的日常生活,甚至是人生部分的自我管理与自我成长,这是我另外一部分的价值创造。

整理这套文集出版,是接受了华南理工大学出版社卢家明社长的建议,社长从学术价值如何得以更持久展开的视角,尤其是对于中国改革开放40年取得成效的视角,给了我这个建议,让我深受感动和鼓舞;编审罗月花老师细心地和我探讨具体的内容安排、文体以及相应的建议和帮助，罗老师从其专业的视角给出明确的指引和帮助，让我下定决心整理这套文集。整理这套文集整整花费了10个月的时间，在这10个月的时间里，苏涛、程城、李芷慧、王霞、袁璐、蔡明峡、刘祯一直陪伴着我，刘祯最后还承担了分类和分卷的工作。这些工作需要极大的耐心和细心，需要专注与认真，当我看到最后文集总成的文稿时，内心充满了感激，感恩学生们与我在一起，激励并启发我。而在这套文集整理好交付给出版社后，华南理工大学出版基金又给予了巨大的支持，让这套文集得以呈现在大家面前，正如我开篇说的那样，能够在华南理工大学学习与工作，是我的大幸！

整理出版这套文集，我需要着重强调，我坚持持续研究写作，也是为了鼓励我的同仁们采取行动。管理本身是知行合一的，而其核心在于"行"。在过去40年中国企业成长的过程中，管理研究与管理教育产生了很大的影响并贡献了价值，但是在学界和实践界也一直存在着质疑，质疑管理研究是否对管理实践真正发挥了应有的价值影响。我对这种质疑深表理解，但依然坚持认为管理研究与管理实践是合一的，并确信管理理论能够解决管理实践的问题，我是这样想的，也是这样做的，并借此希望，我的写作能够起到一种作用，促使管理学界付诸行动，让自己的研究面向企业实践，面对现实问题并对现实启蒙。

对中国企业来讲，我们来到了一个最重要的时代机遇点。这是中国企业从未有过的一个时间点，我们在改革开放40年前里一直都在跟随西方先进企业，并没有太多的优势，无论是在规模上，还是在技术、人才和资本积累上，都无法与传统强国企业竞争。但是，我们来到了一个特殊的时间点，互联网技术使得数据、协同、智能等全新的生产力要素能高效组合在一起，也就重构了整个商业系统。

处在整个商业系统重构的今天，无论是中国企业还是世界企业，都重新站在同一条起跑线上。所以，有人跟我讲我们要不要做"弯道超车"，我不同意这个词。我们今天没有弯道，我们共同站在一个全新的起点上，我们不需要在弯道超越谁，只需要站在一个新起点上重新开始就可以。

而且已有很多中国企业的确做到了。在彭博社公布的2017年4月份全球市值排名榜中，中国有两家企业进入前十，这在以前是不可思议的，可见中国企业进步的速度是非常快的。在2017年世界500强的名单中，无论是中国的国有企业，还是民营企业，都在彰显着它们的中国力量，也越来越多进入世界500强的排行榜。再看看中国的"新四大发明"以及很多的优秀产品案例，其实中国企业正在悄然地改变着世界。不仅仅是在规模和市值方面，我觉得最重要的是中国企业开始真正去创造一些全新的价值，这个价值跟人类所追寻的美好生活相关，蕴含着生活的意义。

如果说中国企业已经来到最好的时代机遇点上，这也同样意味着中国管理研究也已经来到最好的时代机遇点上。说到致敬改革开放40年，我们最好的致敬方式就是：站在这个时代最好的机遇点上，昂然走出一条全新的道路来。这条道路如果按照十九大的报告，用国家领导人的说法就是"中国智慧和中国方案"。我相信经历了改革开放40年的中国实践，肯定会为世界贡献一个优秀的中国方案，这就是我们研究学者的价值贡献，这是使命更是行动！

陈春花
2018年1月3日于朗润园

第二集

序

工作是修行

2004年开始，我为商业期刊和报纸写专栏，诱发我做这件事是因为，常常听到大家讨论一些即时性话题，企业界的朋友们非常希望听到理论界的声音，希望能够在现实发生的管理问题或者企业案例中，得到明确的观点和及时的帮助。当我经常被企业界朋友问询时，发现一些问题是共性问题，所以就决定写专栏，来做即时回复和讨论并给出我自己的看法。

开设专栏的第一本期刊是《销售与市场》，时间在2004年，但是没有想到从这一年开始，在《销售与市场》的专栏整整写了8年（2004—2011年）；随后就开始了我写专栏的模式，《中国商业评论》（2004—2014年）；《经济观察报》管理专栏（2005年）；《21世纪经济报道》管理专栏（2005—2006年）；《北大商业评论》（2005—2008年）；《海南航空》（2007年）；《IT经理人》（2010—2013年）；《商学院》（2010年）；《哈佛商业评论（中文网）》（2009—2012年）；《中国企业家》（2017年）；《清华管理评论》（2017年）。

专栏写作既是对耐力的考验，也是对思考力的考验，这部分的训练给了我很大的帮助，那就是如何让自己贴近现实问题和挑战，展开思考和研究，并养成每日写作的习惯。我想，如果不是这样的训练，也许我也无法在微信公众号出现后，自己可以承担独立写作支撑"春暖花开"微信公众号的"大工作量"，也就无法有这三卷文集的出现。

记得1998年自己在华南理工大学工商管理学院当班主任的时候，为其中一个班的同学写过这样一段毕业留言：

你最贵重的财产和最伟大的力量

常常是看不见和摸不着的，

没有人能拿走它们。

你，只有你，

才能够分配它们。

　　我想写这段文字并不只是为了给学生们，也是为了给我自己，所以在为自己的一本随笔写序时，再一次把这段话作为序，就如现在我依然选择这段话作为序的内容一样。这虽然是20年前写给学生和自己的一段话，也是20年来不断警醒和要求自己的话。我知道，我的一切贡献和价值只有我自己能够分配它，如果我不为我的价值创造分配时间和努力，也就无法真正拥有财富和力量。

　　巨变的时代裹挟着我们每一个人，没有人成为旁观者。只有行动，这才是人最贵重的财产和最伟大的力量，因为付出和分享。也许每一个人都很渺小，每一个人都无法判断自己能够承受什么，但是一旦决定付出的时候，拥有的力量就无法战胜。

　　今天所处的环境，要求我们必须重构企业的商业模式以及管理者自己的思维范式，必须让自己和企业拥有与变化共舞的能力。在商业模式的重构上，我们需要关注的不再是产品功能，而是能够与顾客互动，共同创造；不再是对盈利的理解，而是对顾客价值的理解；不再是拥有多少资源，而是能够整合多少资源……

　　在思维范式的重构上，我们不能够只关注自己的发展，而是需要在与外部环境和相关联的世界中，发展建立明确而连贯的使命和价值认知；我们不再关注彼此的界限与优劣势，而是采用更开放的心态和合作模式，变成共生成长的关系；不再是传统与经验主义，而是动态与学习化……

　　这一切的重构，都依赖于持续精进提供基础。我甚至认为商业模式和思维范式的重构，取决于自我修行的成效，这也是我对自己的期待与要求，也是我坚持用写作专栏的形式，帮助自己每日精进和修炼的方式。

　　文字只是一种力量，这个力量的来源是所有的行动选择；专栏写作是一种标准，这种标准的价值是与读者价值构建的关联性；交流是一种关怀，这种关怀的本质是让彼此产生共鸣。作为一个管理领域的研究学者，我很清醒地知道，自己需要展开面向现实问题的思考与研究，借助于更多的媒介，让管理知识对现实中的实践问题更快更好地响应——不仅仅是以自己的研究为中心，更是以解决问题为主导。

　　因为对管理学者责任的认知，我们可以成为管理实践者的真正伙伴；因为对研究与实践协同的理解，我们可以拥有被管理实践所激发出来的无穷智慧和力量；因为对理论价值创新的确信，我们可以衔接研究与实践的过去与现在，从而一起去创造属于中国管理的未来。

陈春花
2018年1月17日 于五山

第一部分　论企业成长

能！　/ 002

中国企业的中年危机　/ 004

生存抑或死亡

　　——价值链争夺战　/ 009

寻找"鹰企"　/ 015

请旗帜鲜明地向标杆企业学习　/ 020

我们可以向三星学习什么？　/ 022

中国企业为什么这么脆弱？　/ 024

谁将成为下一个企业冠军？　/ 029

行业先锋的领先之道　/ 032

我对中国企业的七个不安（上）　/ 036

我对中国企业的七个不安（下）　/ 043

企业该在哪里增长？　/ 050

微利时代的企业成长　/ 052

中国企业的下一个机会

　　——成为价值型企业　/ 058

企业如何寻找新的发展空间？　/　073

中国企业必须成为独立的生命体　/　076

增长的"极限"　/　081

十倍领先者　/　085

中国企业要闯"二次发展"瓶颈　/　088

新商业世界领先者的持续力
　　——解构传统工业时代的"领先基因"　/　090

别让思维惯性卡了壳　/　099

"互联网+"逼迫企业组织变革　/　102

转型出现"冲突"怎么办？　/　108

转型，先读懂这四个变化！　/　112

向互联网2.0转型，如何做才是关键？　/　116

共生成长，远离竞争的价值创新　/　118

回归基点思考转型　/　120

转型的进阶路径　/　124

众筹是中国难得一遇领跑世界的机会　/　128

互联网时代需要怎样的管理变革？　/　132

别让"大企业病"阻碍创新　/　136

中国企业研究十大问题　/　138

"水样组织"成就共享时代　/　140

企业：请拿掉"传统"两字　/　143

不景气的环境反而是好公司的机会　/　145

企业家如何面对不确定性？　/　148

核心：共享时代到来　/　152

至关重要的信任：如何实现巨变环境下的组织成长？　/　155

如何管理不确定性？　/　159

并不存在夕阳或朝阳行业　/　163

如何面对不确定性？　/　165

企业成长上台阶要勇于打破边界　/　175

以增长拥抱诡谲多变的经济环境　/　178

增长型思维的三个内涵　/　181

互联网时代管理者面临新挑战　/　187

第二部分　论人的成长

科学技术的发展与民族思维模式现代化　/ 190

进步无限　创新永恒　/ 193

科技创新动力不竭　/ 194

良好师德是立教之本　/ 195

无心之茶　柳绿花红　/ 196

职业经理人的修炼：从融、和、适开始转变　/ 199

学会"心定"　/ 202

不安的情绪　/ 205

一个世纪的"旁观者"　/ 208

第三代企业领导者的优势与劣势
　　——最好的影响就是服务　/ 212

管理学教授能贡献什么？　/ 213

企业家是如何修炼成的？　/ 216

寻找我们的自度之伞　/ 219

清润秀美凝固在西塘　/ 222

生命里就需要一座大山　/ 224

三生有幸，感动的力量　　／　226

繁华犹如三千东流水　　／　228

晋祠之于晋商的遐想　　／　230

相克相生　／　232

花溪世界　完美自足　　／　234

一个记录成长的故事　　／　236

也许，道理就该如此　　／　239

持续成长：永远不能回避的选择　　／　241

新加坡之新　／　244

像成思危先生那样付出才会心安　　／　247

你必须转型，就因为这两点！　　／　249

为什么"改变要在现场发生"？　　／　252

让一个人造宫殿　／　256

因生长见未来　／　259

创业路上，大学生勿忘初心与童心　　／　264

跟不上时代是最致命的挑战　　／　266

企业和个人如何在复杂的经济环境下安处？　　／　270

第一部分

论企业成长

能！

中国有句俗话："是骡子是马，拉出来遛遛。"在国资退出、民企高歌猛进的中国企业黄金时代，退而阵容不乱，进而后继有力，这种能力、能量是个考验。但中国企业毕竟产生了屡败屡战甚至败少胜多的英雄，尤其是那些能在企业每个发展阶段即时做出主动调整、变革图强的企业英雄。有英雄横空而出，总能引领中国企业的希望。看郭士纳的《谁说大象不能跳舞？》，自然想到两个人、两个中国企业——柳传志与联想，李东生与TCL。

英雄一：联想的转型之舞

从去年的那个深秋到这个刚过去的令IT业人士倍感寒冷的冬天，联想都备受瞩目。这个中国IT产业的旗舰，最近展开了一系列资本运作，如与厦华合作生产手机，并购了中国最有实力的RP企业汉普公司。给人更明显的信号：联想在寻找新的更大的奶酪——服务，要做中国的IBM。用柳传志的话来说："我们首先是把碗里的饭保住，在我们自己现有的业务上一定会稳扎稳打做得更好，在这种情况下我们才向锅里的饭挑战。你可以看到，我们在做后面服务的时候，不但没有影响当前碗里的饭，反而把产品碗里的饭弄得更好，原来是吃菜，现在是吃肉。"

在联想看来，每年低于50%的增长，就是低增长。我们看到联想从一个制造型的企业转型为新经济背景下的技术驱动型企业，对于联想这样一家追求做实的企业，的确是一个非常大的挑战。要学会自己以往不擅长的东西，用并购的手段达到向服务转型的目的，成为一家技术驱动企业对于联想来说是全新的领域。但是联想没有停止自己的脚步，这样的努力恰恰反映出郭士纳所坚持的观点，"焦点、执行力以及领导能力"是实施联想战略构想的必不可少的要素。

英雄二：TCL的瘦身之舞

进入2002年，有了手机业务和彩电业务的稳固基础，李东生开始加速内部产业的调整步伐。

"今年我把亿家家网站收掉了，把华大的项目收掉了，现在正在收王朗中学，收世纪天城……IT这一块我今年就收掉了四个企业，亏损了几千万。销售公司的体制改革，撤并一些分公司，把经营部改为非独立法人机构，力度也很大。在通信产业那边，我们把通信实业（做寻呼机）公司关掉了，把一个铸造厂关掉了，最近仍然会考虑把其他一两个公司关掉。"他详细介绍。

他毫不讳言这些项目做得不成功，而且认为做不好就退出来，这没有关系，关键的是"要肯面对错误并去改正它"。"如果你真的想明白，在一些领域里没有优势或者这个领域没有任何前途，该退就要坚决退，要有壮士断臂的决心，要有这个决心去结账。"

事实上，从1998年开始，李东生就提出"经营变革，管理创新"的主题，在企业高速成长的时候推动变革运动。这不仅需要胆略，更需要高度的智慧。1999年，他又提出"职业化行为教育"的主题。2000年下半年，他倡导"管理创新，知行合一"。2002年，李东生将变革创新活动推进到企业文化层面，提出"再燃变革创新激情，承担实业强国使命"的口号……连续的企业内部变革、自我否定加速了TCL向现代企业的转变，大大激发了内部企业的创新精神与活力。

今天的TCL所具有的特性就是动作敏捷、学习创新、反应迅速以及强调效率，这是市场对所有企业的要求，一个大企业可以做到这一点才能够真正在这个激烈竞争的环境下保持成长。

"这不是大象是否能够战胜蚂蚁的问题，这是一只大象是否能够跳舞的问题"——郭士纳。因此，问题不是竞争对手的能力如何，而是企业自身能力如何。庆幸的是有联想、TCL等企业在，中国的"大象"业已证明：跳舞无须特权，也自然不会有我们进入不了的"特区"。

（原载：《经理人》，2003年第4期）

中国企业的中年危机

◆采访人：海峰

□受访人：春花

◆有种说法是，"西方企业管理以制度为本，中国企业管理以领导为本"，就是说中国的企业全靠领导人支撑，换掉一个领导人可能会让企业元气大伤，你怎么看？

□我们在选取企业标本的时候，设立了9个标准，其中之一是非国家垄断地位，也就是我们的标本里没有硬性委派的领导人。我认为企业的英雄领袖有两个方面的含义：一方面是他应该是行业英雄，好的企业领导者不仅仅让自己的企业居领先地位，还要关心整个行业的良性发展，"英雄"有付出和奉献的含义；另一方面，领袖最重要的含义是，他要注重价值的传播，注重流程的传播，应该创造出自己的组织环境和企业文化，发展自己，也同时发展他人，而继任的人也同样应该是一个领袖型人物。

国内很多企业家过于强调个人英雄色彩，造成后继无人的局面。就我研究的5家企业——海尔、宝钢、TCL、联想、华为，现在也只有联想顺利地完成了第二代的交接工作，其他4家还没有这个经历，他们也有可能面临这方面的危机。

◆就像你在书中所言，西方流行的管理理论包括：20世纪40年代的人际关系训练、50年代的目标管理、60年代的分权化、70年代的企业战略、80年代的企业文化、90年代的电子商务等，各领风骚的管理方法给中国带来了启示，是不是也给企业带来很多误区？

□在中国企业22年的发展中，西方的很多管理方法都曾经被大家尝试，但很多西方的先进理论其实并不适合中国的实践应用，这和中西方不同的社会背景有很大关系。

西方社会重视自我价值的实现，他们的企业管理是建立在理性的、人格独立的基础上的，而中国人不够理性、习惯于依赖，希望有一个强有力的领导者。任何一个管理方式的实施都要看他的客观条件，比如"以人为本"这个概念，西方是在生产力和支付力已经实现的基础上提到的，而在我们的背景下强调"以人为本"，就变成了一句口号。所以我强调在中国理念的基础上实施西方标准。

◆那中西方管理文化如何融合成为新的、先进的中国式管理理论呢？

□在坚持西方标准的时候，不能超越中国的人文背景。中西管理的结合关键是完成三个转变：第一个是从"以人为本"向"以执行为本"转变，第二个是以岗位为本向以目标为本转变，第三个是以职能导向向以流程导向转变，三者兼容。

◆你们的"中国式管理"理论在实践中的应用情况如何？你认为中国的企业可以借鉴《领先之道》的观点而少走弯路吗？

□对管理而言，并没有"中国式管理"的定义，管理不分中国或西方，不分国界，能区分的只是企业管理模式是否具有先进标准。但对于管理研究来说，是分国界的。就像《基业长青》《卓越追求》体现了美国的先进管理理念一样，中国也需要贡献自己的企业成功模型。

《领先之道》耗费了我们8年的时间终成正果，我希望它能提醒企业家应该注重的观点，引导他们关注走向成功的因素。中国式管理理论来源于实践，又超越于实践，在我们研究过程中，它还不断被丰富着、发展着。我们已经应用这些理论在企业中，证明获得了不错的效果。

◆现在的8个因素还在不断变化中吗？

□当然，这只是目前的成功管理理念，再过20年，中国还会有其他成功的管理理念。《领先之道》是和国人分享的一本管理图书，希望20年后我们会有和世界人民分享的属于自己的管理理念，这是我的理想。之所以在这个时候写这本书，是因为很多中国企业走了15～20年，目前到了中年危机的时候，会有很多困惑，自己也知道需要有更高的目标和更新的环境，但要放弃原有的又不容易，走到了十字路口上。我想通过这本书告诉大家，发展不错的企业是怎么走过的，更多的企业可以参照这种方式继续前进。

前几天，我在广州参加了一个1600人的论坛，介绍了这套理论，很多人听过后觉得事情变得清晰，比较容易操作。比如我说在目前的中国，建立渠道比推广品牌重要得多，品牌其实是结果，而不是原因。现在很多人，包括国家都在做品牌战略，把这个讲清楚，就不会把资源浪费在不应该浪费的地方。

一、众说纷纭

（一）中国需要企业管理研究

南开大学国际商学院院长李维安：

《领先之道》的出现有它的意义。一方面它通过对"中国概念"模型的研读与借鉴，使中国企业能够有一个明确的管理参照与对比，进而能够有效提升管理水平。另一方面，"中国概念"模型将引发对中国优秀企业的讨论，并将在时间推移中检验"中国概念"的优劣。是有价值的事情。

（二）看看中国企业的成功模型

中国人民大学公共管理学院院长董克用：

我们的周围一直涌动着一个纷繁复杂的西方管理理论市场，但是却鲜有发现一套基于对中国企业深刻理解与总结、适合我们自身、能在中国企业成长道路上起到指导作用的理论和方法。完全套用来自西方管理实践的经验和总结，令"淮南为桔，淮北为枳"的现象时有发生。所以我很高兴读到《领先之道》一书。

（三）利用传统才能有大成就

经济学者高西军：

所谓的中国式管理，其实融合了中国古代的儒家和法家观点，又配合现代的西方管理手段，是儒家伦理、科学方法和法家手段的结合。这是一种管理的哲学。

美国管理大师杜拉克说过，管理是以文化为转移的，而且受社会的价值、传统和习俗的支配。因而管理越能利用当地社会的传统、价值和信念，越能获得更大的成就。

（四）理论和行动同等重要

北京惠德数据系统公司总经理姜德伟：

《领先之道》8个因素的归纳是肯定可以被企业借鉴的，前提是它有没有给出行动方案？有没有提供如何落实的措施？如果有，那就是战无不胜的。

理论总是对的，但很多深知各种理论的经济学教授，一做事情就砸，是因为他们没有实践的能力。理论方案只能指导你怎么不犯错误，行动方案是最重要的。

（五）不能照搬成功经验

金汤建材公司总经理朱董：

我们是小企业，华为、联想的理念肯定是好的，但不能照搬，还是要靠实践经验说话。就是成功的企业在不同的阶段，也都是不同的。我认为不必过分强调中国式的管理。管理目标都一样，都是要把工作做好，赚取利润，达到目标。有效的就好，无效的就不好。

（六）古老文化上的中国管理

浙江中萃包装有限公司董事长王太云：

中国式的管理其实是基于中国古老文化和现代社会经济发展之上的管理，和西方人的管理有很大的差异，依照西方的标准来考察和评估很不容易。当代中国人的毛病，事实上就是喜欢用西方的观点来观察中国人的行为，以致样样看不惯，但是内心深处，却又存在着某些中国人的牢不可破的观念。

二、《领先之道》是一本什么书

假如你每年吃三次麦当劳或者肯德基的汉堡，那么就有一次，你吃的汉堡里的鸡肉，是来自陈春花的企业。

不过，陈春花首先是华南理工大学的教授，然后才是山东六和集团的总裁。她做这个企业，很大程度上是把这个企业作为她理论研究的试验田，她的实验非常成功。

陈春花大多数的实验依据来自于当今五大企业：海尔、华为、宝钢、联想和TCL。它们分别代表着现时代下的五大主导行业。这个名单，是陈春花及其研究团队在历经8年时间，对32个不同行业和类型的企业进行分析论证后，最终选定的。依据无数的案例和数据，结合各自的企业理念，陈春花研究发现，这5大先锋企业都有着共同的8个成功因素：

4个导入因素：英雄领袖；中国理念、西方标准；渠道驱动；利益共同体。当企业确立了这4个导入因素时，它们之间两两结合，产出了4个导出因素：企业文化、核心竞争力、快速反应以及远景使命。在产出了4个导出因素后，反之作用于4个导入因素，最终这8大因素共同作用，才会打造出现代企业的"百年老店"。

5大先锋企业和8大秘密,这就是《领先之道》。

三、场边话:中国式管理之难

管理无所谓中西,只有环境不同而已。中国的近现代企业管理基本上是从西方引进的,但照搬过来并不能取得相应的成果,为什么?不是管理经验不行,根本原因是橘子之淮南淮北也。

曾听一老总感叹说:企业越大,人就越累,这辈子就被卷进去了。我不解,问:把企业规范化制度化,培养管理接班人,自己不就可以金蝉脱壳了吗?老总感叹,话是这么说,但实际操作起来却非常有难度。

中国的多数民营企业,主要关系都系在老总一个人身上,比如银行借贷关系,与地方政府关系,还有七七八八影响公司的各种人事关系等,这些是职业经理人不能接班的活。再者,以目前的社会诚信度,很难将一家民营企业托付给一个聘请的经理人身上。这两个环境使得企业越大,老总的担子越重,倒并不是他要耍个人英雄主义了。中国很多企业做不大,一个是企业制度化的环境还不是特别成熟,另外有些老总怕累死,做到几千万上亿就脱身逍遥去了。

所以,中国企业的管理已经不仅是一个企业制度建设问题,而是整个社会环境的牵制。还好有联想、万科等职业经理人实施得比较好的企业,为其他企业的楷模,它们是中西方管理结合的典范。

(原载:《中国图书商报》,2004年11月12日)

生存抑或死亡
——价值链争夺战

当在分销领域进行竞争已经成为中国制造业成功发展的生存方式,成为企业竞争和抗衡的基本语言的时候,不懂得这种语言的企业注定要被淘汰。但扮演着"折扣巨人"这一角色的跨国零售集团无处不在地缠绕在我们的分销领域里,而且正以我们无法想象的速度侵占着中国制造业赖以生存的价值链。

到2005年,家乐福和沃尔玛各自都将在中国开50多家商店。主要跨国零售集团的大型零售店铺数,将从2000年的68家增加到2005年的170家左右。像药品分销零售业的ZOEELLIG,建材分销零售业的KINGFISHER、B&Q,家具分销零售业的IKEA,都已经开始建立自己的分销零售网络。

跨国零售集团的进入正逐步抬高整个行业进入的壁垒。目前,世界排名前50位的零售商80%已经进入了中国。另外,这些集团零售网点的竞争力非常强,盈利能力很高。以家乐福为例,根据2002年年报,其在中国18个城市开设的网点数已达32家,实现的销售额约10.2亿欧元(相当于80多亿元人民币),息税前利润(EBIT)为4400万欧元(相当于3.6亿元人民币),息税前利润率为4.3%。如此规模的盈利能力足以让国内零售商望而生畏。

与此同时,中国中小型制造业的现实情况令我们诧异,大多数公司挣扎在死亡线上——以完成利润微薄的订单来实现公司的运营;越来越多的制造商很难维持足够的盈利去打造自己的产品品牌或是致力于技术开发和质量改进。既然中国市场前景乐观,中国也以明日之星的身份跻身于世界制造业,为什么制造商还是如此一筹莫展?是谁带走了制造商的利润?

跨国零售集团的巨额利润,本土制造商的艰难维持,如此大的反差令我不禁深思,这些跨国零售集团所带来的威胁并不仅仅局限于中国制造业。由于各种形式的跨国零售集团在分销零售行业有着各自长期的经验和经营方式以吸引消费群,这对于刚刚起步的中国分销零售群体而言,与跨国零售集团共争分销零售领域注定是一场更加艰难的竞争。

当跨国零售集团"总是以最低的价格销售"的时候，我们失去的恰恰是对于价值链的主动权。当人们在津津乐道跨国零售企业的配送管理、成本控制、全球采购、低价策略、销售方式创新的时候，根本没有找到其成功的实质内涵。我们没有理解分销零售领域竞争的关键其实就是对于价值链的管理。

中国是一个有着巨大潜力的消费市场，跨国企业要想在全球范围内持续地保持自己的规模优势，就不能忽略对中国市场的开发，由此跨国零售集团进军中国市场已成定势。但是跨国企业若想以大规模优势取胜其结果并不具有定数。因为中国的零售市场正处于极度竞争状态，都是在低成本优势下展开竞争，这些跨国企业的规模优势不见得很突出，特别是低成本价格方面。事实上它们中的一部分进入中国市场后的业绩并不理想，有的甚至出现连续亏损局面。在这种状况下跨国企业为什么非但不退出，反而一股脑地涌入中国市场呢？

一、他们具有怎样的竞争优势？

（一）管理优势

进入中国的跨国零售集团，无论是百年老店还是后起之秀，基本上是世界级的优秀企业。其管理模式、管理经验、管理手段都具有优势，其对商品的管理、服务的管理、价格的管理、现场的管理、设备的管理、技术的管理都有独到的地方，远远优于我们。

（二）机制优势

跨国零售集团建立了现代企业制度，产权明晰运作规范，从经营机制、用人机制、用工机制、管理机制到分配机制乃至破产机制，都非常清晰明确，而且可操作性强。这些是我们传统的商业企业难以望其项背的。我们的企业即使建立起了股份制的企业，大多也是换汤不换药。就是运作规范的企业，也多多少少保留着传统管理机制下的痕迹和烙印——因为都是从传统机制下脱胎出来的。这样的机制制约着竞争力的发挥。

（三）规模优势

沃尔玛2001年度销售规模2100多亿美元，整个中国的前500位大型零售企业的销售总和还不及它的1/10，这样的规模在竞争中的优势可想而知。如此的市场规模，使其在进货渠道、进货价格上的优势几乎处于垄断地位，这是中国的零售商想都不敢想的。

（四）资金优势

中国目前的零售企业大多负债经营，而且由于各种原因负债率居高不下，很难融到资金，即使能融到资金规模也非常有限。有的尽管负债较轻，但由于连带担保问题、扶贫问题也使企业风险丛生，危机四伏，企业发展困难重重。相比之下，进入中国的跨国零售集团大多都有资金的优势，而且因其信誉信用和现代企业制度的优势再加上目前国际上货币资本十分宽裕融资非常容易，因此发展起来资金不是问题。

（五）品牌优势

进入中国的跨国零售集团都是在国际上享有很高知名度的名牌企业，有很好的信用。而且在中国企业名字一带洋字，本身就有很好的广告新闻效应，会很快经过媒体的渲染及口传成为落脚地的知名商号。

（六）服务优势

目前中国零售商还正在大力宣传倡导的服务口号及服务内容，如服务忌语、商品退换货等，在跨国零售集团那里早都习以为常了。我们正努力追求的服务内涵，在跨国零售集团处都是最起码的职业道德、职业习惯和行为规范。

（七）技术设备和手段的优势

跨国零售集团存在着涵盖监控采购管理、服务等成本在内的信息系统的综合优势。其全球化的物质基础来源于信息革命。如经营商品采用单品管理，决策者随时可以了解到商品的销售情况和库存情况。动态的商品销售信息为决策者们提供了可靠的决策支持，而且先进的设备及技术手段，在其他方面也都被广泛运用。而中国目前要么是没有先进的技术设备和技术手段，要么是有先进的技术设备和技术手段但其作用和优势远远没有发挥出来。尽管许多企业也有一定规模的计算机系统，但由于管理机制及人为的因素，使计算机及先进的技术设备和手段的功能无法充分有效发挥作用。

二、面对着如此强大的对手，我们怎样开展竞争？

跨国零售集团在市场流通领域里起到什么作用呢？什么样的分销零售的模式受到最终客户群的青睐？什么样的分销渠道能占据市场份额并同时获得企业有赖发展的利润区？什么样的分销形式的设计和管理是有效的销售手段？

事实上，分销渠道之战就是制造商或供货商占据和影响消费者之战。因此在销售目标（即市场份额和产品利润区）达成的过程中，掌控了分销渠道就等于拿到了开启市场之门的钥匙。

如何策划部署商业战？企业应该对自己的分销渠道形势进行敏锐的观察，重要的是要发现是什么分销形式使得利润和市场份额获得成功，竞争对手采取了怎样的手段，然后制定一条策略，以不同的方式做成同样的事情或是将这一事情做得更好。在策划部署商业战中需要懂得运用四个策略：分销范畴策略、分销控制策略、分销调整策略、分销冲突的管理策略。

（一）分销范畴策略

（1）独家经销策略，就是对某一市场区域的特定零售商（或经销商），授予独家的商品专卖权利。其优点是可以获得经销商的高昂忠诚度、较大的销售力支持、对零售市场的较有效的控制、较准确的商情预测，以及较佳的存量管制等。

（2）密集经销策略，就是在某一市场上，让其产品尽可能透过不同的、甚至相互竞争的销售点贩卖。对于便利性商品的销售，最适用于这种密集式的经销制度。换言之，假如产品的性质是属于消费者不愿意花时间或心神去寻找或等待的，而是目视所及就愿当场购买的，那么制造商就必须采取密集式的经销策略，使其产品在各零售点的曝光度愈高愈佳。例如口香糖、签字笔等产品，可以在超级市场、零售店甚至药房内铺货。

（3）数家经销策略（选择式经销），即制造商就某一特定市场，选择数家经销商（或零售商）授予销售权。通常选购性的商品较适宜采取选择式的数家经销策略。

（二）分销控制策略

（1）制造商型垂直营销系统，即从生产到零售的各连续性阶层，均由单一企业体所拥有。

（2）管理型垂直营销系统，即在分销管理系统中，某一强势制造商借由其市场权力的公信力,出来协调整个产品的分销管理流程,也即运用其影响力来获得整个系统运输、仓储、广告、订单处理及商品作业的经济性。

(3)契约型垂直营销系统,即分销管理系统中的各个独立成员,以契约为基础进行分销管理规划的整合,实现作业的经济性与市场影响力。基本上又可分为三种形式:批发商主导的志愿性群体、零售商主导的合作性群体、连锁加盟制度。

(三)分销调整策略

所谓分销调整策略,即是在审慎的评估基础上,对现有分销管理进行调整。它有以下四个重要条件:

(1)进行内外部的环境变动分析。例如,消费者市场与购买习惯是否已变动?零售的生命周期是否已变动?制造厂商的财务能力是否已变动?产品的生命周期是否已变动?

(2)对现有分销管理进行持续性的评估。

(3)进行分销管理调整前后的成本效益分析。

(4)考虑分销管理调整后对营销组合中其他部门的影响。例如,对顾客的服务、产品、定价与销售推广策略的协调,以及尽早知会其他部门的经理,以免突然的调整给整个分销管理系统带来干扰。

(四)分销冲突的管理策略

(1)讨价还价策略,即由冲突双方中的任何一方,采取主动让步进行协商,以换取对方的对应让步来解决。

(2)外交范畴策略,以外交圆融手法摆平争议,即委任一熟悉事件始末之资深销售主管出面与对方疏通解释,促其就另一层次或视野进行考虑谅解。

(3)相互贯通策略,即经由双方经常非正式的互动,来增进彼此的了解,以增加认知、减少沟通的障碍。

(4)超组织性策略,即运用中立的第三组织进行和解(将两者以亲和力整合在一起)、调解,以及仲裁来解决冲突。

三、定位和执行(落地)

有了策略,下面就应该解决定位和执行(落地)的问题了。

与直销模式相比,分销最大的特点是分销商相对固定。分销商往往具有重复购买的行为，并且往往需要事先进行资格认证。因此，对绝大多数批发型商贸企业以及产供销一体化的营销型企业而言，固定的分销商群体占其销售总额的绝大部分，这是企业的重要资源之一。

（一）中间商的服务价值与任务

（1）为产品设计当地的需求；

（2）对产品种类适当分配——顾客需要时既可得，又便宜；

（3）通过服务行为来调节产品（装设、建议、运输）；

（4）通过推销、陈列、建议、广告宣传来培养市场需求；

（5）使顾客便于购买（同一地点能买到全部所需商品）；

（6）承担分内风险，直接为顾客服务（修理、保证、商誉、赊欠）。

（二）评估中间商的标准

（1）销售配额的达成率；

（2）平均存货水平；

（3）送货服务时间；

（4）对损坏品和遗失物的处理；

（5）对公司促销与训练计划的合作情况；

（6）对顾客应有的服务。

基于以上各点，很多制造商或供货商在设计他们的分销渠道时会很容易地想到各大跨国零售集团，原因正是由于跨国零售集团在消费者中间树立的规模效应和其独到的经营特色，可以完全满足制造商或供货商对分销渠道的期望。

现在市场上好产品应有尽有，并且层出不穷。既然消费者有了更多更好的可选择产品，那么制造商树立品牌或零售商销售这些好产品也就不再是成功的秘诀。在买方市场条件下，竞争日益加剧，越来越多的零售商开始针对消费者、针对需求的变化做出反应，寄希望于对多样化需求建立迅速的反应体系，尤其是货源补给方面要具备实质性的竞争优势。

由分销渠道的资源来驾驭各种利润要素，进而驱动销售目标的达成就是分销渠道战争，采用的方法途径就是以上的各个要点。

（原载：《销售与市场》，2004年第34期）

寻找"鹰企"

> 我希望通过新经营的管理,能够看到一个世界一流的三星。这应该是一个建立在主动性和创造性之上的动感的、富裕的企业,具备强大的竞争力,是行业的代表,拥有忠实的用户群。我们将经历种种艰难,但一定要达到目的,让下一代过上更好的生活。把三星的精神与个人联系起来,我发誓将倾注我的财产、名誉和生命,竭尽全力将三星发展成为世界一流企业。
>
> ——韩国三星集团总裁李健熙

在看中信出版社寄来的样稿《三星浴火重生——李健熙改革十年》的时候,想到了老鹰的故事:老鹰是世界上寿命最长的鸟类,能活70多岁,在40岁时它要用150天的时间把老的喙、指甲、羽毛拔掉然后等它们重新长出来,并开始剩下30年的自由飞翔。

其实企业的命运也是如此,我们常常把企业分为两类:第一类是能够在信息万变的市场中把握机会,以变求生的;第二类则是不知如何变化或者根本不想变化,结果难以摆脱失败的命运。回看企业历史,IBM、通用电器、美国西南航空和沃尔玛等我们称之为"管理典范"的公司之所以杰出,很大程度上在于他们比别的公司更主动地掌握了变化的机会并能够自己提前变化。这个结论看起来很简单,也是所有管理书籍和理论所反复阐明的道理,然而真正这样去做的企业并不多见,所以我们能够称之为管理典范的企业少之又少,但李健熙带领的三星公司做到了。

我一直在寻找像老鹰一样的企业,IBM是,现在的三星也可能是。

一、可以向三星学什么？

1987年，45岁的李健熙在父亲去世时接管三星的大权。李健熙在日本早稻田大学获得经济学学位后，获得美国乔治·华盛顿大学MBA学位。就任三星总裁之前，他在三星工作了21年。李健熙在上任初期就宣布"二次创业"，积极带领三星转型。一开始，他并不被外界看好，在投资失误后更被人认为"只配给别人系鞋带"。然而，1993年，他又提出了以品质取胜的新经营理念，掀起了改革高潮。以后的岁月，"新经营"带领三星渡过了无数的难关，并使三星成为全球瞩目的公司。1997年亚洲金融危机使韩国的现代和大宇纷纷倒下，而三星却因为李健熙推行的新经营而顺利度过。"新经营"推行后的10年，三星成为韩国公认的销售额和净利润第一的企业，三星从三流企业一跃成为国际上一流的企业。1992年，三星的税前利润只有2300亿韩元，2002年则是15万亿韩元，上涨了60多倍。同期间的负债率从336%减少到65%。市价总值从3.6万亿增加至75万亿，上涨了20倍之多，总利润占韩国上市成长公司的61%。而且三星品牌价值的增值是108.46亿美元，跃升为世界第一。

通过三星发展过程中的每一件事，我们会发现，三星所运用的管理实践并不是什么高深的管理理论和管理知识，很多都是大家所熟悉的管理概念。例如今天很多很流行的管理术语，全面质量管理（TQM）、共同的价值观、持续改善、共同远景、学习型组织等，在三星都被转化为实实在在的管理方法。从1993年至今10多年的历史看，这个公司一直在高速成长的状况是可以说明一些问题的，尤其是经历了金融危机、市场巨变、全球化浪潮和技术革命等一系列市场急剧变化考验的10年，还能够持续高速成长，我们就不得不对三星的10年给予极大的关注，去寻求三星10年所带给我们的指引是什么？

记得一位朋友曾告诉我说，理解IBM就是要回顾IBM的历史。一样的道理，我们要做的就是回顾三星的历史（主要是李健熙时代的历史）。以还原它发展中所面临的复杂性，它如何在不断变动的、真实的商业环境中成功（或失败），它如何在社会变迁、技术变革、远见和运气等多种因素的影响下发展，它的发展轨迹如何被领导者的复杂个性、相互之间微妙关系所影响……我们顺着三星的轨迹，逐步清晰地勾勒出三星的特质来，这些特质正是被我称之为：我们可以向三星学习的东西！

首先，以品质取胜。新经营的核心就是质量经营。质与量是企业直接面对的问题。面对这一问题,李健熙的做法值得借鉴。他在上任后矛头直指臃肿复杂的公司业务体系,只保留最重要、最有盈利前景的核心项目,比如消费类电子产品、金融、贸易和服务等,而边缘的、亏损的领域或者非核心的领域则一律放弃。这种"舍弃经营"的模式值得我们借鉴。在产品的质量方面,他也抛弃当时盛行的"以数量为主",积极地推进质量经营。当有一款手机被检测为不合格产品时,他将生产的15万部手机全部回收,和员工们一起宣誓"绝对不会再制造这种产品",并把它们全部烧毁。烧毁15万部手机,这需要非常大的决心。现在,很多国内的企业只是一味追求数量,对此,三星的做法真是当头一棒。在国际舞台上,中国企业要与其他企业竞争,品质取胜是领先之道。

第二,产品设计以人为本。书中提到的一个细节非常打动我。李健熙一直强调设计要以人为本,他认为以往三星电器的遥控器设计过于复杂,因为技术人员没有考虑使用是否方便。他提出要设计容易握在手上,而且只有启动和关闭功能、操作简单的遥控器。这一细节突现三星产品的人性化设计理念。产品的最终消费者是人,如果企业只是研究市场开发产品而不考虑消费者的需求,这个产品就无法打动消费者。

第三,用人之道。在用人方面他使用了"败者复活"术,三星电子的尹钟龙,现在韩国的国会议员南宫晳等都曾经离开三星,但是后来又被李健熙招回得到重用。三星电子的成功说明了李健熙用人策略的成功:他给予降级的三星成员以东山再起的机会,同时积极地吸纳国外的人才、重视设计人才;旨在改变韩国公司作息时间的7—4制,给了员工更多的业余时间去"充电"学习;重视新进员工的培训,为他们进行27天26夜的密集训练、600多项内容的网上教育等在职教育,而重视对新员工的培训奠定了三星成功的基础。

相比而言,我们可以想想中国有几个企业可以再重新雇佣曾经出走的员工?

第四,吸取他人之长。李健熙鼓励公司员工使用其他品牌的电器以取他人之长。他自己的家也是一个电子产品实验室,公司的新产品和其他对手公司的产品,他总会在第一时间试用,以保持和时代同步,并不断吸取同行的优点。

第五,危机意识。难得的是,李健熙能始终保持头脑的清醒,时时提醒三星的员工不要安于现状。他不满足于韩国第一,因此实现了三星的国际地位。他打造了三星重视趋势创造及避免安于既有成就的企业文化。不被胜利冲昏,保持危机意识也是他成功的要素之一。

第六,重视对社会的回报。李健熙是韩国的首富,他用三星创造的财富回馈社会。三星建托儿所及敬老院,他还希望在老人与女性福利,以及减少交通事故等方面为社会多做贡献。三星以美国退休者协会等为对象进行标杆学习,规划"退休者重建计划",以老年阶层为对象,为了让他们能再度投入经济活动而介绍工作、进行教育等。成功的企业家要有感恩的心,在自己能力范围内多做有益社会的事情。

二、"伟大"的第三部曲

吉姆·克林斯研究美国的企业时,希望找到伟大的企业发展三部曲,他只找到一个——这个企业就是IBM。看过这本书,你会发现三星和IBM有很多相似之处。沃森之于IBM相当于李秉喆之于三星,李秉喆的严格与沃森极为相似,而李健熙就犹如小沃森。当年小沃森上任被外界普遍不看好,然而正是他带领IBM实现了600亿美元的突破,而李健熙也是在嘘声阵阵中登上三星舞台,又是他点亮了三星这家璀璨的明星企业。如果说两者有什么根本的不同,那只能说三星是亚洲的企业。"三部曲"的完成,目前看来还是会在李健熙处于半退休状态后由子承父业来完成,而不像IBM那样可以用"空降兵"来解救。

也许,三星的第三部曲可能会很快展开,这又是吸引我们积极关注的原因,三星能否在李健熙的新经营改革下,消除"管理真空",我对三星的下一步拭目以待。

三星是一个正在进行式的企业,它一直处在变革之中。2004年,67岁的李健熙并不满足于已有的成绩,提出要把三星建设成为21世纪最受人尊敬的企业。作为亚洲企业家纷纷效仿的对象,他无疑已经突破了自我。

正如IBM成为中国企业学习的标杆一样,三星也是我们可以学习借鉴的标杆。更具有指导意义的是,三星作为亚洲企业的典范所展示的作用会更加贴近中国本土企业的具体情况。

我们常常听到中国企业和中国的企业家辩解说很多外来的思想到了中国后水土不服,欧美企业的成功经验我们无法学习,那么今天我们有了一个可以借鉴的亚洲典范:李健熙以及他带领的三星所创造的行业神话。我们承认亚洲的企业由于特殊的背景,企业家往往会在技术之外付出很大的努力和心血,而李健熙的成功也代表了部分亚洲企业家的成功,在书中他的亚洲特色的经营之道触动了我,而这些成功之道是中国企业家可以拿来一用的方法。

柯林斯曾经说过：几乎每一个人都可以担任建立杰出企业组织的主角。我期待中国也有企业家像李健熙一样：倾注财产、名誉和生命，竭尽全力将企业发展成为世界一流企业。

（原载：《21世纪经济报道》，2005年6月30日）

成 长

请旗帜鲜明地向标杆企业学习

2005年是一个全民快乐的年份,因为有"超女"。我们看到湖南卫视创造奇迹的同时,也看到了学习的效果——这档节目也许应该是创造性地学习了英国ITV电视广播网的著名电视选秀栏目《流行偶像》和美国FOX广播公司的电视业余青年歌手大赛《美国偶像》的结果。

对所有成功的企业而言,设定标杆企业并全力学习是其成功的关键要素之一。我们可以举出无数的例子:GE公司的观念革命,要求GE全员"全力以倾"向丰田学习;宏基可以说是在惠普的带动下走出坚实的步伐;当三星以索尼为神仰视10年之后,索尼说三星是神需要仰视。

今天学习已成为一种潮流,很多企业也在大张旗鼓地进行学习型组织的构建,这是好的潮流,也是令人欣喜和高兴的行动。但是,如何学习和如何构建学习型组织却是很多企业没有搞清楚的事情,我个人认为企业学习最好的方法是"标杆学习法"。

我们都很清楚,中国企业与世界上一流的企业相比,无论是在技术、管理、品牌上都有很大的差距。所以很多人认为别人的东西我们学不到,更有人认为这些差距很难消除。于是得出结论:中国企业有中国企业的问题,不能够向一流的企业学习。我想具有这样想法的人,一定是没有好好理解中国企业20年的变化根由——中国企业20年之路正是学习之路。我们学习日本企业的5S管理,我们学习美国企业对于技术的独特偏好,我们学习一切我们认为有用的东西。

但是,这并不意味着中国企业就会学习。我认为中国企业学习常常带有严重的本位色彩。比如:喜欢的部分就学,不喜欢的部分就不学;能够做到的部分就学,做不到的部分就不学;形式上学习,并没有关心根本的内容;更多的是学习概念和知识,没有学习规律和体系等。如果是这样的学习,我们的确没有学到什么,学到的只是形式而已。所以说,中国企业的问题不是该不该向标杆学习的问

题，而是如何学的问题。（笔者接下来会具体谈）

所以，请选定一个标杆企业全面全力地学习、毫不怀疑地学习、不打折扣地学习，你就会看到效果！

（原载：《销售与市场》，2005年第32期）

我们可以向三星学习什么?

三星曾旗帜鲜明地提出向世界榜样学习,并列出了对照不同标杆企业的各种学习主题。作为一个离我们最近的世界级标杆企业,我们又应该和能够向三星学习什么?我的建议是:

一、以质量和品质取胜的战略思维

三星只保留最重要、最有盈利前景的核心项目,比如消费类电子产品、金融、贸易和服务等,而边缘的、亏损的领域或者非核心的领域则一律放弃。对于企业,李健熙要求只追求企业的质量而非数量,不要虚无的框架,只要实实在在的利润。这种"舍弃经营"的模式值得我们借鉴。在产品的质量方面,三星也抛弃了当时盛行的"以数量为主"的模式,积极地推进质量经营。例如,三星曾一把火烧毁了15万部不合格的手机。

二、以人为本的产品设计原则

有一个故事能够说明李健熙的产品观强调设计要以人为本。他认为,以往三星电器的遥控器设计过于复杂,显然技术人员没有考虑使用者的方便。他提出要设计出容易握在手上,而且只有启动和关闭功能、操作简单的遥控器。这一细节凸现三星产品的人性化设计理念。产品的最终消费者是人,如果企业只是开发产品而不考虑消费者的需求,那么这个产品就无法打动消费者。

三、心态开放的用人之道

三星在用人方面有"败者复活术"之说。三星电子的尹钟龙、现在韩国的国会议员南宫晢等都曾经离开三星,但是后来又被李健熙招回得到重用。三星给予降级的三星成员以东山再起的机会,积极吸纳国外人才、重视设计人才。同时,三星曾经改变了韩国公司作息时间的7-4制,给了员工更多的业余时间去充电,重视新进员工的培训,对他们进行27天26夜的密集训练、600多项内容的网上教育等在职教育。

四、吸取同行优点的学习能力

三星鼓励公司员工使用其他品牌的电器以取他人之长。李健熙自己的家里就是一个电子产品实验室,公司的新产品和其他对手公司的产品他第一时间试用。保持和时代同步、吸取同行的优点也是三星人的优势之一。

五、化为行动的危机意识

李健熙始终保持清醒的头脑,时时提醒三星的员工不要安于现状,不要满足于韩国第一,形成了重视趋势创造及避免安于既有成就的企业文化。三星的危机意识最特别之处是化为实际的行动而不是停留在概念中、意识中。

六、基于效率的管理考量

三星对于管理的认识是基于效率的。在三星的管理概念中不能够遵循千篇一律的管理模式,不能够以指示、管制、干涉来进行管理。三星要求管理者必须从追究责任及对策的守备型管理转换为攻击型管理,一切管理都围绕着效率进行,要求管理者凭借不断学习来培养提高自己的实力。

作为亚洲企业的典范,三星所展示的作用会更加贴近中国本土企业的具体情况。而李健熙的成功也代表了部分亚洲企业家的成功,他的亚洲特色的经营之道,是中国企业家可以拿来一用的方法。

请像李健熙一样倾注你的财产、名誉和生命,竭尽全力将企业发展成为世界一流企业。

(原载:《销售与市场》,2005年第32期)

成　长

中国企业为什么这么脆弱？

中国企业脆弱的原因是我们不会做战略的思考，仅仅是做了管理的思考。

中国民营企业的平均寿命只有2.5年，在一个蓬勃发展的经济区域，在一个制造能力和需求能力都居于世界前列的区域，本土的企业如此的脆弱的确令人震惊。

我们一直想了解为什么中国企业这样容易受到影响？企业家个人的危机、自然条件的变化、资源的改变、国际市场的风吹草动等，一个外部环境或者内部条件的改变就会带来企业致命的危机，为什么中国的企业这样脆弱？

企业需要面对的问题实在是太多了，如果想要企业能够不断地存活下去，企业就必须回答凭什么活下去这个问题。事实上企业多大、赚多少钱、可以解决多少就业、是否具备品牌等，都是企业经营的结果，是企业运营的外化表现。所以当我们说企业不够大而无法抵抗风险的时候，这本身就是无法解决的问题。因此我们还是要回到企业凭什么存活下去这个问题上来，这个层面就是战略的思考了。

对许多战略性问题，我们并没有完全理解。以创新为例，创新不仅仅是今天市场环境的条件，更重要的是创新是企业能够成为冠军的能力所在。宽泛一点说，成功的企业都是创造性地开辟了新的领域。苹果带领我们走向计算机时代；星巴克创立了全新的商业渠道，使咖啡成为商务人士瞬间可以享受到的休闲；杜邦公司"让女王的丝袜女仆也可以享用"；沃尔玛的商业模式让产品"总是以最低的价格销售"；阿里巴巴更是"让天下没有难做的生意"……。这些企业的奇迹都是源于创新能力的发挥，这些创新会依赖于技术、资金、人才等，但是最重要的是人才、技术和资金需要转化为创新的成果，得到成果才是创新性的体现，仅仅拥有人才、资金和技术是远远不够的，他们需要转化才是真正创新能力。

中国企业脆弱的原因是我们战略思考的缺失。绝大部分中国企业所作的努力都是管理的努力而不是战略的努力，这些企业所追求的是解决问题，但是要知道解决问题恰恰是管理思考。对于一个企业来说，解决问题应该是第二位的，第一位的是选择做什么和不做什么，也就是回答战略的问题，先回到战略思维方式上，之后再落到管理理念上解决问题。

一、战略思维VS管理理念

战略本身就意味着做出艰难的抉择，选择那些有利的事情；而管理则是那些你不必做选择的事情，它事关各种业务的处理方式。

如何理解战略思维？战略思维是这样一种思考方式，它需要确认什么才是最重要的，确认最后所选择的方向能够回答最初确定的目标，所以战略思维是用如下逻辑展开的：

首先需要回答问题一："你想干什么？"这个问题实际上就是企业确定的目标。接着需要思考问题二："凭什么？"这个问题需要知道实现前面的目标所必须的条件，企业必须知道第一个问题实现所必须的条件是什么。接着思考问题三："你有什么？"到了这个时候，企业需要了解自己的能力和资源，相对于第二个问题而言，清晰了解自己的优势，企业知道自己的优势是什么。除了已经拥有的条件，企业需要面对问题四："你缺什么？"这个问题是回答企业相对于第二个问题所必须的条件而所欠缺的东西。

最关键的问题是："你要干些什么？"当企业清楚知道自己欠缺的是什么的时候，它就能够做出选择决定最关键的是做什么，而这个做什么的选择就是战略的选择。

战略思维不是解决企业当前问题的，而是解决企业目标所带来的选择问题。战略思维要求首先问自己：我想干什么，而不是去问自己我如何解决问题，后者是管理理念。

管理理念是，遇到任何问题都要找到解决的办法；管理没有对错，只有面对问题，解决问题。因此，不管遇到什么问题，处于管理的位置就要去解决，并不需要关注这个问题本身，但是很多人以为解决问题就是做了战略的选择，不理解企业的问题并不全是战略问题，更多的是管理问题。当我们发现问题、解决问题的时候就已经是用管理思维在做事情。

战略思维会让企业关心企业存活的依据，会清楚地界定盈利的来源，会知道自己能够做什么不能够做什么。企业如果仅仅能够看到问题、解决问题是危险的；如果你所努力的方向是解决问题，那么，你就是只顾管理理念的人。但是在今天,信息流和资金流以惊人的速度运转,只会管理的公司就前途难测了。

更糟糕的情况还是仅仅以管理为中心的做法,往往还会导致陷入故步自封的状态。如果人人都想竭力解决问题,那就必然会使企业根据自己的能力来决定产品。过去几年以来,当我们看到大量积压的库存时,就该明白它是只顾管理而忽略战略的结果。

二、战略就是选择不做什么

战略思维就是选择不做什么。1997年开始我进入更深入的企业咨询活动,在了解了中国很多公司的运营之后,我理解了彼得·德鲁克曾经说过的一段话的深刻含义。彼得·德鲁克说:"在法律上和财政上的意义(不是从公司结构及经济上)上来说,现在有120年历史的公司将活不过25年。"如果我们回到开篇所看到中国民营企业的平均寿命数据,也许您更能够理解德鲁克先生这句话的深刻含义。

德鲁克告诉我们,在企业发展的过程中有两个问题是必须保证的,我自己的理解是:法律保守、财务保守。这是做企业的两个基本前提,如果违背了这两个前提,你已经活了120年也不会再活多久,更何况我们的企业还没有活到120年呢!

战略是在法律、规则保守和财务保守的前提下的选择,换个角度说就是战略要求不做违背法律和规则的事情,不做财务冒进的事情,这是战略思维的首要选择。如果你具备战略思维的能力,就应该具备这样的自我约束能力,进而你的企业抵御风险的能力也就强化了。

战略需要根植于环境来做选择和判断,战略需要保证企业能够顺应环境的趋势。企业与环境是互为主体的,企业如果不能够顺应环境的变化,不能够与环境互动,企业就不可能具有竞争力。IBM从老沃森、小沃森再到郭士纳经历了三代领导人,同时也经历了小型机、大型机和互联网的时代,每一次都是对环境变化的深刻理解,IBM始终保持蓝色巨人的领先位置。

中国的企业在改革开放的初期也正是深刻理解刚刚开放的环境的特征,走出了一条低成本之路,通过价格、服务和质量的能力,使得在与国外企业产品的竞争中获得了自己的位置。问题是当环境已经走到21世纪的时候,环境所需要的能力是速度、创新和全球化,我们的企业仍然是以过去的习惯来应对,这是非常可怕的事情。

2004年底，我在多种场合强调过一点，我们不能够以为价格具有竞争力、品质保证、服务优质就能够成功，这三个要素是20世纪90年代的环境条件，今天除了这三个要素之外，我们还必须具备21世纪环境所必需的要素：速度、创新和全球化能力。然而这是大部分企业所不具备的。这导致在货币政策调整、市场竞争加剧、原材料成本加大的时候，我们企业明显处于劣势。这几个月我一直在厦门观察通士达，这是一个做节能灯的企业，他们不断地把流程缩短，创新性的把部分流程外包，当他们知道自己做什么不做什么的时候，原有的产能放大了一倍，所以当原材料涨价、汇率调整冲击所有企业的时候，他们用自己的战略能力保持了强劲的增长。

三、战略出发点：顾客价值

不要急着解决问题，更应该先回答我们到底要做什么。这几年中国的经济和中国的企业发展是神速的，2004年我到美国拜访一些美国的企业同行，美国联合饲料的总裁问我："为什么我们美国企业的成长夹角只有几度，而你们的企业成长夹角有超过90度？"我不知道该如何回答才好，如果我告诉他我们命好，似乎又降低了我们操作企业的水平，但的确是因为命好。可是这样的高速增长最糟糕的是掩盖了中国企业战略能力的缺失这样一个最为关键的问题。

中国企业不要急着追赶世界500强，也不要急着进行世界级企业的梦想里程。同样也不要急着说，别人都是品牌企业我们也要做品牌。不要以为我们有了2000亿的销售额，就是世界强者之一。我想因为高速的市场发展所带来的一切我们都放开，沉静下来思考，在战略上我们做了什么？我们没有做什么？不要急着解决跨国企业正在解决的问题，他们能够解决这些问题是因为在战略上他们已经不存在缺失。看看沃尔玛的全球供应链效应，微软的实现顾客价值的能力，宝洁对于消费者的深刻理解，也许你该明白这不是低价的问题，不是创新的问题，也不是多产品的问题，而是战略的坚实基础问题。

"我要在竞争中取胜""我必须追求我的目标市场""同行是我的竞争对手"这些看似正确的观点却掩盖着非常大的错误，反映在市场上就是我们没有看到可以持续存活的企业，没有看到忠诚的顾客群体，没有看到顾客价值的创新，更看不到企业真正的竞争力。中国企业拥有今天的成就和地位，确切地讲真的是命好，不是企业的能力，而是市场实在是太宽容、太巨大。但是接下来20年，我们不会这么幸运,我们需要真正的能力来满足这个市场的要求。因此,我们需要好好地理解:什么才是今天公司的战略出发点这个问题。

企业的持续成长是衡量一个企业能力的根本标准,保持企业成长的条件只有一个,那就是顾客的价值成长。因此冠军企业会以顾客价值为导向,它的战略逻辑是长期的,并深植于顾客价值之中,对于这样的企业来说不是专业化和多元化的区别,是顾客价值取向的判断。我们看到专业化的微软,推动微软的是给世人一个"看世界的窗口",我们也看到多元化的GE,成就GE的是"科技造福人类"。

无论是专业化还是多元化,这只是战略方式的选择,这个选择并不重要,重要的是选择的战略逻辑是什么。只要是顾客价值取向的战略逻辑,就可以支撑专业化或者多元化的成功,因为不是专业化或者多元化取得成功,而是顾客价值取得成功。

四、战略出发点是共享价值链

2005年开始,大部分的中国企业都感受到了前所未有的压力,这个压力是供应商带来的,而更多的制造企业发现产业工人竟然很难招到。宝钢在经历了2005年的铁矿石71%的涨幅之后,又必须面对2006年的19%的涨幅。如果我们不明白价值链是今天竞争的基础,战略不能够以价值链为出发点,那么市场将会淘汰我们。

像以可口可乐为代表的成功企业的做法一样,我们需要从思维方式上做根本的转变,一定要记住其他同行不是我们的对手,从某种意义上讲它们也是我们的合作伙伴,都正在逐渐扩展产品的使用范围。我们必须致力于我们的服务对顾客价值的贡献。我们要始终如一交付价值,公司必须能够对从产品设计、生产到销售、分销和定价这一完整的业务流程中关注价值交付。

把共享价值链作为当今战略的出发点,就是要确定整个价值链所有成员能够表现这个价值。因为产品价值界定,产品直接使用的差异化营销,价值分享的可能性都来源于所有成员对价值的把握,都来源于价值链成员对于顾客价值的理解。对公司而言,只有把分享价值作为自己战略的出发点,不断地超越自己,才能够真正地服务目标顾客,才真正具有竞争力,也才能够回到经营的根本目的上,那就是为顾客创造价值。

(原载:《经济观察报》,2006年10月16日)

谁将成为下一个企业冠军？

许多企业常常会为是多元化还是专业化、是空降经理还是内部培养、是人才重要还是技术重要、是资金重要还是政策重要等问题所纠缠和摇摆，我曾经把那些无论市场如何变化、行情如何起伏、时间如何推移、地域如何差异都能够推进自己前进的企业称之为鹰企，现在被称作企业冠军的这些企业具有八个方面的共性。

一、持续的成长性

企业的持续成长是衡量一个企业能力的根本标准。保持企业成长的条件只有一个，那就是顾客的价值成长。

冠军企业的战略逻辑是长期的，他们会以顾客价值为导向并深植其中。对于这样的企业来说，面对的问题不是专业化和多元化，而是顾客价值取向的判断。推动专业化的微软是给世人一个"看世界的窗口"；成就多元化的GE是"科技造福人类"。但无论专业化还是多元化，这只是战略方式的选择。这个选择并不重要，重要的是选择的战略逻辑。因为事实证明不是专业化或者多元化取得的成功，而是顾客价值让他们成为冠军。

二、创新性

创新不仅仅是今天市场环境的条件，更是企业能够成为冠军的能力所在。

苹果带领我们走向计算机时代的时候，星巴克创立了全新的商业渠道，使咖啡成为商务人士瞬间可以享受到；休闲杜邦公司"让女王的丝袜女仆也可以享用"；沃尔玛的商业模式让产品"总是以最低的价格销售"；阿里巴巴更是"让天下没有难做的生意"……这些企业的奇迹都是源于创新能力的发挥。

三、环境的匹配能力

企业如果不能够顺应环境的变化,不能够与环境互动,就不可能具有竞争力。

IBM从老沃森、小沃森再到郭士纳经历了三代领导人,同时也经历了小型机、大型机和互联网的时代,它的每一次变化都是基于对环境变化的深刻理解。中国的企业在改革开放的初期也正是深刻理解了环境的特征,通过价格、服务和质量的能力走出了一条低成本之路。今天环境所需要的能力是速度、创新和全球化,而这是大部分中国企业所不具备的。成功的企业,可以在市场竞争加剧、原材料成本加大的时候,调整企业的速度和战略来适应环境。

四、领导力

领袖们的气质是什么?如果这些气质被称为领导力,领导力又是怎样展示的呢?

真正的领导者具备对企业长期发展的使命感,他们注重对组织和管理的理解,更注重组织和管理对人才能力发挥的作用。通过不断学习和持续改进提高组织能力,为将来培养技能和人才,创造一个不断学习的组织正是他们的出发点。他们不断努力提高组织内成员的能力,善于学习他人(或竞争对手)的经验,寻求对完善自我有利的外部挑战,同时推进创新精神以求发展,激发个人好奇心和不断学习的欲望。

五、共享的价值链

"我要在竞争中取胜""我必须追求我的目标市场""同行是我的竞争对手",这些看似正确的观点却掩盖着非常大的错误,反映在市场上就是没有看到可以持续存活的企业、忠诚的顾客群体、顾客价值的创新和企业真正的竞争力。

如果我们不明白价值链是今天竞争的基础,战略不能够以价值链为出发点,那么市场将会淘汰我们。正像可口可乐为代表的成功企业的做法一样,我们需要从思维方式上做根本的转变:记住同行不是我们的对手,从某种意义上讲它们也是我们的合作伙伴,都正在逐渐扩展产品的使用范围。

六、全球化的能力

很多企业都在急着解决问题,营销、咨询、人才、管理,哪一样是企业最应该抓住的？我的想法是：不要急着解决问题，更应该先回答我们到底要做什么。理解中国市场必须站在全球化的角度，因为中国市场是全球化的市场；理解中国企业必须站在全球化的角度，因为中国企业面对的挑战来自于全球化的企业。

目前中国企业应该做的不是急着去追赶世界500强，解决跨国企业正在解决的问题，而应该用全球化的标准审视自己在战略上的缺失。如果中国企业能够深刻理解沃尔玛的全球供应链效应、微软的实现顾客价值的能力，也许会明白什么是全球化的能力。

七、产品力

什么样的企业才能够摆脱陷入困境的命运，究竟是什么元素让我们的企业无法成为布局者，而只能够在竞争中苦苦挣扎？也许很多人会从不同的角度来回答问题，但是我们找到一个关键元素，这个元素就是"产品"。产品力才是企业的生命力。

对于企业而言，产品既是企业进入市场的前提条件，又是企业存活市场的根本原因。如果没有产品，企业就没有了与顾客交流的平台，也没有了在市场中存在的理由。我们回答企业能够生存的理由，排在第一位的理由就是：企业能够提供产品（服务）。所以能够带领企业离开竞争的第一个选择的方向是：专注于产品生命力。

八、治理结构

当我们回归到商业运作的理性层面和资本逐利的冷静态度时，我们应该发现的是：只有伟大的董事会才能造就伟大的公司。而中国的公司还缺乏理性的董事会，中国公司的董事需要再教育。

中国公司的董事不稳定是一种常态。中国大多数公司的董事会都是在股权非均衡的状态下产生的，即一股独大、大股东控制。

虽然目前中国公司的董事能力不足，但是董事会却发挥着非常大的作用，甚至不容许有不同的声音，这样的治理结构无法成就一个伟大的公司。

（原载：《中国招标》，2006年第55期）

行业先锋的领先之道

一、优秀企业的八个特征

成长性，就是说一个企业不见得很大，但却保持持续的成长。企业的成长性最重要的是看两样东西：第一，顾客的成长性；第二，市场的成长性。

创新性，有人认为有变化就叫创新，不是的，变化是变化，创新是创新。为什么？因为创新要有结果，变化是一种环境。熊彼特在《发展经济学》当中非常清楚地告诉大家，只有五种类别上的创新才叫创新。第一要有新产品；第二就是能够开发新市场；第三有新的替代性原材料的开发；第四有新的商业模式；第五有新的企业组合。如果没有在这五个领域里面变化得到结果，创新性就不够。

跟环境的匹配，我发现我们对市场的理解是错的，错就错在我们没有真正理解环境。我们大部分的中国企业喜欢做三件事：价格、服务、品质。可是我想告诉大家，从2002年开始，我们整个市场的环境除了要价格、服务、品质之外，还要三样东西：速度、创新、全球化。否则就不能占据主导地位。

领导层能力，我讲的这个领导层是分两层的，一层讲的是我们的领导者，还有一层是我们的管理者，这两层的高度是并重的。如果你的管理团队没有能力跟得上领导者，同样这个企业也没有办法变得优秀。

价值链，竞争一定是源于价值链，不再源于产品。我们一定要知道我们的价值链中哪一点是最具有价值的，并要知道价值链的走向。所以我给大家的建议就是关注这条链上的价值怎么动，才能掌握主动权，不然在价值转移的时候我们淘汰得非常快。

全球化，如果我们没能力面对市场全球化，就没有人敢说中国市场是属于中国的，全球化能力是大家必须具备的一个能力。

产品，一个真正优秀的企业是依赖于产品和技术所贡献的力量，我们的营销做错了,我们把产品以外的要素做得太多,而在产品上的力量不够。

治理结构,一个伟大的CEO不会产生一个伟大的公司,只有一个伟大的董事会才会产生一个伟大的公司。一个伟大的董事会是说明我们对财富有非常正确的认识,知道财富跟产业、产品、市场之间的关系。只有拥有财富的人是伟大的,这个企业才可以伟大,这就是治理结构的作用。

最后,我得出一个结论,我们中国没有优秀企业,但他们可以做行业的先锋。

二、行业先锋的特点和要求

我认为企业成为行业先锋的标准是:持续成长15年,必须有独立的子公司,年收入在2002年要超过200亿元,行业要处于国家非垄断地位。

(一)成为行业先锋的四个导入因素

我们看一个企业,要从四个方面来看:一是要看他的领导者;二是要看他的管理方法;三是要看他在市场当中的反应;四是要看他的战略。

第一,企业的领导者。

首先,作为一个行业领先企业的领导者,他必须要对这个行业有所贡献,所以我们把他叫作行业英雄。当他制定企业战略的时候,他必须是站在引领行业战略的角度去做。

其次,就是一定要创造新市场,才有机会真正带领这个行业,也就是要理解客户,理解当前市场。我认为国内存在两个最根本的错误:一是把同行的变化认为是市场的变化,二是把营销创新也误认为是市场变化。

再次,就是我们一定要非常慎重去决策。慎重的决策取决于两个方面:一个是让你的组织有效性化,另一个是一定要有创造性的思路。

第二,企业的管理方法。

只有解决问题的管理才是合适的。中国理念、西方标准的管理方法,实际上就是构建三样东西:用流程替代职能,用目标导向替代控制导向,用责任作为核心,放弃权利作为核心的习惯。

第三,市场的反应。

是渠道重要还是品牌重要?我坚持渠道比品牌重要。怎样才能出现品牌这个结果?就是在所有的渠道当中人家都看得到。我们整个渠道和品牌要形成合力,要保证你的渠道是动态和持久的，渠道是可以变化的，更重要的是要让渠道在你的市场策略里面摆在首位，这样才能保证真正地驱动这个市场。一个企业是否有能力，我个人判断就是两个能力：一个叫产品的力量，一个叫渠道的力量。

第四，企业战略。

今天的竞争不再是产品与产品、企业与企业的竞争，是价值链与价值链的竞争，所以一定要保证整个价值链上所有人是一个利益的共同体。价值链最重要的是三个流，一个叫路径流，一个叫信息流，一个叫资金流。三个流共享价值链。

（二）成为先锋企业的四个导出因素

第一，企业文化。

在成长过程中，企业如果快速发展就会遇到两个最大的阻力：一个是组织，一个是文化。为什么我们的文化和组织会变成一种阻力？因为我们的文化知识来源于我们管理层和我们所推崇的一种管理方式，我们把它叫作默认的规则。所以它会受三样东西的影响：一个是社会经济文化的影响；一个是管理者自身的影响；还有一个是管理方式的影响。我们每一个文化都和这三者有关系，如果不解决好这三样东西的话，那企业的文化就变不出来。我们中国文化是非常优秀的，但是为什么我们没有办法影响全世界？是因为我们的文化没有绩效。

第二，核心竞争力。

我们总是认为核心竞争力来源于我们的内部，我今天给大家纠正一下：核心竞争力来源于内部和外部的结合。核心竞争力就是：要有顾客感知的价值。还有就是一定要有独特性，对手不能够模仿，最后就是一定要有规模经济。

第三，快速反应能力。

如何做到企业的快速反应呢？就是一定要真正了解顾客的需求及其整个方向的调整，必须以顾客为导向。

第四，远景使命。

价值体现会决定一个企业的生死存亡，一个企业理念理想价值体现有多高，企业的远景就有多大。远景使命能够让企业真正保住存在的理由，能够真正让它所有的经营和实施活动不断适应外部变化的市场。企业的愿景从哪里来？就是经营宗旨的描述，只要回答我们是谁，为谁存在。

（三）行业先锋的持续发展之路

对于行业先锋来讲需要持续发展，接下来最重要的就是要解决四个问题，第一是要提升它的领导力，第二是调整它的管理策略，第三是进一步创造市场，另外一个也是最重要的就是加速度。

我们已经迈进21世纪，我们必须回答中国企业的成长方向在哪里？我们的企业到底应该朝什么方向发展？我相信我们还是要成长为属于市场的企业。

（原载：《建设机械技术与管理》，2006年第11期）

我对中国企业的七个不安（上）

早在2005年，我就一直被一种情绪所困扰。我时常会想起20世纪80年代初，日本经济学家小宫隆太郎到中国考察后，宣布了一个当时几乎让所有人都吃惊的观点：中国没有企业。而20多年后的今天，一大批真正意义上的中国企业，如海尔、联想、华为等都走过了20年的成长历程。它们中最具代表性的海尔已经突破全球营业额1000亿元的大关；联想也已经成功地经历了两代领导人的更替，并购了IBM的PC业务，展开了全球市场的角逐；华为业已成为全球同行所瞩目的代表。我们用20年的时间让世界为之震动，这20年是属于中国经济的20年，中国崛起而成为世界制造中心。但是我们真的就可以雀跃和兴奋了吗？柳传志曾经说过这样一段话："20年的中国企业剩下的已经不多了，被淘汰的要么是适应不了环境，要么是在管理方面出了问题。"柳传志的说法，正是我的担忧所在，为什么中国的企业如此脆弱？美国的大企业平均寿命有40年，中国企业20年就所剩不多？2006年，中国经济再次高速增长，这时候我也同样感觉到不安。我自己也奇怪，为什么看到中国企业的飞速发展，竟然还会感到不安呢？

我的七个不安是：

（1）持续的高增长是否有泡沫？

（2）能否保持稳定的持续增长？

（3）中国企业是否真的具备大规模作战的系统能力？

（4）在市场竞争中我们到底靠什么活着？

（5）中国企业是否已经达到了国际化的运作水准？

（6）中国企业是否已形成有效的服务模式？

（7）中国企业的状态能否支撑其走得更远？

这七个不安是我2004年在山东六和集团任总裁时提出来的，当时是为了提醒六和的同事们，不要被高速增长表现出来的现象所蒙蔽。虽然六和的同事们已经开始着手解决这些问题，但是当2007年初我回顾2006年的中国企业时，这些问题所引发的不安却更加重了。我明显地感觉到中国企业的浮躁和脆弱。面对国际环境的变化、原材料供应商的策略调整、终端零售商的改变、基础资源的紧张等，企业没有能够以自己的能力来应对，反而因为外部的变化加剧了企业自身的焦躁。所以，我反复强调我的一个观点："在不确定性成为常态时，回归基本面是最重要的。"

但是，我感觉中国的企业对这7个问题的理解并不深刻，它们或者在持续的高增长下沾沾自喜，或者遇到瓶颈时变得束手无策。在持续高增长的环境下，很多企业急于向更快、更大的方向走，而忽略了对自身战略根本点的关注。对战略基本层面的缺失，为很多企业决策失误埋下伏笔。没有战略基本层面的累积，一个企业是很难走得远的，现在在市场上所取得的成绩，都只是暂时的胜利。我在几年前曾经谈到过这样几种类型的企业：暂时性的胜利者、阶段性的胜利者和永久性的胜利者。这3类企业之间的根本区别在于：暂时性胜利者是机会主义者；阶段性胜利者是实用主义者；而永久性胜利者是战略领袖。我想这个划分能够说明我的观点：不要只是关注暂时性的胜利，因为机会永远是公平的——你得到这个机会，就意味着失去另外一个机会；不要满足于成为阶段性的胜利者，因为实用的功能总是要被时间淘汰。因此，要获得持续增长与发展，你必须成为永久的胜利者。

一、第一个不安：持续的高增长是否有泡沫？

我们都不否认中国企业在这20年间是在持续高增长。2006年，即便是在已经形成超过2000亿元市场规模成熟的家电产业，中国家电企业的产量平均增幅仍然高达35%，出口平均增幅更是高达43%。按照中国经济学家的预测，中国经济平均增长轨迹在未来15年是7.5%左右，"十一五"期间是8%～8.5%（前28年平均为9.4%）。这相对于全球3%的增长速度来说，毫无疑问是高增长。但是，我们是否能以这样的增长就认为我们自己有能力了呢？显然不是，我们需要明确地回答一个问题：持续的高增长来源于哪里？

（一）增长来源于市场自然增长？

在观察我们企业增长的过程中，我尤其关注中国家电业的增长。在20年的发展历程中，中国家电业表现出强劲的增长势头，海尔在2004年成为销售额超过1000亿元人民币的企业，美的集团在2006年也突破了500亿元人民币，这些都是令人赞叹的增长。可是如果看到家电业市场需求容量的增长，我们也许就没有什么理由太过于乐观了。因为仅仅是2006年，全球消费类电子市场规模就达到约8570亿美元，而且数字电视等高端产品呈现"每年增长近2倍"的趋势。如果再看看另外一些企业，我们也许就更清醒了。LG进入中国的第一家企业是1994年成立的，当时三星和LG在中国几乎没有影响力，产品无人知晓，也没有销售渠道。但10年来，他们进步很快，成长更惊人，三星电子2005年在中国实现销售收入176亿美元，其中中国国内销售98亿美元，出口78亿美元；LG电子2005年在中国实现销售收入150亿美元，其中中国国内销售60亿美元，出口90亿美元。这些跨国企业在中国的产出和本土销售都远远超过我们。因此，我们不能再沉醉于"中国最大"和"成长最快"，我们企业这几年的增长更大程度上是来源于市场的紧缺而不是我们的能力。

（二）增长来源于原材料持续涨价？

很多企业对最近5年来原材料的持续涨价都会感受到压力，但正是由于原材料的持续涨价，才使得各个产业都有了持续的增长。在我所从事过的农牧行业，连续的大豆、玉米等原材料的涨价，反而使得这个行业进入快速扩张阶段。也正是由于原材料的持续涨价，才使得企业开始寻求规模的发展，同时也使产品的市场价格上升。有时候我感觉到很多企业的增长，更多的是涨价导致的销售额的变化，而不是用户数的变化。因为增长是没有进一步发展基础的，所以经由价格提升带来的（而不是能力带来的）增长是非常可怕的。

（三）依靠企业能力提升的增长究竟占多大比例？

我的第一个不安正是来源于上面这两个问题——是市场自然增长与原材料的持续涨价带动了企业的增长，而并不是我们的企业依靠自身的能力带来增长。或许我这样说对于中国的企业不公平，我同意，20年来我们的企业有了非常大的进步，我们是从零开始到今天进入了全球市场；我也同意，在20年的企业实践中我们创造出了中国企业的发展模式，这些都是了不起的进步。可是我还是非常的不安，因为对于市场自然增长所带来的机遇和原材料变化所带来的机会，中国企业并没有足够的能力承接，我们只是在这两个要素的增长中获得了一个发展的空间。或许我这样描述会更为合适一些：是市场造就了我们的企业而不是企业造就了市场。所以我最为不安的是:我们真正的泡沫源自良好业绩带来的兴奋和满足感,却茫然不知自己的不足与危机。

二、第二个不安:能否保持稳定的持续增长?

当我认识到我们企业的高增长,一部分其实是来源于市场的自然增长的时候,第二个不安就随之而来:我们能否保持稳定的持续增长?我曾经看过这样一组数据:2004年,中国民营企业的平均寿命是5年;2005年,中国民营企业的平均寿命是3.8年;2006年,中国民营企业的平均寿命是2.9年。我无法确切追查这组数据的来源,但我想也许可以从中看出,在经济持续增长的背景下,我们企业的平均寿命却是持续下降的。我们可以正向地理解为,在经历了20年的高速增长之后,市场在加速淘汰没有能力的企业,同时我们也隐约看到中国企业持续增长能力的脆弱。造成企业不能够稳定持续增长的原因是什么呢?

(一)中国企业的同质化现象严重

无论是在国际市场还是在国内市场,中国企业的同质化现象都极为严重。中国企业在产品的研发技术、制造工艺、原料市场和服务等方面都大同小异,我们很少看到中国的企业能够像保持持续增长的优秀跨国企业那样具有独特性。我曾经研究过能够应对变化的领先企业的特征,这些特征中最重要的就是,它们具有独特的战略逻辑,并且能够在产品中体现出来,并与顾客价值相一致。我也在很多场合批评过中国企业的市场研究部可以改名为"同行研究部",因为我们的企业更多的是关注同行,而没有关注顾客。这样做的结果就是,每一个企业几乎都是一样的———一样的产品、一样的服务、一样的营销,但在研发、工艺和服务方面却看不到差异,更看不到创新。我们再来看看我国企业与国际企业在研发投入和专利技术上的差距。2005年中国家电企业研发投入做得好的也只是占销售收入的不到4%;而2005年三星的研发投入达53.7亿美元,占销售收入的9.4%,LG研发投入也达到14亿美元。在专利技术方面,TCL专利累计1000多件,其中多数是外观专利,实用新型和发明不到40%;中国企业申请PTC(专利合作条约)最多的是华为技术有限公司,达到249件,在全球排第37位,而SONY、日立、夏普等国际知名企业都位居前5名,三星也进入前10名。在这些强大的研发投入和专利技术的背后,就是产品的创新和与众不同。

原材料涨价、全球化、政府政策等外部因素仍然是困扰我们的关键因素。影响企业稳定持续增长的因素很多，关键要明确是企业自身的能力起主导作用还是外部因素起主导作用。我们都对经历了百年风雨变幻还能屹立不倒的长寿型公司充满敬意，可是我们同时发现这些长寿型公司存活的道理非常简单，那就是：符合顾客期望的产品、稳定成长的员工和保守的财务。当然，它们还会拥有各不相同的其他特点，但是这三点是它们的共性，而这三点是不受外部环境影响的。能做到不受变化的影响，是企业自身能力的积累所获得的主导市场的要素。但是即使到了今天，我们的企业主要还是受到外部环境影响的困扰。2006年人民币汇率的变化给中国企业带来的巨大影响我们有目共睹，2005—2006年间原材料价格上涨给中国企业带来的冲击更是让很多企业无力招架。2005年中国电子百强利润总额达29.3亿美元，相当于全球IT70强的第24位，利润率为2.5%；但是单单一个三星集团的利润就达到约60亿美元，利润率为10%。当我们的企业在不断强调原材料、市场竞争、汇率变化导致利润下滑的时候，三星如此强大的盈利能力是否能给我们一些启示呢？

（二）我们还不具备真正的经营能力

　　多年来，有很多人问我企业的经营能力是什么？中国的企业是否具有经营能力？我也曾在几年前一次接受访问时被问到中国企业是战略成功还是管理成功？我在当时并没有回答。但是企业经营能力能否成为增长的重要支撑，却是企业必须回答的问题。在这20年间，中国企业具有规模的能力，具有成本的能力，也具备销售的能力，但是规模、成本、销售还不是企业的经营能力，这些只是企业的生存能力。当一个企业具有一定的规模水平、成本水平和销售水平的时候，企业能够让自己在市场中存活下来，但这并不意味着企业能够持续增长；只有在具备了较高经营能力的时候，企业才能够持续稳定地增长。而真正的企业经营能力是指企业能够主导供应链体系，以及能够主导投资和技术形成的价值链，由企业决定资本和技术的流向与流动方式。只有在这个时候，企业才能够保持持续稳定地增长，而不再受外部因素的干扰。这也正是我第二个不安的原因，因为可以看到，我们的大部分企业所能够把握的还只是规模、成本和销售，并不能够把握价值的传递，也不能够影响资本和技术的流向，市场外部的任何一个因素都可以决定我们企业的生死存亡。而优秀的国际同行却能够延续技术和资本的能力，在强大的经营能力的主导下不断地增长。所以我更为不安的是竞争对手在大好行情下也能得到休养生息，他们靠的正是经营能力。

三、第三个不安：中国企业是否真的具备大规模作战的系统能力？

迈克尔·波特曾经提醒过我们：全球化的过程正在让竞争的规模愈来愈大，也愈来愈复杂。2005年开始，我深深地感受到了这种规模竞争的现实残酷性，也更加感受到竞争复杂性的加剧。甚至我自己也不断强调：个人时代结束，团队时代开始。虚拟组织、战略联盟、协同效应、供应链管理、价值链竞争、合作与合并等，这些概念不断地出现在经营活动和市场中，它们最为简单的表达就是全球化。在这样一个环境中，企业不能再单个作战，同时企业也不能仅凭单个要素获得成功，系统能力才是企业必须具备的基础。但是我们是否具备了大规模作战的系统能力呢？我们还停留在流程、分工、协作的粗放阶段。对大规模产销是从容应对还是惯性使然？

我曾经经历过这样一件事：在与国外一些研究人员探讨中国企业问题的时候，我曾经问他们，中国企业做得最好的是什么？这些专家告诉我，中国企业做得最好的是中小企业的管理。我当时非常惊讶，因为在我的逻辑里中国的中小企业管理是非常差的。但是当他们把名单说出来的时候，我知道自己弄错了，因为他们说，比如你们的海尔、联想、华为等都做得很好。在我的心目中这些都是大企业。不管大家如何定义大企业，通过这次谈话，我知道了在规模的概念上，我们的企业离国际巨头还相去甚远。规模的距离只是一个表象，本质的问题是我们还根本不知道真正大规模的企业该如何运营，也就是我们根本还不具备大规模作战的系统能力。

回首中国企业成长的历程，我们大致可以看到一个这样的轨迹：20世纪80年代初期，中国企业进入企业化的尝试，开始了财务管理的历程；80年代中后期，领先的企业进入产品化的努力阶段，引进和学习是这个时期企业管理工作的主要内容；90年代初期，企业开始进行改造，一部分先进的企业率先进入市场化时期，开始了营销管理的尝试；90年代中后期，企业进行组织变革，领先的企业进入资本市场，开始了规范化管理的历程；2000年之后，企业进行创新重塑，优秀的企业能够进行流程再造、人力资源管理和构建事业平台，并开始了国际化的道路。在这个成长的历程中，我们看到中国企业所做出的努力，同时也看到它们的每一次进步和发展。但可惜的是，这些进步和发展仅仅是某一个部分的变化，并没有实现系统能力的提升。走到今天，我们需要知道：目前中国企业还是停留在流程、分工、协作的阶段，从10亿到100亿，再到1000亿，所采用的资源、技术和人力并没有什么根本性的改变，因而对于这样的变化，更多的是在利用经验和惯性，而不是提升系统能力。我们还做不到内部能力市场化。

大规模作战的系统能力是什么？简单地说，就是企业内部能力能够外部化。我曾经反复提起沃尔玛的案例，尽管沃尔玛也有它自己的问题，但是在2006年，它仍高居世界500强的第2位，实现销售收入约3100亿美元。对于分布在全球市场，同时处于微利行业的沃尔玛来说，成功的原因就是它的系统能力——全球的采购及高效配送能力、全球的供应链管理、准确的市场定位以及实现市场定位的内部能力。事实上，在市场定位和战略的确定上，经历了20年努力的中国企业不会与这些优秀企业有太大的差距，真正的差距是在实现市场定位和战略的能力上，而这一点正是系统能力。因此，评价一个企业是否具备系统能力，就是要看企业内部的各个环节能否遵循市场标准，能否彼此完全协同，能否延伸到供应商、分销商和顾客那里。如果借用价值链的理论，就是要看企业内部价值链上的每一个环节是否都可以提供市场价值，它们要能够承担外包的任务而不是让自己被外包掉。中国的大多数企业目前还不能够按照内部市场化的办法处理企业各业务板块之间的关系。只有内部能力外部化，强化内部服务对价值链的贡献和整合，才能真正具备系统能力。然而，更为令我不安的是，我们的许多企业不仅不能够内部市场化，甚至连内部协同都没做到。

（原载：《中国机电工业》，2007年第12期）

我对中国企业的七个不安（下）

四、第四个不安：在市场竞争中我们到底靠什么活着？

市场竞争是企业最为致命的话题，所有的企业都需要在市场中获得自己的生命力。德鲁克先生明确地告诉我们：企业就是创造顾客，企业只有两个功能——营销和创新。因此，企业需要不断地理解顾客的价值，企业需要不断地通过营销和创新来体现顾客的价值，这样才能够在市场中存活下来。那么中国的企业又做得如何呢？

（一）我们还停留在20世纪90年代对顾客价值的定位上

1994年，我开始关注消费市场，之后一直关注最具市场化程度的中国家电行业。由此我得出了这样一个坐标，如图1所示。

我们可以看到不同家电企业在不同的阶段取得的成就：1980—1985年，价格是市场的关键要素，这个期间长虹、康佳做得很好；1985—1990年，质量是市场

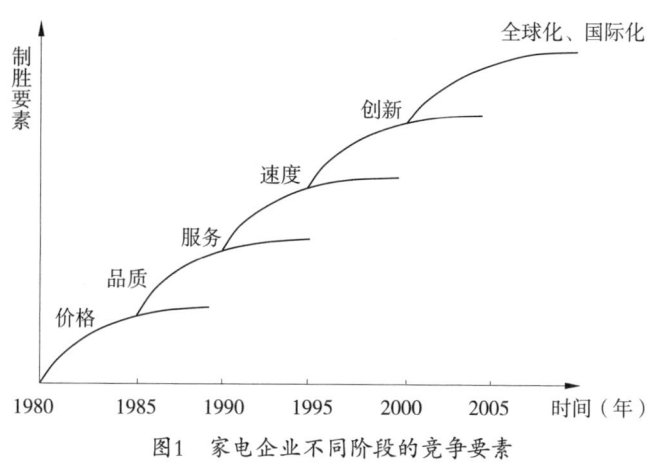

图1　家电企业不同阶段的竞争要素

的关键要素，格力、新飞、容声做得很好；1990—1995年，服务是市场的关键要素，海尔做得很好；1995—2000年，速度是市场的关键要素，海尔、美的、TCL做得很好；2000—2005年，创新是市场的关键要素；2005—2010年，国际化、全球化是市场的关键要素，目前表现较好的是海尔、格力和美的。企业的营销应该是与市场的各个时间段相匹配。我们看到海尔、海信、美的、创维等在相应的阶段把握住了相应的要素，因而一直处在领先的地位；而长虹的被动就是因为过长停留在价格这个时间段，造成了现在的结果。但是，大部分的中国企业在今天还是以价格、质量和服务来存活，而这些要素却是20世纪90年代顾客价值的要素。

（二）无法在实现顾客价值的关键点上有所作为

企业赖以存活的空间不在于企业自身，而在于顾客价值。也就是说，你能在实现顾客价值的哪一个关键点上有所作为，这一点就是企业的生存空间。我可以用一个很老的案例来说明这个观点。实际上，今天成功的企业都表现出了强劲地实现顾客价值的能力，比如IBM的"服务转型"。1996年，郭士纳就非常清楚地定义了IBM的电子商务管理目标：使企业能够通过信息系统增加企业整体的运营竞争力——而不是单个员工的工作效率！从这样一个概念出发，郭士纳带领IBM开始了著名的"服务转型"。郭士纳以自己做服务和消费品的经验，为IBM指出了一个新的逻辑：技术与功能都不等于客户价值，创造价值的关键点在于提供解决方案，在于用户如何用这种设备去创造出商业价值，而不是完全在于技术本身。这一主张是划时代的，因为这等于指出了微软、英特尔这批公司的"死穴"。微软和英特尔等高科技公司为客户提供的是工具效率，而IBM提供的是提升客户价值的解决方案。到2001年，IBM的服务收入达到349亿美元，占总收入的42%，首次超过硬件销售而成为IBM的第一收入来源。IBM在为顾客提供解决方案这一点上最能够提升顾客价值，所以到了2004年，IBM干脆直接放弃硬件业务而专心全力开发增值服务，从而保持了持续增长。解决方案成为了IBM的生存空间，借此IBM也获得了市场的空间。中国的许多企业还处在与顾客对立的状态，它们甚至并不知道它们的顾客是谁，更不用说顾客价值地实现了。我内心深深不安的是：我们仍停留在20世纪90年代，而时代已经走进新世纪的下一个10年了。

五、第五个不安：中国企业是否已经达到了国际化的运作水准？

2006年10月，我和龙永图秘书长应主办方的邀请赴顺德出席"信合财经论坛"，当时的主题是"中国企业国际化"。龙秘书长在论坛上强调："国际化必须立足于本地，立足于国情；国际化必须与工业化、城市化联系起来，三化合一；企业要开拓国际化，企业家要培养国际化的视野，企业必须遵守国际标准和准则。"我也非常认同这个观点。全球化已经是一个经营的背景，对企业而言，不论你是否愿意，也不论你有没有准备好，全球化的进程都已经开始了。一方面我们的市场是全球化的，另一方面我们的同行也是全球化的。这也正是我的第五个不安：我们的企业还未达到国际化的运作水准。

（一）我们能否用国际规则来运作市场？

企业要走向国际化，就要理解国际规则并遵守之，要掌握国际标准并达到之。这些规则和标准包括技术、质量、劳工标准等多个方面。龙永图秘书长在论坛上说：以劳工标准为例，中国的产品为什么屡遭外国反倾销诉讼？其中很大一部分原因就是劳工标准。我们也到了实行国际劳工标准的时候了。改革开放20多年来，劳工工资增长太慢，中国对于进一步提高劳工待遇应该给予高度关注。

在规则问题上我们还要注意遵守知识产权的规则。入世谈判中最艰苦的环节就是知识产权。现在处处都在谈创新，可如果知识产权得不到保护，那么创新就只是一句空话。长期不遵守知识产权规则，企业的诚信问题也解决不了。只有保护好知识产权，才能保护好成千上万的中小企业。

的确如此，如果我们连国际规则都无法把握的话，是无法进入国际市场的。

（二）我们能否让企业能力达到国际水准？

从全球趋势来看，现在的竞争并不是单个企业之间的竞争，而是生产链与生产链之间、供应链与供应链之间的竞争。比如，波音飞机在全球70多个国家生产零部件，它以自己的产品为龙头，形成了在全球跨越70多个国家和地区的产业链，那么生产波音飞机尾翼的企业就在这个波音飞机全球化链条中找到了自己的位置。全球有成千上万个产业链，我们的企业要研究国际化，就必须下力气研究跨国资产链和跨国供应链，研究如何把自己放到其中的一个环节中去。2006年，中国企业国际化的努力出现了阻滞，甚至许多海外华人的企业也出现了同样的问题——明基与西门子的事件、TCL与汤姆逊的问题。人们开始质疑国际化的战略是否正确。然而,我不认为国际化战略有误,正如我在前面所说的,不论我们是否愿意、有没有准备好,国际化是必然的。

其实关键的问题是我们的能力是否达到了国际水准。说一个企业具备了达到国际水准的能力,简单理解就是,具有全球采购能力、利用全球人力资源的能力以及与全球渠道结合的能力。首先,我们的企业还没有真正能够运用全球原材料、供应商、技术等资源的能力,大部分中国企业的国际化战略就只是把在中国生产的产品销售到海外去。其次,对于利用全球人力资源,我认为并不是一定都要引进国外人才,相反,中国的企业还是要依靠自己企业内部的人力资源来推行国际化战略。事实上许多中国企业都无法实现人才的本地化,它们即便是在本地招收经理人,也大多选择海外华人而不是真正的本地人。最后,中国企业最为薄弱的是与全球渠道的结合能力,这也正是其国际化战略常常失败的主要原因。所以我不安的是:我们常常兴奋于对外的投资和产品的外销,但国际水准其实是整合全球资源的能力。

六、第六个不安:中国企业是否已形成有效的服务模式?

派恩(B.Joseph Pine II)和吉尔摩(James H.Gilmore)在世纪之交借《体验经济》一书指出了体验经济(experience economy)的来临。该书的开篇讲了一个故事。书中说,经济的演进过程,就像母亲为小孩过生日、准备生日蛋糕的进化过程。在农业经济时代,母亲是用自家农场的面粉、鸡蛋等材料,亲手制作蛋糕,从头忙到尾,成本不到1美元。到了工业经济时代,母亲改为到商店里,花几美元买混合好的盒装粉回家,自己烘烤。进入服务经济时代,母亲是向西点店或超市订购做好的蛋糕,花费十几美元。到了今天,母亲不但不烘烤蛋糕,甚至不用费事自己办生日晚会,而是花100美元,将生日活动外包给一些公司,请他们为小孩筹办一个难忘的生日晚会。这就是体验经济的诞生。在书中提到的服务经济时代里,服务是附属于产品,帮助产品来实现价值的;而到了体验经济时代,服务本身则成为关键的增值部分。我们就正处在这样一个时代,可是我们形成有效的服务模式了吗?

(一)免费服务的模式有问题吗?

服务对于中国企业来说,应该是最不陌生的一个词。从海尔的"星级服务"

开始,企业用服务来经营的不在少数。但是企业在服务上的努力并没有给企业带来预期的结果,反而拉高了顾客的期望,企业也为此支付了更高的成本,可到头来顾客还是不满意。为什么会这样?我在《中国营销思考》这本书里专门分析了中国企业的服务模式:免费服务。在书中我非常明确地指出,这个服务模式是错误的。如果不对自己的服务收费,就没有压力迫使企业明确自己的承诺;如果不对自己的服务收费,也绝不会有人关心客户最需要的到底是什么,我只管做那些我想到的事就好了。这样,顾客满意往往被等同于顾客服务,但事实上,顾客满意比顾客服务的含义更广,也更深。它包含很多因素,例如所提供服务的类型、产品的质量、价格的可达成性等。当提出使顾客满意这个要求时,优秀的公司就会意识到,不能试图满足所有人的所有要求,而要依靠一两个关键因素来实现有价值顾客的满意。服务与产品之间不是一个相互提升价值的关系,而是为顾客创造价值的两个同等重要的方面,两者不是互补关系,而是平行关系。产品的价值必须由产品本身来解决,服务的价值必须由服务本身来解决,而决不能把服务当作弥补产品不足的手段。服务必须是能够带来增值的,显然,中国企业大多还没有形成有效的服务模式。

(二)员工有没有服务的心态?

服务是什么?这个问题无数人问过。我曾经看过新加坡航空公司的一个对空乘人员服务热情动力的问卷调查,这个调查的结果是选择"喜爱空中飞行"作为自己服务激情的第一动力的员工比例约为76%。而同样的问卷我也曾经让国内一家航空公司做过,但是把这一选项作为第一选择的员工仅有3%。这个事实说明,服务是心态,而不是行动。员工是否具有服务的心态是能否形成有效服务的关键。可是我们身边有多少人具有愿意为别人服务的心态呢?又有多少人真正喜欢自己所从事的行业和工作呢?我发现一个非常普遍的现象,当我一次又一次地做企业访问时,我常感受到的是人们对于工作和职业的厌倦。大部分人都认为他所从事的职业和行业是最辛苦、收入最低且最没有前途的。在公司里我们常常看不到快乐的员工,在日常生活中我们常常看到忧郁的人。我曾经疑惑中国人和美国人在精神面貌上的区别,同龄人之间所显示出来的差异是相当大的:美国人似乎总是精神饱满、神采奕奕,显示着年轻和活力;而我们常常是精神不振、面色灰暗,显露出疲惫和衰老。后来,我明白了,是由于对职业的心态不同,导致在长期的工作之下而产生的身心变化。试想如果我们都不能够从事自己喜欢的职业,不能做自己喜欢的工作,又何来快乐的心态,就更不要奢谈服务了。我的第六个不安来自于人们疲惫的身心。

七、第七个不安:中国企业的状态能否支撑其走得更远?

今天的潮流是学习。很多企业也在大张旗鼓地进行学习型组织的构建,这是好的潮流,也是令人欣喜的行动。但是,如何学习?实际上,如何构建学习型组织恰恰是很多企业都没有搞清楚的问题。我认为企业学习最好的方法是"标杆学习法",即选定一个标杆企业,全面、全力地学习,毫不怀疑地学习,不打折扣地学习,这样就会看到效果。1993年,三星以索尼为榜样开始学习,三星的董事长李健熙说:索尼是神,我们需要仰视。到了2003年,索尼说:三星是神,我们需要仰视。1993年,中国的企业也开始了向日本企业学习的努力,但是2003年三星的销售额是2000亿美元,2004年海尔仅1000亿元人民币。我们的状态可以支撑我们走多远?我深感不安。

(一)我们学习优秀企业的心态如何?

观察中国企业,很容易发现我们极其矛盾的内心世界。记不清是谁说的,中国人与美国人的区别在于,美国人对别人比自己优秀的地方会在嘴上马上认同,但是在内心中却会非常自傲;而中国人对于别人比自己优秀的地方会不认同,但是内心中会非常自卑。也许很多人会说这是中国文化使然,但是我的心情还是无法平静,因为我们的企业相对于优秀企业的心态就是这样——我们并没有真正地认同,因而我们也就无法真正地去学习,也就无法真正地去超越。中国企业所表现出来的学习热情,是令我非常兴奋的,但是看到中国企业的学习质量,我又感到非常难过;而当我看到很多企业仅仅把学习看作是一种形式的时候,我就更加难过。原因在于,很多企业在学习的过程中,会去找学习对象的不足,会寻找自身旧做法的依据,甚至学习的取舍标准也依企业自身的主观判断而定,而不用客观事实做依据。结果,一方面我们的企业在学习,而另一方面我们的企业更加坚定了自己的企业习惯。我并不是说企业自己原先的习惯都是不好的,但是当我们学习的时候,就应该忘记自己的,要把身心放开去接纳所有。同时我们还需要知道,开放意味着吸收与辐射,我们的很多企业可以吸收,但却不会也不愿辐射。不能够辐射的企业事实上还是没有开放的心态,因而也就不可能真正地学到东西。

(二)我们学习优秀企业的能力如何？

我们都很清楚中国企业与世界上一流的企业还有着非常大的差距，无论是在技术上、管理上，还是品牌上。因此，有很多人认为别人的东西我们学不到，甚至认为这些差距很难消除，认为中国企业有中国企业的问题，不能够向世界一流的企业看齐。我想有这样想法的人，一定是没有好好了解中国企业20年变化的原因。中国企业这20年的路正是学习的路，我们学习日本企业的5S管理，我们学习美国企业对于技术的独特偏好，我们学习一切我们认为有用的东西。但是，我承认中国企业20年的学习，并不是说中国企业已经学会了学习。我曾经在很多地方阐述过自己的观点——中国企业的学习常常带有很重的感情色彩，比如：喜欢的部分就学，不喜欢的部分就不学；能够做到的部分就学，做不到的部分就不学；形式上学，而并不关心根本的内容；学习更多的是概念和知识，而没有学习规律和体系等。如果这样学，我们的确无法学到什么真功夫，学到的只是形式而已。看看三星向领先企业学习的过程，看看美国企业在20世纪80年代向日本企业学习的过程，我们真的应该反省一下了。

(三)我们的状态：激情够不够？是否永远在创业？

别忘记了你最可靠的力量源泉：你的激情。毕竟，经营企业是一个无法依赖别人的事情。很多人将这种激情定义为企业家式的管理——这是一种方式，而不是一个阶段。企业家管理方式看重的是充分利用机会，它的信条是要借助有限的信息迅速做出决策，它具有高度的冒险性及很强的处理模糊问题的能力。使用这种管理方式的管理人员的座右铭是：大胆一试！采用企业家管理模式迫切需要追逐市场领先地位，在这种模式下，为了充分把握机会而不得已再度起步或改变经营方向的做法是可以容忍的。这不是管理的一个阶段，而是一种风格。它不怕风险，它认为最惨重的失败莫过于平庸无为和丧失机遇。这是我在研究中国成功企业家素养时感受到的他们的特质。企业能否持续下去，很重要的一个因素是企业是否具有创新精神，而企业家精神的实质就是创新。如果我们可以让团队成员保有激情、保有企业家精神，企业就可以走得很远。然而现实是，经历了20年的高速发展之后，很多人开始进入"职业舒适"地带。同时也进入了"舒适的陷阱"，甚至很多经理人对于变化的环境开始有疲劳和厌倦的感觉，这也正是我所不安的。

（原载：《中国机电工业》，2007年第12期）

成 长

企业该在哪里增长？

对于一个企业来说，它可以处在市场上任何一个位置，也可以选择四个角度——市场拓展、多元化扩张、增加市场份额以及与自身能力相关的扩张来改变它的市场位置。但是，这四个角度还只是企业在市场方面所做努力的表象，它们所构成的维度是市场区域和企业自身的产品及服务。所以，我们可以概括为：如果要回答在哪里增长这个问题，只需要分析市场区域和企业自身的产品及服务就可以了。

对于市场区域来说，是进入新的区域还是在现有的区域？这就需要企业回答这样一些问题：应该着重于现有的哪个市场？是否应该考虑进军新的市场？应从哪个地区开始？这些看起来很简单的问题，却需要我们持续认真地回答。

对于企业自身的产品及服务来说，企业要回答两个问题：是否应该坚持主营业务？应该如何综合平衡在各个不同产品组合上的经营管理力度？对前一个问题，我们不会有太多的疑问，而后一个问题，却是非常关键的问题。我所观察的中国企业，在后一个问题上确有很多困难。因为无法平衡，企业就出现了随着行情的变化而变化的状况，无法控制自己的节奏。企业外部因素仍然是影响变化的关键因素，如果可以平衡各个产品组合的管理力度，企业就能满足细分市场对企业提出的个性化要求，增长也就会出现。

如何增长？

我们知道，企业增长有四种方法：合并收购、战略联盟、自我完善和有机发展。但是这些方法还不是如何增长的根本所在。对于一个企业而言，解决增长来源的根本是两个问题：资源如何来？经营的重点是什么？

资源的来源，从外部来看是联盟或者并购，从内部来看是自力更生。所以，如果想增加资源，企业必须回答四个问题：是否应靠自身力量发展技术？是否应考虑以合资企业的方式进入？谁是最有吸引力的收购对象？是否应考虑与一个国际性集团结盟？根据对这四个问题的不同回答，企业自身做出选择进而得到增长所需的资源。

经营重点的选择则决定企业增长方式的合理性。对于外向型的企业，经营重点应该是以市场为导向、以客户为中心；对于内向型的企业，经营的重点则应该以技术为主、成本为重。能否把握这两个方向，取决于能否解决两个问题：一是公司的产品应该如何在市场上独树一帜？二是技术应成为促进发展的原动力还是从动力？

解决了这些问题，企业就解决了如何增长的问题。只要企业清楚并紧紧抓住两个根本问题——资源的来源和经营重点，增长也就成为可能了。

经济利润是由投资规模和投资净回报率决定，投资规模又由固定资产投入、流通资金投入和现金构成，投资净回报率由毛利率、营销费用率、管理费用率和资本周转次数构成。这些财务指标是所有企业管理者都非常关注的。为了让企业在市场竞争中保持经营的结果，很多企业都会把财务指标分解为具体的运营指标。

但是，这样的理解非常错误，因为这些运营指标并不是市场的真实因素，仍然还是经营的结果，也仅仅是解答了战略规划所应提出的目标，真正的运营因素还是没有表现出来。所以企业还要进一步寻找能够驱动业务实现的真正因素——这种努力就是业务的价值驱动因素分析。这时候，投资规模分解为产品知名度、产品概念的吸引力及独特性、渠道伙伴的选择以及生产与销售的配合。而投资净回报率分解为品牌实现溢价的能力、对新产品推出的管理、品种优化减少生产复杂性的进展、分销商政策及管理系统。这些真正深层的驱动因素回答了如何实现财务指标的做法问题，所以企业需要的是找到驱动业务增长的价值因素。

（原载：《中国企业报》，2007年11月13日）

微利时代的企业成长

微利行业的标准是行业的平均利润率也就是净利润率接近1%。

这个数字意味着两件事情：第一是产品接近成熟；第二也是更重要的是消费者进入成熟。

我从2004年开始研究中国本土企业将会遇到的困难和问题。在2005年，我发现大部分企业都出现了快速成长，但是经营结果并不是想象中的那么好。到了2006年我发现，很多企业的高速增长是有泡沫的，或者说这种增长可能无法稳定和持续。我们可以看到无论印刷行业还是包装行业，甚至包括其他行业，都已经进入微利时代——行业的平均净利润率接近1%。这意味着企业将会面临两个重要转变。第一个转变是企业时代结束，顾客时代开始。第二个转变是单方主导市场时代结束，价值转移时代开始。这种转变必然会对企业的经营提出新的要求。

一、微利时代对企业提出新要求

第一个转变的主要特征是消费者拥有越来越多的选择权，但是满意度却越来越低；反映到企业就是企业在经营上有越来越多的战略选择，但是产生价值的表现却越来越少。这种转变如果仍然用习惯的方式去经营，恐怕就不适合这个时代。转变出现的重要原因是商业增值方式发生改变，以前我们强调如何让消费者购买商品，但是现在我们在做的事情却是如何把货物送达消费者手中。一旦你不能把货物送到消费者手中，一旦你解决不了消费者提出的问题，消费者对你的评价就越来越低，对你的需求就越来越少，你自然就被社会淘汰。

消费者的转变会改变很多的东西，比如更可怕的第二个转变的出现：单方主导市场时代结束，价值转移时代开始。这种改变就对我们提出了新的要求：我们必须重新认识消费者。现在的消费者拥有非常可怕的两大变化：第一是知识，第二是技术。在消费者拥有的知识和技术已经超过你的情况下，你就必须对消费者有全新的认识。

我的女儿是《哈利·波特》迷，在《哈利·波特》第七部英文版出版时就要求我一定要为她买中文版，但是中文版的出版需要2个月的翻译时间和1个月的印刷时间。我曾对买下国内版权的出版社说你这次亏定了，对方不信我的话。结果在英文版上市3天后，我女儿打电话告诉我说有中文版了，我说不可能，她说真有。原来是一个哈迷为了让大家更快地看到中文版，每看一章就翻译一章并免费放到自己的博客上去，最后被书商变成了盗版书。出版社要告翻译者，翻译者说我并没有收费，只不过是为了和大家分享。出版社要告盗版书商，书商说随便你告，告完了我的印量更大。这个例子就是说，现在的消费者已经可以参与价值创造，当他看到这本书并有能力翻译出来的时候，就会用最快的速度把它创造出来。这件事情错的是出版社，它应该知道消费者变了。我认为正确的做法是拿到中文版版权后在网上招标，谁能在最快的时间内翻译出来而且被认可，就把翻译费付给谁。消费者现在需要的是快速的阅读，不会等你3个月的时间。在这种情况下，我们的思维方式应该站在消费者一方。

二、脱离竞争的理论支点

学过企业战略的人都知道，有两种立场的战略观：一个是企业立场的战略观，一个是消费者立场的战略观。我们认为最重要的是消费者立场的战略观。制定企业战略通常考虑5个条件：产业假设，战略重点，顾客，资产与能力，产品和服务。传统企业立场的战略观最重要的特点是通过满足顾客的需求让自己的产品和服务的价值最大化。这种想法很好，可是你会发现，最后你会陷入微利的情况。因为顾客的需求是不断变化的，你很难永远满足。而新的战略观念换了过来，它告诉你最重要的一条就是不再跟别人去做竞争，只做顾客评价的基本共同点，不是满足消费者的不同需求，而是满足消费者的基本共同需求，在共同需求的基础上，让消费者的需求最大化而不是让自己的产品和服务价值最大化。就像今天这个会议谈论的标准问题一样，因为标准化是这个行业的共同需求，可以让顾客在享受印制品的时候把价值最大化，而不是我们企业提供的产品价值最大化。

我举一个法国酒店的例子，这家酒店准备做经济型的酒店。众所周知，通常概念里认为酒店的产业条件是一定的，必须要大，要有会议室、餐饮、房间和客房服务，还要有好的卫生条件。但是法国这家酒店站在消费者的角度来看住经济型酒店到底需要什么，最后发现消费者会需要三样东西：第一是价格要低，第二是要有一张好床，第三是要卫生。所以这家酒店把大堂、客房服务、餐饮和会议室统统取消，把钱投到了床和卫生两个地方，最后他们用4星级的床、5星级卫生标准的房间做到了1星级的价格。他们把这些事情做完的同时，全法国的经济型酒店就被打倒了。站在消费者需求的基本点上是这家酒店成功的原因。全世界成功企业的特点都是把客户最基本的需要做到最大化而不是把产品做到最大化。

所谓成熟企业的经营，只不过是回归到企业的本质上来，不要陷入自身当中，顾客不需要过度放大的产品价值。顾客真正需要的是什么？我们来看迈克尔·波特提出的竞争战略理论。所有人都认为波特在讲竞争，但我认为他不是在讲竞争，他是通过竞争的概念讲企业怎样可以脱离竞争。对于任何一个传统产品我们都要有一个宗旨，那就是给消费者创造独一无二的价值，这样你就可以离开竞争。电脑行业的变化其实就是这个概念。最早的MAC为什么被IBM所替代，是因为IBM认为电脑不仅是专业的机器应该也是可以兼容的机器。IBM进一步成功的原因在于它发现电脑不仅是一个兼容的商业用品，还应该是个人的电脑。戴尔接着说电脑不仅仅是个人电脑，它也是个人消费品，所以我们现在老换电脑。我觉得受伤害最深的是手机，已经从通信产品变成了易耗品，产品升级周期只有3个月，现在你不换手机就好像对不起大家，这样的调整使得手机企业离开了自己本身。所以我们讲行业竞争最重要的不是怎么样去依赖它，而是怎么样去抵抗，在战略上要关注不做哪些事情，怎么去开拓新的竞争领域。

三、脱离竞争的实践方法

前面是从理论上探讨企业脱离竞争的做法，但如果我们要在市场中离开竞争的话仍然需要做很多方面的工作。第一就是回归到产品上，要专注于产品，因为企业和市场之间的唯一载体就是产品。有些企业家跟我说，我有品牌、规模和足够的资源，市场离不开我。但是我告诉他：如果你没有好产品的话，市场不会认可你的品牌，市场真正买的是你的产品，不是买你的品牌、资金和规模。专注于产品的一个重要方法是一定要有清晰的产品意义。很多企业没有办法离开竞争，很重要的原因就是产品意义不清楚，他只能跟人谈价格，因为价格所有人都懂。一旦当你只能跟人谈价格，陷入价格概念的时候，就会陷入恶性循环之中。因为价格虽然是产品的第一敏感因素，但是它不能代表产品的意义。还有更重要的一点是维系产品的生命力。任何一个产品都有生命力，你应该有办法和能力去维系它。我们都知道中国的房价涨得很快，很多人问我房价什么时候会出现拐点，我不评估是哪一年，但我从另外一个角度告诉你房价会不会跌。中国的房地产行业是中国所有行业中最具有经营水平的一个行业，其他行业都没有房地产业做得好，它维系产品的生命力很强。在国家房改以后，房地产业知道所有人希望有套房子，盖一栋毛坯房就会有人买。这是第一拨买房子。第一拨买完之后，它告诉你除了买住房之外你要老有所养，谁都不能靠，甚至连政府都不能靠。于是大家就买房子做保值增值，因为我们可以保值增值的产品很少。现在房地产业又提出了另外一个概念，看到这个概念我知道又有更多的人要买房子，而且房子要更贵。它告诉你居住区分人群，上海就是这个概念表现的典型。我的学生会告诉我说老师您不要担心我找不到女朋友，我在徐家汇有房子。房地产商很聪明，如果居住区分人群的话，很多人必须要换房子，因为你必须要告诉人家你住哪里，那么你要不要买更贵的房子？

离开竞争的第二个方法就是要有协作的效率。我认为今天的会议非常好，因为除了做标准化之外，还有行业沟通和协同的意义。这种协作的效应就是我们今天离开竞争的方法，我们可以让整个行业获得有竞争力的附加价值。在整个价值链上，从一开始的信息平台到最后的顾客，这条链上的各个环节只有不断的协同，整条供应链能够真正产生价值的时候，才能真正发挥为顾客共同创造价值的作用。

离开竞争的第三个方法就是顾客需求的选择，这是一个通用的理论，一般讲这个理论就是产品的生命周期。是谁决定产品生命周期呢？是顾客需求。2006年有一个观点在营销行业影响比较大，叫作"需求生命周期观"。这个观点的主要思想就是你不要分析你的产品生命周期在什么地方，你要知道根本性的市场变化来源于顾客的需求变化，所谓的成熟企业就是没有预测到下一个产品的生命周期是什么的企业。所以我们需要做两件事情：第一件事情是要关注老顾客的新需求，不要总是找新的顾客。在微利的时代，你会发现人人都是顾客，想找新的顾客非常困难，重要的是寻找老顾客的新需求，细分顾客并非仅仅只是新顾客。第二就是推迟你离开顾客的时间，这是所有成功企业都在善于利用的真理。如果产品销售出去代表你的努力结束的话，那么顾客离开你的努力也开始了。所以好的企业就是让顾客没有办法离开你，让你和顾客永远在一起。

第四个方法是时间优势。很多中国企业领先的重要方法是比很多企业反应都快。比如可乐,中国人一直想做可乐,成龙还免费为中国的可乐做广告却没有成功。但是这个可乐公司,也就是非常可乐公司推出了咖啡口味的可乐,这是一种被可口可乐公司认为在中国的市场上还不适合的口味。但是非常可乐公司以极快的速度把咖啡可乐推向了市场,这时候可口可乐奋起直追已经无济于事。因为在中国,咖啡可乐的第一份额已经属于了非常可乐公司。这就是离开竞争的时间优势。

第五个方法是服务。在服务上中国企业有几个根本性的错误,第一就是大家认为服务是一种态度,开一个微笑窗口就叫服务窗口。但是我要告诉大家的是服务并不是态度,而是一种承诺,你可以态度不好,但是不能把承诺做不好。还有一个错误是认为服务就是形象,一做服务就是找漂亮女孩来做,这是违背人性的,漂亮女孩应该由男性为她服务。我相信你找到的漂亮女孩骨子里是不愿意这么做,只不过她没有办法。我们要知道服务不是形象,服务是行动,重要的是做哪些动作来表现你的服务概念。很多中国企业的服务理念很好,但是没有落实在行动上。有一个真实的故事,我到某公司去有人告诉我说公司的服务理念很好,完全是从顾客角度出发"顾客是上帝"。但是我就告诉他这个理念不行,因为中国人很少信宗教,他连上帝长什么样也不知道。对上帝没有认识就说顾客是上帝,怎么服务?结果他们又改成了"顾客是家人"。我觉得这个好一点,可是还有问题。改革开放30年来,在座的只要是内地人,相信这30年来他们对待得最不好的人就是家人,你牺牲掉你自己的生活得到了30年快速的经济增长。后来他们把理念改成了"顾客是朋友",我认为这个可以。这件事情说明无法行动的服务承诺是不能实现的。

第二企业重视服务就要注重一线员工的建设,因为直接和顾客接触的是一线员工并不是在座的各位,也不是我。中国很多企业把很多优秀的员工放到二线去而不是一线,可是一线工作人员是不懂得经营管理的。都说中国企业没有执行力,让最笨的人做执行的企业怎么能够有执行力呢?以企业调整产品价格举例,很多情况下可能并不是管理层认为要调价,而是一线的人认为应该调价,这时主管就说要调价,副总看了一线的人要调价就打报告调价,总经理一看副总同意,那就同意,最后变成了调价决定是由最笨的人做出的。这个例子可能有些极端,但我想说的是只有一线拥有最大的资源和最大的肯定,才能把整个服务做好。

四、离开竞争要兼顾增长

我今天要讲的最后一个问题是在离开竞争之外,如何回到增长的话题上来。在这个微利时代只有真正地实现增长才能实现时代的要求。要实现增长有三个角度可以帮你,第一是创新,第二是价值,第三是全球化。最根本的则是技术,技术会带来竞争力的变化和消费者的变化。在这种情况下如果我们要实现增长就要学会如何创新。创新最重要的是获得结果,这也是最关键的。德鲁克的《创新与企业家精神》一书中回顾美国经济为什么会独树一帜的时候提到,美国和全球经济不一样的原因是美国的经济既不是市场经济也不是竞争经济而是企业家经济,而企业家经济的核心就是创新。对创新概念我们有很多的误区,通常大家会认为观念、制度和管理上的创新都是创新,但是大家要记住创新不是过程,而是结果。熊彼特有5个明确的结果来定义创新:第一是新产品,第二是新的替代原材料,第三是新的市场,第四是新的商业模式,第五是新的企业组合。一个企业做到这5点,创新就成功了,如果创新与我们产品的属性和价值取向相违背的话,就没有创新。我联想到太阳马戏团,它虽然是传统行业但仍然遵守传统产业的价值,他们的创新是用现代技术带给人们意想不到的东西和梦幻般的感觉,他们遵守了产品的特性和价值观。如果你真正做创新,那么就要回到你的价值意义和产品属性上,不能认为所有的创新都是创新。

增长不仅来源于创新,增长还来源于价值,企业要回归到价值增长,这是我们今天谈的主要内容。以前我们倡导规模增长,但是这种增长有限而且还有伤害,我希望大家能够重新认识规模的真正价值。我最后用一个美国冰球运动员的一句话来作为结束语,这位运动员每次比赛就像是一场表演,别人问他为什么做得到这一点,他说:"我滑向球要去的地方,而不是球在的地方。"所以我们要走到顾客的路上去,这样才能完成企业的成长。

(原载:《印刷经理人》,2008年第1期)

中国企业的下一个机会
——成为价值型企业

我的指导思想是这样一句话：假如因为我们拥有辉煌的过去，而错失了未来，那才是真正可悲的事。

尊敬的各位印刷界的朋友：

非常高兴有机会参加这样一个每年一度的盛会。林先生（星光集团有限公司主席）跟我说，他非常希望印刷行业有一些更好的交流。从行业内在的发展过程当中获得一些研究的内容和经验，很抱歉这方面我做的并不多，但是对中国企业怎样在一个变化的环境中寻找到自己的机会，却是我十几二十年来一直研究的问题。所以当改革开放走到2008年的时候，出版界也有很多朋友建议我写一本回顾中国企业30年成长路径的书，我很认真地答应了，花了一年多的时间去写。但等写完的时候我才想到，回顾30年其实没有多大的意义，我们需要知道的是未来30年中国企业应该做什么样的事情。源于这样一个考量，我放弃了已经写好的这本书，重新来做深入的探讨，就是看30年后我们的企业应该怎样做事情。

一、30年撬动世界的中国价值

30年前的时候，因为有机会跨入世界，中国企业成长了起来。我今天也很高兴听到印刷行业生产总值超过了4000亿元的规模，按照这个规模看，我相信在座的很多企业在30年间都经历了飞速的发展，在那个时候我们会发现企业真的变大了，世界真的变小了。前几天，我在东莞参加"广东再出发——从东莞突围看珠江东岸经济带升级"论坛，因为大家认为珠江三角洲尤其是东莞很多重要企业现在好像不行了，这个地方的经济好像出了问题，所以南方报业传媒集团邀请经济学家、管理学家去做这样一个深度论坛,北京的吴敬琏、胡春力,本省的我们都去参加。记得每一次到东莞去,他们总是告诉我:陈老师,你在全世界看到的东西在东莞都可以找到。那个时候我也很为东莞骄傲,我们跟世界的距离真的变得很近。可到了2008年我们突然发现,当真正融入世界而不仅仅是跨入这个世界时,企业变大了,可世界变得更大。在东莞这个论坛里面我感受很深。一个根本性的问题,那就是中国企业到底用什么方式去成长?最近一系列的事情导致企业遇到困难,之前我们可能还在探讨原材料、美国次贷危机、金融危机,但是今天我们发现的问题是诚信、顾客价值和行业应该遵守的道德约束。所有这一系列的问题其实都含有一个共性,就是中国企业应该选择什么样的方式成长。

我很感谢会议的主办方把我的书送给了各位,我就在一个小时内做简单介绍,详细的麻烦大家去看书。中国在30年当中就可以撬动世界,这是全世界的奇迹。我们来回顾一下,撬动的原因到底是什么?以我自己的思维习惯来说,我认为是因为中国经历了世界300年来在经济发展中必须走的4个阶段,只不过我们用30年走完了。我简单地把这4个阶段定义为:第一,工业化阶段;第二,市场化阶段;第三,产业化阶段;第四,国际化阶段。为什么我要做这样一个简单的回顾?我也是用这个方法请各位回顾自己的企业。如果只会把产品生产出来,那你的企业只是在工业化阶段,如果能够把产品卖到市场上去,那你的企业只是进入到第二个阶段。如果你的企业不能依据产业发展在某个产业环节当中寻找到它的价值,那它并没有迈过产业化阶段。就像东莞,进行双转移也好,进行产业升级也好,我认为有一点必须很认真地对待,那就是任何行业其实都有价值,关键是这个产业价值能不能释放。所以不要认为一定要做到高新技术去,一定要做到渠道和品牌去,这个企业才有希望。我觉得我们必须依据自己的能力来做,我们把制造的产业价值做到最大的时候,仍然也是最强大的地区。我给东莞就是这样一个意见。反过来说中国的很多企业可能在产业化的进程中还没有做好,他们只是会把产品生产出来然后卖掉。所以我非常支持这次年会,因为年会把我们产业中的所有环节都积聚在一起,从印刷技术、工艺,到设备、原材料的开发,再到附加价值的提升,甚至到印刷标准,到设计。我们所有环节的每一个价值如果都能释放,产业价值才会最大,当产业价值最大的时候,企业才有希望。中国在2000年前后就进入了产业化的阶段,但我们的很多企业没跟上。到了2004年的时候中国开始进入国际化,很多企业也没有跟上。我的书中有些个案给大家看,我做这个回顾只是想告诉各位,全世界300年来企业经济快速发展的一个根本原因就是这4个阶段得以非常好地推进，而中国30年来能够撬动世界的原因也是用最短的时间走过了这4个阶段。我只是用这个方法给大家一个看问题的角度，各位问问自己，你的企业是不是跟着这4个阶段同步走？如果不是，今年的经营一定是困难的，因为你可能只停留在第一、第二阶段，但事实上我们的经济已经进入第三、第四阶段。

在这个背景下我来分析为什么中国能够撬动世界，是因为它有4个杠杆：用学习换机遇，用成本换市场，用创新换认同，用速度换资本。这4样东西使得我们可以进入国际市场。

今天，假设还是用学习、成本、创新和速度这4样东西来推动企业的话，我认为已经不够了。为什么？因为我们很清楚全世界都在进入学习的状态，如果说中国企业很擅长学习的话，跨国企业来到中国，他们的学习能力更强。最近我在看两位麦肯锡公司合伙人写的一本书叫《运营中国》，我当时跟出版社讲我不喜欢这个标题，我不希望是跨国企业来运营中国，这当然有点狭隘的民族心，但是反过来我在整本书里确实看到了他们在中国的学习能力。宝洁的总裁说，如果跨国企业在中国能够运营成功的话，在中国所有成功的标准就可以让你在全世界成功。这个观点跟我的另外一个观点不谋而合：如果你在中国能够领先，你就有机会去做全球领先（这个我们等一下再谈）。我用这个例子其实想告诉各位，论学习能力，跨国企业在中国的学习能力跟中国企业向跨国企业学习的能力现在不相上下。而谈成本概念时我们更清楚，在最近这5年中，成本不再是用最低的概念来谈，必须用合理的概念来谈。就像我们今天谈乳业，很多人会追究说是因为成本太低了，他们不得不作这些调整，我觉得这种话在产业价值里是不成立的。我们一定要保证每部分的产业价值有合理的成本，我们有能力去支付，这个才是你必须追求的东西。所以，我们用低成本的方式换得了这个市场，但接下来，我们不能再用低成本的方式来思考，我们必须要用合理的成本去做调整。在创新和速度方面，有更需要我们承担的变化。所以，学习、成本、创新和速度是我们前30年成功的4个最根本的原因，但是接下来如果你想取得成功，再依据这4个原因，就不够了。

那我们到底应该依据什么？我称其为价值型企业（图1）。换个角度说，如果我们要真正的成长，就不能再想着自己有多少规模，有多少盈利，你必须想对这个产业、对这个市场、对顾客，你们贡献什么价值。虽然今天整个印刷行业的生产总值超过4000亿元，可我更希望有一天不提这个，而是说整个印刷行业贡献的价值到底是多少。这才是这个行业存活下来的根本原因。之前我跟星光的同事们聊到,印刷行业有两个最根本的价值是我们必须要释放出来的:一个是对成本的贡献,一个是对附加价值的提升。产品因为印刷和包装产生出更高的使用方便性和可靠性,这是印刷附加价值的提升。而当产品跟包装、印刷联系在一起能够有一个更有竞争力、合理的成本的时候,印刷一定会贡献出更多的价值。每个行业、每个企业一定要寻找到自己生存的价值,否则你是没有办法活下来的,不管你的品牌有多大,你有多么强大的理想,但当你的生存价值没找对的时候,一夜之间就要被淘汰的。所以我不断地跟大家谈怎样让自己变成价值型企业,而不是简单的盈利型和规模型的企业。

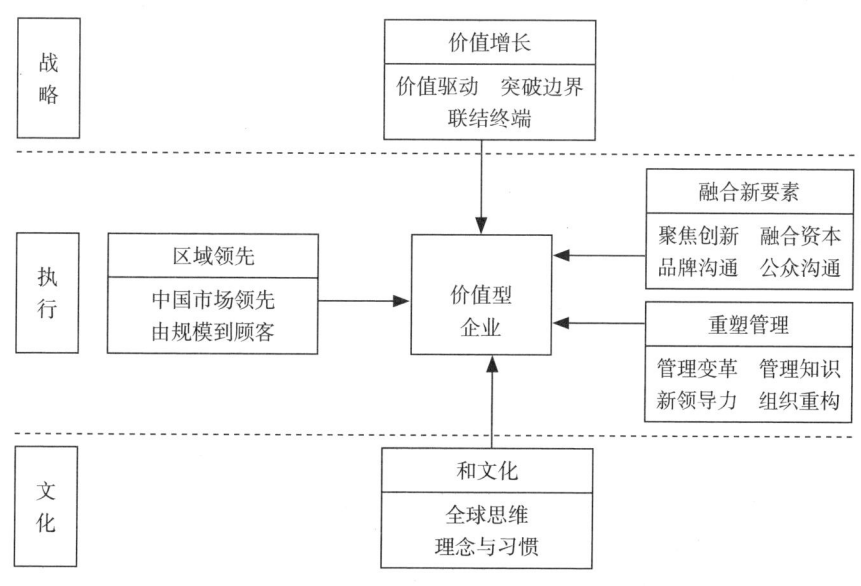

图1　价值型企业模型

提到价值型企业的时候,我只是使用了一个非常简单的管理方法。一个企业就是靠两样东西存活,第一,跟环境保持一致,第二,有内在基础和能力来推动自我成长。要明确了解,环境到底要什么,企业内在的驱动力是什么。就像环境对乳业的要求,其实最重要的就是安全可靠,其他是其次的。但是如果你违背了安全可靠这个环境的要求时,不管你在其他方面做了多么大的努力,比如营养、品牌、购买方便性、易用性、年龄段细分等,这些都是第二位的。同样我也问大家,就印刷这个行业来说,环境对企业有什么要求?必须这个环境要求企业才有机会,企业才可以一直成长。然后企业内在的动力是什么?一定要找出来。我认为最大的环境背景就是全球化对我们的挑战。所以当三鹿奶粉事件出来的时候，我整整两天没有做任何的事情，媒体问你要不要发言？我说我无话好说，因为它并不仅仅是乳业的问题，它牵连到的是食品，最终牵连到的是中国制造。中国举办奥运所产生的所有美好的形象就因为这一件事情可以荡然无存，而且它的影响可能是深远的。所以要知道你们所承担的并不是一个简单的产品，而是我们对所有顾客、整个市场甚至整个社会的承诺，这就是一种价值的判断。如果我们不能用这个价值判断，就没有办法让自己活下来。所以在做研究的时候，我认为我们还是需要回到价值的影响中。

任何一个企业一定要回答3个问题：战略怎么选择？如何用执行实现战略？文化方面做什么样的价值判断？一个企业能否有效有序的发展，就取决于它在这3个问题上是否非常清晰：战略逻辑是否清楚，实现战略的能力是否完善，最后它的价值判断是否非常符合企业的发展要求。这3个问题也是我提出这个研究模型的基本方法。下面我就告诉大家作为一个价值型企业在这3个方面所要做的事情。

二、价值战略

战略控制命运，我非常认同这句话。比如说乳业的问题就是在战略上做了一个非常错误的选择。不管它今天用什么理由去解释，但是在战略上一定是错的。这也是一直让我觉得非常困难的地方。中国的企业为什么走不远？走不远并不是因为市场机会，大家可以看到三鹿奶粉回收的数量，就可以知道市场有多大，它还不是行业最大的企业。简单看这个数量就知道，我们企业走不远的原因并不是市场，市场的容量是足够的。最近一段时间很多人问我，奥运后经济会不会下滑？中国的经济会产生什么样的问题？我比任何的经济学家都乐观，我的乐观依据在3方面：第一，中国固定资产投资规模，在"十一五"规划和2008年之后仍然非常巨大，中国的整个市场由固定资产投资规模拉动的速度并没有减。北京到天津城际列车开通的第一天我就去坐，每小时300多公里，我很想用相机把这个时速拍下来，可是还没有等我调整好，天津站要进站了！一共只有28分钟。北京到上海走高速铁路只需5个小时，广东到福建的高速铁路和高速公路正全面开通。在西北，能看到这一片能源的发展、高速公路的发展、高速铁路的发展，可以看到2008年之后的基础设施的投入非常庞大。从这个角度来看，中国经济一定还是可以保持7%～9%的发展速度。第二，我相信这个大家也很清楚，中国的消费市场是全球最稳定增长的消费市场。第三，国家的经济政策一定是围绕市场经济来调整。最近我们遇到困难的时候，中国政府表现出非常积极的全面救市的动作，包括小额贷款、单边税收、内部财政支出，政府一定会很快调整，中央政府花了很大的力量来调整它跟经济的关系。所以我还是看好，如果GDP增速从10%～11%降到7%、降到9%，也仅仅是往下调一点点。保持7%这样一个高速增长，对企业来说市场空间是绝对足够的。所以我并没有太悲观的想法。但是这里边最重要的问题是企业要做什么？到底要做什么战略判断？市场容量、经济环境给了企业足够的空间，问题是企业要做什么？

我一直认为，中国企业走不远一个非常重要的原因，就是中国的企业不肯用战略的思维，而仅仅是用管理的思维。

管理思维和战略思维到底有什么区别？很简单，战略就是选择对的去做，管理就是把事情做对。所以你必须很清楚地知道什么是对的事情，仅把事情做对了并不够。在印刷行业，对成本、工艺、技术，我相信各位一直很努力去做，而且做得很好。但是我们还要再问，当把成本工艺都做好的时候，我们对的事情是什么？我们有没有很努力地去做？如果没有把对的事情做出来，那企业真正的发展恐怕就很难了。所以这个方面我们是要花脑筋的。你可能会说："陈老师，什么是对的事情，我判断不了。"那我教你个方法，也就是战略思维的方法，什么是对的你可能不清楚，但不做什么事情你一定是很清楚的。比如说不使用添加剂，不使用违禁药品，不使用违禁化学元素，我相信你是很清楚的。所以，我们说战略是什么？实际上就是选择不做什么，这个是非常清楚的。如果从价值的角度判断战略应该是什么，答案是3个方面。

（一）战略选择1：顾客价值

第一，我们要知道顾客的价值。这是一个老生常谈的话题。我们知道商业真正的成功就是顾客愿意购买，而且非常满意，这是一个非常原始的商业价值。用时髦的词讲就是顾客价值，用最朴素的话语去讲就是顾客愿意花钱去购买而且非常高兴。很可惜我们很多人忘记了这个道理，忘记了顾客真正要的是什么，我们没有给顾客一个很好的购买理由。2008年全球100强品牌又正式公布出来，这一次中国没有一个上榜，可口可乐、微软还有Google都排在前面。为什么Google能保持这么好的位置？非常重要的原因就是它满足了顾客价值的实现。我们今天没有人可以离开Google去生活。前一阵子汶川地震我去过成都，我到成都的那天，

Google正好和四川省政府、成都市政府联合在做一件事。我看到这件事情的时候也只好佩服,这些企业在做他们应该做的事情,他们在战略上一直把握得非常好。汶川大地震后Google说很愿意为灾区做点事情,让所有人在搜索四川和成都的时候不再有地震的联想,让更多的人恢复对四川、对成都美好的印象。Google愿意用一年的时间配合四川、配合成都做全球搜索的营销方案。我当场感触非常深!我知道这个企业明白应该做什么,它知道在这个时刻顾客的价值是什么。其实当时去的时候,我也很想跟四川朋友说,我们不要提到四川就联想到汶川,而要提四川就要联想到九寨沟美好的山河、四川的人文、蜀文化,我希望是这样。在这种情况下,这个企业主动说花一年的时间来做这样的营销推广。那么,大家想一下,我们会不会跟这个企业永远在一起?会,因为它完成了我们期望要做的事情。这就叫顾客价值,这就是一个战略的判断。

同样,在全球汽车行业中,唯有丰田制造最强大,他们保持增长,而且高额盈利。2008年,福特1—6月亏损接近80亿美元,但丰田制造还是盈利。2007年大的汽车公司都亏损,但是丰田制造的净利润是200亿美元。保时捷不得不被大众收购,让自己成为德国最大的汽车公司,来应对全球能源的危机、成本的变化和市场的萎缩。可是丰田没有这个问题!为什么没有?因为丰田有一个明确的东西,是我们也要学的东西,叫精益制造。可是这么多年来我们对精益制造的理解只是成本的控制、品质的保障而已。但是我个人理解丰田制造的概念不是这样。"丰田生产方式强大之处在于暴露问题并反复不断地解决问题",这是东京大学的教授对丰田的评价。我的评价可能更简单一点:丰田的精益制造最核心的思想是什么?是绝不浪费顾客的一分钱。正是因为它不浪费顾客一分钱,所以才有这么多的顾客非常好地和它走在一起。我用一个对比就可以跟大家说明这个问题。丰田车的品类是最多的,从凌志到COROLLA等,但是这一系列的车里面,丰田的门把手只有3种。可是我去一家国内家电企业调研,有人告诉我说:陈老师,我的螺丝钉都有120种。我问他做120种螺丝钉干什么?他说这是一些创新。可是120种螺丝钉就会浪费所有消费者的钱,这并不是精益制造的思想。所以说真正的顾客价值我们要有能力去实现它,而不是简单地说我对顾客要做什么事情,要通过所有的努力包括制造环节来体现你对顾客的价值。

(二)战略选择2:打破边界

战略的第二个部分就是打破边界,也就是我们怎样去跟产业内的所有人做融合。就像今天的这个会议我觉得非常好,但是我更希望这些交流会议不仅仅是信息的交流,还是产业之间的融合,也就是你能否把做得最好的部分跟行业内所有人分享。为什么突破边界是一个非常重要的战略?之前我在写突破边界这些文章的时候,媒体跟我讲看不懂,专业杂志也说看不懂,但我还是坚持去讲去写。为什么?我们都知道在20世纪之前,所有的企业规模、专业化、控制、角色,是可以让你成功的。可是到了21世纪,这些东西不会让你成功。就像我们讲沃尔玛,你能说它是一个百货公司吗?它说"不是,我是一个信息物流公司";当你说它是一个信息物流公司的时候,它说什么?它说"我是所有消费者的制造工厂";当你说它是制造工厂的时候,它对所有制造工厂说"我是你的商店"。它是前店后厂。所以今年世界500强排在第一的仍然是沃尔玛。你没有办法说它是一个百货公司,它可能是一个集信息、销售、制造、顾客服务等所有东西于一身的企业,就是因为它让全世界很多的工厂跟它的边界是模糊的,它的订单直接下到生产线,它跟顾客购买的信息是直接沟通的,这个企业才保持全球最强大的竞争地位。所以从这个概念上讲,今天如果你还认为你是一个独立的公司,你是没有机会的,如果你认为你是融入产业当中的一个柔性公司,跟所有的产业能够融合的公司,那我相信你会成功。CA、耐克、民航、IBM,这些企业都是成功的企业,它们可以打破边界,可以让更多的人为它制造,让更多的人为它销售,让更多的人为它提供服务,这种企业才可以成功。如果都是自己销售自己生产,我相信你很难。因为现在的资源变得越来越有限,你必须集中资源去做你最能做的事情,让别人用别的资源去做他最能做的事情,然后我们让边界能够打通,最后我们突破这个边界。

(三)战略选择3:终端决定一切

第三个在战略上需要大家做的就是,终端决定一切。这是需要印刷制造企业认真去分析的问题,我能给大家的帮助就是提一个问题,然后你回去做作业。这个问题就是:作为一个印刷包装企业,你的终端在哪里?如果不清楚终端在哪里的话,你是没有办法把事情做对的,也就没办法在战略上成功。我只要举一个例子就清楚了。我曾经培训过很多中国医院的院长,大概连续7年,几千家医院的院长都被培训过,当时我们是在做一个很大的项目,希望提升中国医院的管理水平。我问这些院长同一个问题:决定医院服务水平的核心人才是哪一种人?让他们当场回答。结果所有的院长都说是医生。我告诉他们,错了,医院真正核心的终端不是医生,是除了医生之外跟病人接触的那些人。为什么?因为病人见医生的时候是没有什么意见的,如果这个医生态度非常的冷漠,还觉得这个医生肯定是有水平的,所以他比较酷!医生让病人等,病人就会很有耐心地等,因为不管等多久,病人知道只要见到他,问题就可以解决。而且病人还很体谅医生,一天工作量这么大,哪怕医生只见病人几分钟,病人也已经满意了。病人的目的就是见医生,所以不会对医生有意见。但是医院为什么让病人觉得服务水平很低,是因为除了医生以外的很多人让人难受。比如说医院总是把长得很难看的、脾气最不好的人放在挂号处,但是那是病人第一个见到的人。所以后来我跟所有的院长讲,如果不关心第一个接触病人的这个人,医院的服务水平一定是很差的,那恰恰是医院的终端。之后中国医院有点改变,有排号了,有电子叫号了,有凳子给大家坐了,这时他们告诉我说,陈老师我们改变了。但是这个还是简单的技术改变,真正理解谁是你的终端才是关键。

终端决定一切。以新加坡机场为例。这个机场其实不大,新加坡的人口不到400万,可是每年从新加坡到澳大利亚送出的乘客有360万,难道说新加坡人整天飞澳大利亚?不是。同样的航线它有184条,涉及57个国家、80个航空公司。为什么?就是因为它提供了一个最好的终端。所有的航空公司发现把顾客放在新加坡机场去做中转的时候,顾客们没有什么意见,因为在那个地方你会发现时间不够,让顾客等久一点,他们还很高兴。连我自己都有这个"坏习惯"。我曾经在新加坡国立大学上课,我在其他地方上课都是到时间才去机场,在新加坡上课,我会争取早点下课,然后尽早跑去机场。他们问我去干嘛?我说我去机场买东西。那个机场有图书馆、音乐厅、电影院,以及所有著名的品牌店,而且价格比市区还合理。机场用这种方法让顾客停留,以至于很多航空公司都把中转站放在那儿。所以在战略中,终端是你必须考虑的。但是我很认真地告诉大家,很多企业并不知道自己的终端在哪里,他们想当然地认为顾客是他们的终端。到底哪个是他们的终端,他们没有很清晰地分析出来。谁对终端起决定作用?没有人去做这个工作。所以我今天给你们留一个作业,请你们回去找所有的高管人员开会,讨论企业的终端在哪里?内部谁决定终端的水平?当你明白这一点的时候,你在战略上可能就会做对的事情了。

中国的企业家见到美国的企业家,第一问人家销售额是多少?第二问人家员工数是多少?美国的企业家见到中国的企业家,第一问你有多少用户?第二问你的员工的价值贡献率是多少?

三、价值实现

总结一下，价值型企业的战略选择有3个方面：第一，确定顾客价值；第二，和行业的、产业的相关资源去做融合；第三，就是找到终端。那么我们实现战略要做什么？也就是怎样去做执行的问题。

很多人在谈执行这个概念。简单地说，所谓执行就是指3个最重要的因素：集中市场占有率；集中资源；集中管理效能。

（一）执行1：集中市场占有率

对于印刷行业我没有做广泛的调研，我不好做评价。但家电行业是我曾经服务过的和正在服务的企业，大概有几百上千亿元的规模。我曾经待过的另外一个行业是饲料行业，这个行业开始也有两三百亿元规模的企业出现。我在国内做调研的时候，200亿元以上规模的企业访问了3000家。可是在这个过程中，我发现一个共同的特点，就是我们有足够的规模，但是没有非常强有力的市场占有率，这就是为什么很多企业做到几百亿元规模的时候还会瞬间要被翻牌。为什么企业做到五六百亿元规模的时候有可能还会亏损。我把这叫作非常脆弱的领先。如果你的规模不是集中从市场中获得的话，你的规模是没有多少价值的。

我当时是基于中国所处的全球化背景来谈的，这个为什么这么重要？集中市场占有率一定要保证区域领先。你们也可以分析一下自己的企业，每一年的销售额是怎么获得的？在每个区域你的占有率是多少？这个是非常关键的。而不是只看到你每年的销售指标的完成，我们必须保证区域领先了才会成功。对于中国的企业来说，如果没有办法做到中国的领先是没有办法做到全球化的。就像宏基为什么很困难，联想为什么很顺利，根本的原因就是在中国内地市场宏基没有拿到很好的份额。而联想牢牢把握着本土市场的占有率，就可以在全球化的过程中保持很好的地位。

规模并不是真正领先的东西。我之前写的一本书叫《超越竞争》，在那本书里就讲到我们一定不要在意规模，最重要的还是顾客的拥有量，你对顾客的拥有才是我们讲的规模，如果仅仅是有一个销售额，那还不是企业的规模。之前我在其他场合讲过，为什么美国的企业跟我们不同，我观察到一个很特殊的现象，就是中国的企业家见到美国的企业家基本上问两个问题：第一个问人家销售额是多少？第二个问人家员工数是多少？问完了就感觉知道对方的大概了。但是美国的企业家问我们的不是这两个问题,他们第一个问你有多少用户?第二个问你的员工的价值贡献率是多少?这是我在2004年去美国考察的时候感触最深的一件事情。我一直在六和做总裁,我一回来就有人问:陈老师,你的企业多大呀?我说"大"到底是在问什么?他说问你有多少员工,我说有一万六,他说陈老师你太厉害了!我的员工有一万六,我当时还觉得很满意,但是现在想很肤浅。这个是没有意义的。人家可能只有20个员工,但是整个顾客的价值贡献非常的庞大,可能他就会永远活下去。我问过跟我们公司合作的一个企业,为什么活了87年?他说我的100万个用户活了87年,所以我也活了87年,道理就这么简单。所以我要告诉各位,你的规模、你的盈利不是最重要的,不要陷在规模和盈利的陷阱当中。当你谈规模和盈利时,有一个关键因素是没有相关性的。关键因素是什么?就是顾客。你谈规模和盈利跟顾客没有关系,但是真正让你活下来的是谁?是顾客,并不是规模和盈利。为什么说我对这一次的乳业事件感到非常心痛?因为它让整个"中国制造"的顾客信任程度受到极大的伤害,这是非常可怕的。当顾客离开的时候,我们所有的东西都会荡然无存。所以谈领先概念时一定要回到顾客概念中。

我们要聚焦市场占有率,还有一个重要的原因,那就是最近5年来,中国市场出现了一个情况,和全世界一样——顾客不足了。2000年之前中国市场是产品不足,生产好坏都有人要。2000年之后我给大家提醒一个,就是产品非常丰富,顾客不足。之前很多人问我说房地产是跌还是涨,我不是经济学家,没办法直接回答。从我的角度看,房地产跌涨我都不关心,现在最可怕的不是房地产跌还是涨,而是更多人不买房子了,也就是购买不足,这才是最可怕的事情。所以你就必须想办法聚焦市场占有率,因为本来购买就不足,如果你还不能聚焦市场占有率,你就更没机会了。

(二)执行2:集中资源

在执行当中第二个要集中的是资源。中国企业30年成长的原因是学习、成本、创新和速度,但是如果接下来30年你想再靠这4个方面来成长肯定不行。这两年我感受最深的就是这种变化。大概2000年之前,我培训的主要对象基本上是本地企业,可是2000年之后,来邀请我去上课的和进入到我们学校学习的学生中,我发现更多是跨国企业的。从这个角度我知道学习、成本、创新和速度,变成全球所有企业所具备的能力,再靠这些能力进入市场,就没有机会。所以我们必须知道我们新的资源是什么？

如果想继续成长30年，还想得到一个比较好的增长，我建议聚焦4个新的资源：第一是创新，第二是资本，第三是品牌，第四是沟通。你不能再谈你的质量很好，你的服务很好，你可以用最低的价格去竞争，因为所有人在这些方面不会跟你有太大的差异。现在需要谈你在品牌上和别人如何区隔，你有什么样的能力广泛地和公众沟通，你怎么能够让资本愿意跟你走在一起、领先的技术朝你的方向聚集。这就叫集中新要素。在这里我只需要大家记住为什么今天的创新不再说它是一种能力而是一种资源，是因为创新完全可以靠整合的方式来获得。

资本在今天已经成为最关键的要素。2000—2007年创投在中国总共募集的资金是150亿美元，投出去了80亿美元，一共1500个项目。这1500个项目，在今天整个中国市场都是具有绝对影响力的企业，如蒙牛、阿里巴巴、分众传媒、百度、携程等。这些企业让我们很清楚地感觉到，资本跟市场力量融合的时候，增长速度是非常快的。在顺德开研讨会的时候，我也跟与会者谈到：20世纪80年代中期顺德家电品牌具有市场份额影响力的接近100个，90年代中期大概只有30个，到了2008年绝对没有超出10个。为什么有这么大的距离？我们来看其中一家最大的——美的，它是怎么走出来的。何享健自己说是因为资本释放了美的。所以，今天如果只会降低成本，而没有能力去融合资本的话，恐怕就已经不具备竞争的条件了。资本是一种新的资源，而为什么我对这个又很有信心？我来告诉各位，能够驱动资本的其实是消费，而未来5年，最强大的消费其实是在中国。从7天连锁酒店最近一年的开业酒店增长率达400%，客房增长率达327%，就可以看出这一点。

第三个要素是品牌。2004年我写了一本书，说中国企业不具备做品牌的能力，我们要先把渠道做好，当时有一万多人跟帖来批评陈老师。2006年我在华南理工大学，希望新闻与传播学院设立一个专业，就叫品牌管理。我也花了很大的力气组织了很多人来写一套教材，这套教材专门讲品牌。为什么我要做这件事？当企业竞争环境比较恶劣的时候，当产品极大丰富的时候，能够让你跟顾客联系的是什么？是品牌。所以从2006年开始我跟很多企业讲要学会做品牌，但很可惜没有人愿意珍惜品牌。品牌是什么？品牌并不是产品，也不是企业，它不是蒙牛、不是伊利，它其实是顾客对乳制品的一种期望，期望你给他什么东西。品牌跟企业、跟产品没有直接的关联，品牌的关联就是当顾客想到这个产品的时候会联想什么，而且这种联想能够促成对产品的忠诚，这就叫品牌。我曾经在很多地方讲过一个故事,有一年母亲节我妈妈看报纸,有个房地产商做广告:你如果爱你的母亲,请让她住在水边,请她去吃一次哈根达斯。我妈妈知道住在水边这个要求太高了,然后她说你要不要请我去吃一次哈根达斯?她不知道那是什么东西,只是知道买房子肯定比吃一餐要贵得多。然后我就带她去吃了哈根达斯,我们俩花了300多块钱,去了之后她就后悔了,为什么吃一根雪糕要这么贵?她说再也不吃了。可是你知道吗?自从她吃完哈根达斯之后,我们社区每个老人家都知道她吃了哈根达斯,然后整个社区都知道她有一个很爱她的女儿,别人的女儿都没有她的女儿做得好。也许她以后不会去吃了,但是她可能让整个社区的人都去吃了一次。这是为什么?哈根达斯给我妈妈的感觉,正是哈根达斯要传递的一种美好的联想,一种女儿对母亲关爱的联想,这就是它的品牌。所以品牌不是一个实体的东西,而是一个真正期望的联想,这种联想产生的负向影响可能会持续很久,我们整个品牌可能就会被打碎。所以大家一定要很清楚,在购买不足及顾客理性消费(购买不足消费必然变得理性)的时候,品牌就是一种绝对资源,你要把它构建出来,好好地维护。

接下来我们要讲的是公众沟通。我相信这是非常关键的,至少我认为今天中国政府在公众沟通上是非常进步的。因为它能够做公众沟通,所以几次非常危急的事情,从前面的雪灾到汶川地震到这次乳业出现的危机,我认为都处理得非常好。但是我们的企业反而非常落伍,企业不会做公众沟通,就没有办法得到市场的认同,公众沟通是一种资源。广东有些企业负责人总是跟我讲:陈老师,我们广东企业就是实实在在,我们务实,把事情做好就行。我说不行,如果你不能让所有人知道你做好了,还是没有用。这个大家必须要懂,让别人知道你做得好,这才是关键的。为什么我会把这个看得非常重要,有一点请大家记住,网络有一种很可怕的力量,就是它可以制造事实。所以要不要去沟通是非常关键的。

(三)执行3:集中管理效能

执行当中的第三个部分,即我们怎么去集中管理效能。在此就不太多展开了,我只是告诉各位,在目前这种经营情况下管理要做的事情其实只有两件,这是德鲁克的话,我只是重复它。德鲁克告诉我们说:管理就是提高效率,降低成本。做到这点我认为我们要在4个方面做改变。

第一,学会管理变化。我们现在遇到的最大挑战就是环境不可预测。奥运之后我正兴奋呢,中国终于可以扬眉吐气,终于有机会让全世界看看中国人的强大能力，我们想不到就冒出这么一件事情，这件事也告诉大家：我们今天所有的事情都不能预测。我曾经在2006年写一本书叫《中国营销思考》，封面上就写了：不确定性成为常态！如果不确定性成为常态的话，管理变化，就是管理中一定要做的事情。以后我们找机会探讨，但是一定要记住，我们除了管计划、管指标、管人、管流程，还有更重要的就是管变化，而且你要提前去变。

第二是管知识。为什么中国的企业很难，难在一个很重要的地方就是所有成功的东西不能变成知识，因为只有变成知识才能学习、复制和传递。我们基本上都是靠人，这个能人一走，这个公司就不行。我可以告诉大家说，真正好的企业谁走都可以，为什么？因为企业拥有知识，来了新人很快可以复制和学习。

第三是提升领导能力。也就是企业领导者有能力让做得好的人得到信任，不会做的人得到培训，不愿做的人得到激励，你要有这个水平。我对大家的担心就是，你们在做一件我认为最糟糕的事情。我发现到一个企业去培训，下面坐的全是很能干的人，但培训效果很差，因为他们很能干，老师又不太懂企业的部分，讲的跟企业对不上，他们就批评老师；那些不能干的人反倒得不到培训。之后就会发现，越能干的人越培训，越不会干的人越不培训，最后这个公司两极分化，剩下一大堆人都不会干，还有几个会干的，越培训他底气越高，发现企业容不下他就跑掉了。我想你们就在做这种很愚蠢的事情。这实际上是我们对管理的错误理解。怎样管理才有效？效率从哪里来？这些就是管理能力要改变的部分。

最后是组织管理。我们怎么让更多的人在一个平台里很好地工作，这是非常关键的。从国内来讲，很多企业有组织但是没有平台，也就是说，它有上下级关系，但是没有一个共同协作的平台。如果只有组织有结构，但没有平台，那么这个组织只会吞噬大家的创造力和积极性。所以有时一个人能力很强，放到一个组织里边就不行，这种情况肯定是组织出了问题。包括我自己，我的很多想法一放到组织里就没了，再继续做下去，我自己连想法都没有了，整个人就给埋掉了。所以组织是什么？叫自生自灭。把人都给灭掉，这个组织就没有用了。我准备专门写一本组织管理的书，因为我发现中国的组织效率是很低的。所以一定要形成一个有效的工作平台，这是关键。

四、价值持续

最后讲讲怎样保持价值，也就是文化的部分。文化最重要的是什么？我们知道是思维、理念和习惯。真正的全球化，我用了一种说法叫"全球化思考，本地化行动。"为什么中国的企业没有办法很好去做全球化？非常重要的原因是我们并不知道什么叫真正的全球化。中国人去全世界都没有办法吃当地的菜，他们还津津乐道地跟所有人说，全世界的菜都不好吃，只有中国菜是最好吃的。尤其是广东人，那就更得意了。可是你会发现全世界的人现在都能拿筷子夹花生米，而且每一个外国人来到中国都会告诉你，中国菜好吃得不得了。我遇到一个外国朋友，用筷子甚至连芝麻都可以夹起来，想想他用我们的东西用到这个水平，我们却连外国菜都还在拒绝，怎么做全球化？先不讲语言能否沟通，菜都不能吃还怎么行动？所以我们不要津津乐道中国菜多么好吃，全世界人多么喜欢中国菜，不要以此为傲。如果你可以将全世界的菜都吃出美味来，我相信你就全球化了。这个实际上就是我们对全球思维的一个要求，就是怎么样融入当地，怎么样做融合的概念。对于这个概念，我用了一个词叫"和"。"和"文化就是真正的融合，包括求和的心态、融合世界的价值取向以及全球的理念。我相信只有真正融入整个世界的时候，我们的理念和习惯才能真正解决问题。

五、我们面临一个令人兴奋的时代

对接下来的经济发展，我还是非常有信心的。不是为给大家打气才这样说，因为这个世界虽然有很多困难、很多变化、很多危机，但是有3点是很奇特的：第一是它的多样化和个性化，这样的市场就会让很多企业有机会生存；第二是所有的东西都可以在新技术条件下做创新，对产品的理解，对印刷的理解，对制造的理解，对服务的理解，都可以在新技术下得到创新；第三是技术让所有的不可能变成现实。我基于这3点来判断。我写这本书真正的指导思想是这样一句话——"假如因为我们拥有辉煌的过去，而错失了未来，那才是真正可悲的事"。对改革开放30年的中国，我认为它的确有辉煌的过去，但我们最重要的还是看下一个机会在哪里。我也预祝各位拥有下一个机会。

（原载：《印刷经理人》，2008年第11期）

企业如何寻找新的发展空间？

目前市场上所出现的情况主要是"顾客不足"。我们的企业如何做出相应的调整呢？

"顾客不足"是美国管理学家弗雷德·维尔斯马提出的概念，它指卖方太多买方太少。它不是指没有足够数量的顾客，或是顾客的购买力不足，而是指有些企业尚未找到吸引和满足顾客的持续有效方式。为何如此？因为目前的供需已不同步。这才是今天企业面临的最大挑战。

经历了30年的高速发展，中国发生了深刻的变革。工业体系生产了越来越多的产品和提供了越来越多的服务，其数量比历史上任何时期都多，这些产品和服务正通过不断增加的渠道交付到消费者手中。大型超级市场、专卖店和网上零售店的数量激增，提供了数以万计的独特产品和服务，最终导致我们所面临的"顾客不足"市场特征的出现。

一、竞争力的源泉

市场营销观念提醒我们必须关注这么一点——如果想跟上形势的变化，就必须研究人们的需求和价值观，并作出反应，针对同行提供的选择做出快速调整。还要特别提醒另一点——竞争经常来自行业外部。在思想深处必须有这样一个概念——没有什么比顾客更重要，企业工作的焦点必须是顾客。如果离开对顾客的认识和理解，企业的所有工作都不会产生效益。

今天，已经有越来越多的企业认识到顾客的重要性，并加深了对顾客在帮助企业构建新的竞争能力中所起作用的理解。

现在，企业的竞争能力不再由企业内部的资源决定，而是由顾客资源决定。因而，企业需要转变自己对于市场和顾客的认识，从内部视角转换到顾客视角但是部分企业依然以自己的经营单位为核心竞争要素,根据企业的资源来组合自己的竞争能力。这样的企业就无法适应目前市场环境,因为企业的能力和市场特征不相符。

仅仅从理论上去理解还不够,因为问题的关键是如何让企业从顾客的角度来设计和组织企业的所有活动。在索尼公司,当一个产品成为热销产品的时候,他们已经组织4个小组研究消费者下一个需求是什么,从而提前准备好替代这个热销产品的新产品。正是在和消费者不断的互动中,索尼具有了竞争的优势。上述成功的案例表明,今天的企业需要从顾客资源中吸取竞争能力的源泉。

二、新的发展空间

长期以来,我们认为企业的生存和发展空间是由企业的资源和能力组合决定的。在以往的环境中,这个判断似乎没有什么错误。但是到了"顾客不足"的环境中,这样界定企业的生存空间,就有很大的问题。

如果以企业的资源和能力来判断,企业会从质量、成本和产品与服务的交付上展开竞争,管理者会花大量的时间来思考新技术、产品功能以及服务。为了实现这些产品的功能和对于成本的要求,管理者还要关注供应商的开发、物流、制造、设备和工艺改进,还需要关注到资金和工作效率。在产品空间的生存设计中,创新是围绕着产品与服务的交付过程展开的,其目的是实现更低的成本。也许更低的成本可以使顾客的需求实现,但是如果再深入一步考量就不难发现,更低的成本所形成的价值并没有最终为顾客创造价值,而是让企业在成本、效率、质量等方面优于竞争对手,反而对顾客的理解有所降低。

不能为顾客带来价值的努力是无法让企业真正存活下来。所以,企业需要重新寻找生存空间。这个新的生存空间需要从顾客层面来寻找,需要企业关注顾客需求的变化和满足顾客需求的资源以及能力。这不是一件容易的事情,其根本性转变在于需要将顾客变成企业构建资源和能力的唯一起点。基于顾客的层面思考、基于顾客的角度审视、基于顾客的标准确定企业的所有标准,尽管不容易,但还是需要彻底地改变。

诺基亚深明此理,其手机销售到全球各地,拥有良好的市场形象。在每一个国家经营时,诺基亚都会依据该国市场的特别需求推出定制化产品,它以国际观作为主要的宣传诉求。比如,它选择英语作为企业的官方语言,同时鼓励企业经营者接受外派的安排，当一个新产品刚上市不久，另一个更精准的新产品又准备好要亮相了。诺基亚的产品经理说"你依旧要在价值链的前端就考虑顾客的需求。"5年前，诺基亚、摩托罗拉、爱立信、三星以及索尼公司均分了世界手机市场。在所有的企业中，诺基亚注重于制造产品与顾客需求的契合，其引领潮流、个性化的手机和消费者紧密结合在一起，并以此抓住了消费者的心理。所以，今天市场中领先的还是诺基亚。

三、与顾客融合

想想全球的知名品牌如微软、丰田、IBM、诺基亚、可口可乐等有什么共同点呢？他们的共同特点就是都成为了人们生活中的一部分。无论你在什么地方，无论你使用什么样的语言，无论你有什么样的文化习惯，使用这些品牌都不会有任何的障碍。

人们常常惊讶于新兴企业的快速成长。谷歌、百度、阿里巴巴等，这些企业也和上述企业一样，因为发现了顾客生活的需求，并有能力以最快捷的方式满足顾客，让企业自身与顾客的生活融合在一起，不仅有了生存的空间，而且获得了快速的成长。

在传统的观念中，顾客是企业提供产品的被动需求目标。顾客和企业之间犹如猎手和猎物的关系，而销售人员就像是猎人。这样的关系导致了企业不断地推出新产品，销售人员不断地寻找顾客，不断地循环成为一个恶性的闭环，让顾客和企业站在了对立的立场上，企业无法持续生存，顾客也厌倦了产品和企业。

要改变这样的被动关系，就需要打破企业和顾客之间的边界，让顾客融入企业价值链所有的环节上，从产品设计到制造、渠道的选择、产品交付和服务实现，都由顾客来决定。当顾客可以全程参与价值链所有环节的时候，顾客和企业之间就形成了相互依存的关系。通过和顾客之间的共同创造，企业可以更充分地理解顾客及其需求趋势的变化，顾客能够根据自己的观点和需求，来指导企业为他们创造价值，从而达到资源的合理有效利用。

（原载：《中国冶金报》，2008年11月25日）

中国企业必须成为独立的生命体

对于诸多中国公司的创始人来说，与职业经理人的碰撞冲突依然是个无法回避的难题。对于企业内部的高层管理者来说，对老板的不成熟感依然是个永远存在的问题。老板和经理人必然面对的困惑：①职业经理人到底是什么？是保姆，是管家，还是公司的内部老板？②创始人怀疑职业经理人的深层次责任感，认为"仔卖爷田不心疼"。③创始人认为职业经理人向来纸上谈兵，职业经理人则认为创始人向来草莽一世。④创始人与职业经理人成了两条河，最后搞得不清不浑，水都不流了。

一、企业到底是独立的生命体，还是企业家的衍生物？

到2009年的时候，中国已经出现了一批额手称庆20周年的企业，这些中国本土成长起来的企业，我把他们称为"先锋企业"。他们在20年的发展中，较好地解决了企业初创阶段的基本问题，但是当这些企业开始进入组织变革和管理变革的时候，尤其是希望所有权和经营权分离的时候，对诸如如何发挥经理人的作用，如何给予经理人足够的授权等问题莫衷一是。回看历史，从上个世纪末开始，中国企业与它们聘请的职业经理人戏剧性的矛盾故事，几乎没有离开过媒体的聚光灯。TCL与吴士宏、方正与李汉生、华帝与姚吉庆，整个江苏和浙江关于"富二代"接班人培养的话题等。而2004年的何经华和用友的"友好分手"、中瑞与中驰两大财团的高调选才和黯然收场。为什么这几年，企业与职业经理人的矛盾格外凸显？而联想的柳传志与杨元庆、美的的何享健与方洪波又让很多人非常赞赏。更多的人会认为这是可遇不可求的。我们发现如何看待企业是其根本的原因，即企业到底是独立的生命体，还是企业家的衍生物？对于这个问题的不同回答，导致了经理人和创业型企业家之间的根本差异。

从客观的企业行为结果统计数据来看,答案无疑倾向后者。大多数的中国企业仍只是创立者的衍生物,是个人或少数人利益的承载体和梦想的实践地。在企业前20年的发展过程中,因为怀有梦想,因为是创立者的实践园地,这个特征为企业的发展奠定了强大的内驱力。

然而对于中国公司而言,下一个20年的商业命题应该是如何从中国公司走向国际公司!

这一质变的前提则是:公司作为独立的生命体,成为社会的"基础设施",具备各种资源的人,都可以投资于这些"设施"来分享剩余价值,尤其是那些拥有"人力资本"的人。因此对于上述问题,我们应该清晰地回答:企业是独立的生命体,不是企业家的衍生物。所以我们需要企业的创立者把企业的生命独立性释放出来,这个要求不是经理人的要求,而是组织演变配合企业成长的要求。

二、组织演变需要配合企业成长的要求

战略、技术、环境和规模是影响组织的4个关键要素。当这4个影响要素改变的时候,组织需要做出相应的改变;需要解决权利和责任是否匹配的问题,拥有权利的人必须承担相应的责任;组织就是解决合适的人放在合适的岗位上这个问题的。从简单的意义上讲,组织的设计更重要的是权力的分配,或者叫作授权和分权的设计。为什么一定要这样做呢?从组织理论上讲,我们可以概括性的把企业分为以下几个阶段,这些阶段所要承担的战略目标不同、所处的环境不同、对技术的要求不同、企业发展的规模也不同,导致了对组织的要求也不同。我们简单归纳如下:

第一阶段,创业阶段(直线型组织架构的特点)。在创业阶段的企业,战略上更需要关注产品品质和销售数量,企业处在开创和寻找生存机会的时候,对于这个时期的企业,最重要的是如何控制成本。如果确保质量,就要求企业组织呈现出直线型组织架构的特点,企业的创业者既是经营者,又是所有者,企业很集权,企业家本人直接对成本、质量、产品负责,没有授权和分权,决策集中。

第二阶段,成长阶段(职能型的特点)。企业经过了初创阶段,开始步入稳步发展阶段。在这个阶段,企业需要关注的是销售网络建设、规模的扩张以及品牌的累积,因此企业最重要的是发挥企业资源的有效性,让企业在有限的资源下做到尽可能大的绩效。其根本标志是专业人士的引入,企业不再以经验来竞争,

而是用专业能力来竞争。所以在组织概念上是由专业人士负责企业的不同职能部门,财务是专业的财务、营销是专业的营销、研发是专业的研发、制造是专业的制造,甚至人力资源也需要专业的人力资源管理,所有的职能都是专业的职能在发挥作用。这个阶段的组织呈现的是职能型的管理特点,企业所有者部分授权给职能部门进行管理。

第三阶段,发展阶段(事业部制的特点)。当企业步入发展阶段的时候,开始需要关注高层经理人团队的建设、企业快速成长的安排、企业系统能力的提升。这就要求企业调动经理人的积极性和创造性,关注企业在市场中的领导地位,要求企业能够快速回应市场的要求,并能够引领行业和市场。根据这个阶段的特点和要求,企业的组织需要呈现出充分授权以调动经理人的积极性,同时又要求经理人能够承担起责任,所以这个阶段最主要的特征是:职业经理人的引入,企业步入职业经理人时代,所有权和经营权分离,企业家退到董事会的层面,管理交给职业经理人。

第四阶段,持续发展阶段(董事会制的特点)。当企业进入持续发展阶段后,在战略上,企业所要面对的是文化价值认同和理念认同的问题,这个时期的企业最重要的是领导团队的打造,而非一人领导。这是因为当企业发展到这个阶段,任何一个人都已经没有能力去承担那么大的责任,最为关键的是保证决策是谨慎的决策。我在研究中国领先企业的时候,得出的一个结论是"行业先锋企业的决策是谨慎决策",如果是这样,就要让企业保持在组织最优状态而非个人最优状态。因此这个阶段的组织呈现出董事会领导的格局而非一人领导的格局,其显著的特点是部分所有权和经营权又结合在一起,董事会承担起构建伟大公司的职责。

中国企业经过20年的发展,绝大部分企业已经进入第二阶段,部分企业进入第三阶段,但能够进入第四阶段的企业很少。如果中国企业处在第二、第三阶段,那么按照上述阶段发展的特征,大部分的中国企业都开始需要引进职业经理人了。恐怕这也是近几年引进职业经理人变成一个企业问题相对突出的根本原因。

三、中国企业面临三个困惑

为什么中国企业家与经理人会存在着矛盾,按照组织理论的发展来说,企业发展到什么阶段,组织就呈现出什么样的特点,企业家和经理人各自承担自己的角色和责任。但是，现实的情况正像文章开始叙述的那样，中国企业在企业家和经理人之间存在着相当大的冲突和矛盾，是否这个矛盾只是集权和分权呢？集权和分权是企业家和经理人之间矛盾的根源，但是还有更深层次的原因是：中国企业普遍面临的3个困惑。

一是企业家角色的困惑。企业家常常把企业变成自己的家了，企业家个人的习性、态度、情绪往往直接影响到企业。我曾经在企业文化建设的研究中，强调在企业家文化代表企业文化的时候，企业文化建设的关键在于构建规则体系，企业家需要亲自带头遵守规则，否则企业文化是无法建立的。但事实上，我们看到很多企业，违反公司规则的恰恰是企业家本人，企业家把自己游离在企业之外，或者凌驾于企业之上。在他看来企业就是自己的家，可以作为家长来管理，让企业随着自己的情绪来改变，随意性非常大。但实际上这个企业不是他的家，企业就是企业，他只是企业中的一个成员，成员承担其中一个角色，企业家在企业所承担的角色和其他人所承担的角色没有什么不同，这些角色的一个共同特点就是遵循企业本身的特点，承担自己的责任。

二是企业的定位困惑。企业是企业家的衍生物还是一个独立的生命体？关于这个问题的正确答案我们在前面已经给出，企业一定是一个独立的生命体而不是企业家的衍生物。但是很多创业者认为企业本身是企业家生命的外化、衍生物，不是一个独立的生命体。

三是职业经理人的角色困惑。在中国，从媒体到专家，再到研究者，没有谁能清晰地描述什么叫职业经理人。如今有三说：一曰保姆，一曰管家，一曰企业的内部老板。还有一种是对职业负责。最典型的有何经华，他曾说：作为职业经理人，我随时准备走人。

这三种角色困惑必然会导致企业与职业经理人的矛盾重出，因为没有明确规则。

中国企业发展到今天，不论是企业家、职业经理人还是企业，要回答一个本源问题：我是谁？从过去来讲，创业经过高速成长时期，企业发展到一定的阶段以后，其实要回归到一个最基本的问题。确确实实中国企业发展到今天，很多企业、企业家、职业经理人不知道：我是谁？我在企业中扮演的是什么角色？我的使命是什么？我的责任是什么？这些最基本的概念都搞不清楚，出现混乱是难免的。

这里也隐含着自身价值的着眼点不一样。职业经理人必须通过业绩来评价，所以他们必须求稳，注重投入产出比例，以效率为中心，数据化、精细化地管理企业。创业型企业家更有一种投资的逻辑，成王败寇的价值观，以效果为中心。

四、企业因情感而深陷冲突

企业是一个独立的生命体,因而要求企业能够不断地长大,不断地调整自己面对外部和未来,不能够总是回顾过去和关注内部。记得丘吉尔在70多岁时,有人问他如何看待新一代年轻人不认识他这件事?丘吉尔高兴地说:"一个擅于遗忘的民族是一个年轻的民族。"我总是佩服丘吉尔这样的心态和能力。同时也知道,中国的企业之所以无法持续长大,是因为总是有不愿意遗忘的人和事存在。我们总是谈论职业经理人与企业家的矛盾,总是谈论空降职业经理人与地面部队的矛盾,很多人从各种角度来评价产生这些矛盾和冲突的原因,我认为有一个原因是值得大家注意的,这就是"企业情感"。中国文化的渊源使得中国的企业有着非常深厚的企业情感,这种企业情感不是简单的真情流露,更多意义上是企业创业者和创业时期员工的一种归属和归类。中国的企业家大都具有这样的管理风格,创业者们会经常回顾过去,进行心理按摩,回顾过去的成功经验。这不光是他自己愿意回顾,底下的人也愿意帮他回顾,不断提醒他。

但正是这样的企业情感使得企业陷入了冲突而不能够自拔,因为这样的情感只有创业时期的员工才会具备。企业在长大的时候,会有更多的新员工加入,尤其是当企业接纳新的经理人和管理者的时候,这些全新的经理人没有这样的企业情感,他们无法和企业家们交流这样的情感,无形中让新进入的经理人感到似乎是对企业情感不够。而当企业家自己没有注意调整这个企业情感的时候,冲突必然产生。一方以对企业付出的时间来衡量对于企业的忠诚度,一方是以对企业的绩效来衡量对企业的忠诚度,两组人完全用了不同的价值标准,结果可想而知。

(原载:《经济界》,2010年第2期)

增长的"极限"

有益的增长一定是可持续的增长,而可持续增长的最关键要素就是顾客满意度,在任何情况下,都不能忽视这一点。

经过二战后几十年的努力,日本打造了精益求精、以质量为生命的"日本制造"。丰田汽车作为"日本制造"最闪亮的一颗明珠,2008年取代通用汽车,成为全球最大的汽车制造商,创造了"丰田不败"的神话。但是,此后不到一年,丰田就连续在设计和质量环节暴露出缺陷,先后宣布在全球范围内召回多款车型合计1000万辆,已经引发了消费者对丰田乃至整个日系车严重的信任危机。

一、丰田的增长遭遇了危机

2010年3月1日下午,丰田汽车总裁丰田章男在北京向中国消费者鞠躬道歉,他说:"我们正在反省过去几年来的持续高速发展,是不是已经超越了丰田自身的能力,使丰田一直以来最为重视的对于造物、造车的苛求而有所疏忽呢?"丰田召回事件本身所引发的思考,可以让我们明白,这不仅仅是质量的问题,而是如何看待增长,以及用何种方式增长的问题。

记得在看日本一桥大学国际企业研究院教授大圆惠美、野中郁次朗、竹内弘高等人写的《丰田成功的秘密》一书的时候,看到IBM首席执行官对这本书的评价:"对于想了解有关创新、差异竞争及增长的真正源泉的管理者,这是一本必读书。"而在我看完整本书的时候,也非常认同这个评价,因为丰田公司之所以能够成功的秘密之一就是:奉行创始人哲学。

创始人丰田喜一郎曾经说:"我相信,'顾客支持着丰田'这种观点是我们进步的牢固根基。"倾听顾客声音的能力一度将丰田与其他汽车厂商区分开来,并始终走在前列。但是,透过丰田章男的言语,我们发现,丰田在最近的发展中遗忘了"创始人哲学",包括丰田章男及其员工在内的所增长的"极限",有益的增长一定是可持续的增长。而可持续增长最关键要素就是顾客满意度,在任何情况下,永远都不能忽视这一点。由丰田创始人的价值理念已经逐渐变为追求企业的利益和规模,这与丰田原本的以顾客价值为导向的价值理念相违背了。事实上,比召回丰田汽车更重要的是,召回丰田全员本该拥有和践行的丰田精神——丰田创始人哲学。

二、丧失对顾客真正的信仰是增长的极限

企业的增长并不是一个规模和速度的问题,而是如何与顾客走在一起的问题。从市场、资源以及技术,特别是人的创造能力而言,企业不断地提升自己,获得增长是显而易见的。然而我们也非常清楚地知道,世界最大的100家公司,在经历了不到100年的时间里,还具有这样强劲竞争力的不到20家,而其中大约40%的企业甚至已经不复存在。在这些企业还具有相对领先位置的时候,他们的规模和资源也同样具有优势,但是为什么不存在了?淘汰他们的一定是顾客,不是其他的原因。相反,我们也必须承认一个事实:没有哪一家公司规模大到不能够再增长,所有的行业都是增长的行业,或者更确切地说,在任何行业都有保持强劲增长的企业。因此,从实践和理论的意义上,企业增长是一个根本性的课题,问题的关键是:为什么有些企业的增长会停滞?

事实上,我不能够预测企业增长的终结会以什么方式出现。增长的终结也有很多种呈现方式,它可能是以一种崩溃的方式发生,也可能以一种渐变的方式出现;也可能因为技术更替,或者市场格局的重新调整;甚至更换领导人,或者战略调整都会导致增长的终结。但是如果我们需要寻找最终极的原因,就是顾客选择了离开这个企业。20世纪80年代,沃尔沃因全球公司(Wolverine Worldwide Company)以其无所不在的产品暇步士(Hush Puppies)实际上垄断了休闲鞋市场。可是今天,沃尔沃因全球公司在休闲鞋这一市场已经显得无足轻重了,因为他们再也发现不了更大的增长机会,他们丧失了对于顾客需求的判断。而同时,耐克公司则通过开发特定的运动鞋创造出了新的细分市场来满足顾客需求,从这个"成熟的市场"获得了每年超过19%的收入增长率。

回顾微软成长的历程,会让我们更清晰地理解这一点。当计算机硬件制造商试图利用特有的操作系统和设计留住顾客的时候,比尔·盖茨则通过任何电脑生

产商均可便宜地得到授权安装的、界面友好的操作系统，大大拓展了市场，因为这正是顾客所需要的东西。微软公司并不是全身心地关注产品，而是致力于满足顾客需求，它不是试图保护自己已经拥有的产品和市场，而是根据人们的潜在需求不断地革新自己的产品。其结果是，微软公司比其他任何公司对计算机行业增长的推动作用都大。然而，当一个新的市场力量——互联网——冲进竞争格局之时，互联网的爆炸性增长和其难以想象的潜力带来了一系列全新的顾客需求，比尔·盖茨却错误地估计了其重要性，结果微软公司遭遇了增长的危机。1995年，比尔·盖茨在一次演讲中承认他没有理解到在互联网环境下顾客真正的需求。当他认识到这一点之后，他把互联网作为自己最优先考虑的公司事务，会尽其所能追求互联网市场的新机遇，结果微软公司重又开始获得增长的动力。

对于今天的企业管理者来说，他们工作的场所需要从公司的办公室转移到顾客的身边，企业管理需要关注的不是企业内部人员如何工作，而是需要关心顾客需要什么。换句话说，企业管理者需要把自己的"工作焦点"聚在"顾客"上。强调"关注顾客"不是什么新的观点，全面质量管理（TQM）及顾客满意度概念的核心，便是由此产生，美国的马尔科姆·鲍尔德雷治国家品质奖（Malcolm Baldrige National Quality Award）更是此概念的延伸。事实上，这一切早在《市场领导者法则》一书中就明确地表述出来，该书的写作前提是："无任何一公司能同时应付各种人"，并鼓励企业要"选择顾客、集中焦点、掌握市场"。从当时到现在虽然环境上有很多差异，但是所有成为市场领先的企业所表现出来的共性是：能够聚焦于顾客。

从丰田召回事件中，我还联想到2008年发生的"三聚氰胺"事件，这一次事件所导致的最惨痛结果是"结石宝宝"一生的痛苦，而三鹿公司所付出的代价是被顾客遗弃，不复存在。我们可以从各个角度来剖析这个事件，但是无论从哪一个角度去分析，关键依然是这个产业链条中，缺失了对顾客价值的尊重。而丧失了对顾客价值真正信仰的企业也一定丧失了增长的源泉。

三、超越增长极限必须专注于顾客

我们需要很清晰地理解：并不是所有的增长都是有益的。不惜一切代价的增长，或者只为增长而增长，是导致灾难性后果的根源。有益的增长一定是可持续的增长，而可持续增长最关键的要素就是顾客满意度，在任何情况下，永远都不能忽视这一点。

相对于增长而言,专注于顾客是非常重要的,这就要求企业经营者能够集中公司的能量,来满足顾客的期望。事实上任何企业都需要谨慎地挑选顾客,再准确地选择公司的运作模式,进而满足顾客需求。回顾今天在市场中领先的企业,都归功于它们的专注和一心一意地提升顾客的满意度。这也是中国企业所必须拥有的逻辑思维,具有这样逻辑思维的企业才能在市场中取得竞争优势。

做到这一点,就要求企业具有清晰的目标及方向,需要敏锐的市场触觉,并能够明确表达企业的定位及方位。企业管理者需要做的就是使公司的业务流程、作业系统、分工以及激励政策等都以顾客导向为基本前提,调动公司的所有资源围绕着顾客需求展开。

诺基亚就是一家深谙此道的公司。在20世纪90年代诺基亚成为手机制造商,产品销售到全球140个国家,拥有良好的市场形象,在每一个国家经营,诺基亚都会依据该国市场的特别需求推出定制化产品。它以国际化作为主要的宣传诉求,比如它选择英语作为企业的官方语言,同时鼓励公司经营者接受外派各国的安排,当一个新产品刚上市不久,另一个更精准的新产品又准备好要亮相了。它的产品经理说:"你依旧要在价值链的前端就考虑顾客的需求。"5年前,诺基亚、摩托罗拉、爱立信、三星以及索尼公司均分了市场,在所有的公司中,诺基亚注重于制造产品与顾客需求的切合程度上,诺基亚引领潮流、个性化的手机和消费者紧密结合在一起,并以此抓住了消费者的心,今天的市场中领先的是诺基亚。

在过去的8年间,经历了至少5次改革的杜邦是另外一个好的例子。第一次企业面临的课题是节省成本并提高产能;第二次是必须整合内部作业流程,让企业各个机能可以一起工作;第三次是做流程再造,重整作业流程以便去除不必要的工作机制;第四次是重新锁定一些高度的优先市场;最后一次是针对锁定市场的个别顾客,提供定制化的产品和服务。正是这5次变革,帮助杜邦公司保持了行业领先的位置。一家仅仅经历了一次变革的公司,在面对经历了5次变革的杜邦公司的时候,谁会做得更好,答案显而易见。

不管怎样变化,企业依然需要专注于顾客。我记得曾经看过这样一段话:"你不能背向大海,随着我们的成长,更多的人与我们一起站在海滨,望着大海。你看杰克·韦尔奇和比尔·盖茨,获胜的将是那些与顾客同步并进的人。"

(原载:《IT经理世界》,2010年第7期)

十倍领先者

决不能将运气与运气回报混为一谈,即好运不等于好报,而厄运也不等于恶报。

吉姆·柯林斯被誉为当今最具影响力的管理思想家,于2011年10月出版了历时9年的管理研究成果《选择成就卓越》,解释了为什么有些企业可以在动荡的环境下获得巨大的成功。

柯林斯称这些企业为"十倍领先者",它们的绩效在行业平均水平的十倍以上。这些企业具体满足3个方面的基本要求:持续高水平绩效,即连续超过15年以上绩效水平,远高于平均水平;逆境成长,这些是在逆境中获得的持续高水平绩效,环境动荡,充满了不确定性和不可控,还有潜在的危险;低起点,由弱到强,这些卓越企业的成长起点都很脆弱,在十倍旅途之初都非常年轻,规模也很小。

类似于投资回报、资产回报,基于对外界运气的回报,吉姆·柯林斯创造了一个新的概念"运气回报",并强调指出,决不能将运气与运气回报混为一谈,即好运不等于好报,而厄运也不等于恶报。

如图1所示,以运气和运气回报为两个维度划分了四个象限,不同的企业在其中有不同的表现:在好运的环境下,具备基本能力的企业可以获得很好的回报,那些基本功差的企业则走向了平庸;在厄运的环境下,十倍领先者渡过了生死关头,而平庸的企业则走向死亡。柯林斯问道:一些企业在厄运之下大放光彩,这是为什么?

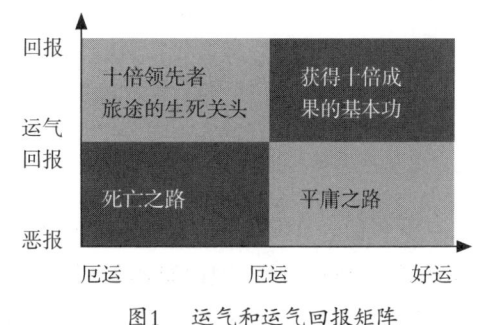

图1　运气和运气回报矩阵

吉姆·柯林斯研究发现,十倍领先者有两个方面的特征:从思想上,十倍领先者是一个矛盾体,它们既不抱怨现实,也不屈服于现实,即一方面能够意识到所面临的持续不确定性以及这些不确定性的不可控制和不可预测；另一方面，又不相信这些外在的不确定可以决定它们的成果，它们会对自己的命运全权负责。

这种思想表现在图2中央的"第五级事业心"，这种强烈的不屈不挠的进取心成了行为的核心动力。从行动上，十倍领先者把这种思想转化为图2所示的三种核心行为：高度自律，实证创新，转危为安。高度自律是指在整个发展过程中，不论环境如何改变，都坚守价值观和长期目标，坚持高水平的绩效标准，而乱世中随波逐流的结局很可能是死路一条，即厄运下的恶报。实证创新是指十倍领先者的创造力来源于实证基础，依赖于直接观察和实践实验，而非依赖于个人观点、传统思维以及未曾测试的想法，相比许多对照企业领导者的疯狂自信，十倍领先者的领导者则多了一份理智。转危为安是指十倍领先者对环境保持了高度的警惕，居安思危，相信环境会突如其来对它们进行攻击，更重要的是，它们会采取必要的准备和措施来解决危机，做到有效应急。

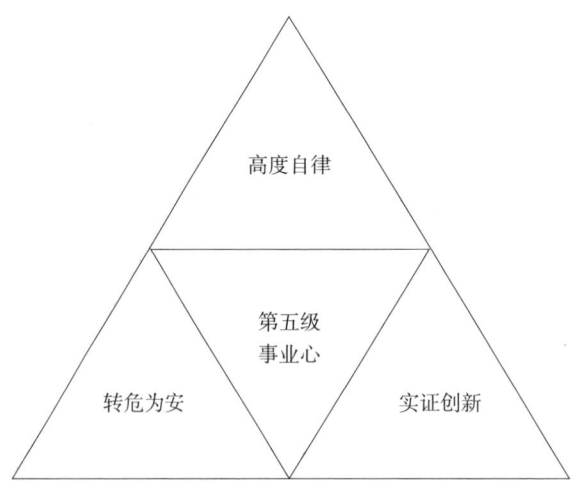

图2　十倍领先者的领导力

不久前，美国人民几乎一夜之间就喜爱上了一个篮球运动员林书豪，林书豪变得家喻户晓，国内媒体的报道更喜欢以"一夜成名"来形容这位美籍华人。但美国人真正喜爱林书豪，并非因为"一夜成名"，而是因为他曾经是一个"Underdog"（斗败了的狗，劣势一方）。事实上，这"一夜"非常漫长，从哈佛大学校队开始，林书豪就在进行持续的准备，不论上场的机会有多少，他都如此坚持，才有了今天的成功。篮球和NBA并非美国人民最热爱的运动项目，但林书豪从"Underdog"到今天的"一夜成名"的过程却正是美国人所真正欣赏的，这种欣赏超越了运动本身和商业目的。

表面看来，中国现在似乎也是一个"一夜成名"的时代，诸如"央视春晚""超级女声""星光大道"等平台几乎都可以令人一夜成名。但若要持续保持领先就必须清楚：不应该把这些"好运"当作最重要的原因，一个人的卓越一定来源于自己的选择、持续努力和自我训练。

其实，吉姆·柯林斯在书中解释了选取"选择成就卓越"作为书名的理由，他表达了对"美国当代文化"的忧虑：十分盛行的一个观点是，人们更加希望通过环境和运气而不是行动和自我训练来获得巨大成功，我们真的希望构建一个让我们相信可以不对自我选择和自我绩效负责的社会和文化吗？

（原载：《IT经理世界》，2010年第7期）

中国企业要闯"二次发展"瓶颈

外界会好奇,我作为一个管理学者在转换角色中遭遇了哪些挑战?因为作为企业领导者,一个人是不能完成所有工作的。领导者需要从战略角度来看待行业与企业的发展,制定目标并且研究出合理的方法和路径,然后带着大家去完成。

一、中国企业需要重构"管理基础"

其实早在2003年,六合与新希望没有合并之前,我就曾经担任过六合的老总。应该说我对这个行业和管理者的工作并不陌生,但还是感觉到了挑战。挑战在于中国经济高速发展了30年,我们一直在学习理解西方的管理理论,并且以他们的实践案例作为标杆来建构我们的经营模式和理念。但随着中国企业的深入发展,以及中国特殊的国情,使得许多管理新问题迭出。但似乎又没有所谓的标准答案,这个时候我们的管理者常常会感到困惑和无奈。

通过我的经验,发现正是市场的机会太多,发展速度太快,让我们忽略了对于管理基础的建构。2010年我曾经写过一本书——《管理的常识》,其中提醒大家注意:如果不把基础管理搞好,何谈企业文化?何谈领导力?2013年,我又撰写了《经营的本质》,更进一步来阐述经营中的四个基本元素:一是要找到顾客价值;二是具有竞争力的合理成本,而非最低成本;三是规模有效,不用一味求大;四是盈利要有人性关怀。围绕这四个本质去做,企业犯的错误就会少一点,成为优秀企业的可能性更大一些,也更贴近中国的实际情况。

二、勇闯二次发展瓶颈

我认为,现在是一个需要企业练习内功的时候,毕竟不管环境好坏,我们专注投入做企业就一定会有回报。让我庆幸的是,新希望是一个十分开放和富有生机的大企业,特别是在过去的一年中,经历了所谓的成长阵痛,无论是对原有区域和权利结构的调整,还是对业务与经营层面的革新,我们内部优秀团队和成员的支持和积极的态度,使我们变化得很快。

之前就我们企业的情况,我曾经推荐了三本书给团队,其中一本是星巴克的老总撰写的《一路向前》。当时正值这位创始人重新出山之际,星巴克也遭遇了成长危机,他写此书来表明其勇于面对问题,并将率领企业走过瓶颈期的决心,我觉得颇有借鉴意义。中国很多企业也在面临自己二次发展的瓶颈,如何能够更好地向前发展,是一个富有前瞻性的命题,也是急需企业家们思考的核心命题。

三、2014管理风向标

有人问:新的一年,您最关注的管理问题是什么?您觉得其中最大的挑战是什么?

在我看来,我们还是应该持续在消费端发力,使我们的经营模式和员工的思维模式都必须有所改变。不仅仅是从养殖户的角度去考虑问题,更是从终端消费者那里去研究、了解他们的喜好,为他们提供最好的产品和服务。

(原载:《中外管理》,2014年第2期)

成 长

新商业世界领先者的持续力
——解构传统工业时代的"领先基因"

领先者如何持续？巨人如何大而不倒？可谓是管理中经久不衰的话题。很多人都曾给出答案，比如自欺欺人的战略决策、傲慢自满的领导态度、核心竞争刚性、核心价值的偏离等。

当下此话题再度为人们所关注，是因为有些巨头以出乎意料的速度走向衰落，比如诺基亚；有些巨头战战兢兢，唯恐被新时代所淘汰，比如腾讯、阿里巴巴；而与此同时，一些新生企业迅速崛起，比如成立仅3年的小米于2013年实现316亿元的收入，成立于2009年仅有55位员工的即时通信应用WhatsApp以190亿美元的天价被Facebook收购。

这提醒我们，随着互联网等技术的发展，传统工业时代正在被颠覆，而走向一个新的时代、新的商业世界。在这个新的商业世界中，企业称之为"时代企业"，需要更加开放和适应变化，更加柔性与敏捷。这一过程中，工业时代相伴生成的"领先基因"，可能已成为桎梏。"领先者如何持续"的问题需要做出新的探索与回答。

一、反常的现象：在市场增大的新商业世界，为何领先者却难以持续？

商业世界正在被重新塑造：世界变得不仅仅是平坦，更变得透明和可视。

过去人民散居在世界各地，生活从不交错。而现在随着通信技术、视频网站、移动互联与社交网络的发展，人们可以互相看见，可以一起工作，并窥探彼此的生活。地域与地域之间的"疆界"正在进一步消除，世界被打得更加零散、更加以"你"为圆心而运转。

这个世界在变得可视的同时，还开始有了复制品。旧世界正在加速碎片化的同时，"你"却在另一个世界里参与创建一个新的人类社会。在网络游戏第二人生里，与我们现实生活平行的另一个世界正在形成，这里拥有一个彻底奉行自由和平等、低税赋、无监管、以最大限度鼓励创新的社会，蓬勃的商业正在兴起，政府尚未成形，整个社会正在自动沿着新大陆的历史足迹前行。2006年，中国湖北籍的钟安舍女士成为这个新新大陆的洛克菲勒，她建立的地产房屋不过是一个个计算机三维图形，但却吸引大量用户用真金白银来购买。商业世界正在整体将自己移植到另一个虚拟天地。

与此同时，旧世界也在向新的"疆域"拓展。乔布斯将人类的娱乐生活压缩进小巧的机器里，布兰森则将普罗大众送入太空的征途。这个日趋透明和可视的商业世界里，新的商业机会更加随处可见，创新战术的小企业的挑战者们，正在从全方位包抄这个寡头化和多极化的商业世界。

看看中国的白色家电市场，在这个大家电、小家电已经品牌诸多、日趋成熟的市场里，还是出现了像九阳、万利达、荣事达等新生领先者。我们不禁要问：是市场增大了么？难道增大的市场对原来的领先者不更有利？

要回答这个问题，硅谷给这10年的商业世界提供了太多的素材，从思科、谷歌、高通到惠普，还有硅谷之外的比如摩托罗拉、诺基亚这些公司，让我们看到某个好产品在消失，也看到了大公司在衰落……这些大公司此消彼长地变化，一些大公司看似打法坚决，实则是前途未卜。从拼命去"抢"更多的，再到把这些抛弃掉，我们看到的是一种茫然的"慌乱"。买来仅仅一年的、象征着进入未来移动互联领域竞争的Webos宣布停止研发，卖了49天的平板电脑打折甩卖，隐藏于其后的则是这个全球最大的PC制造商即将退出这个行业。现在惠普更专注于能够带来更多利润的企业级信息服务，这可能是一个好的结果。但战略上的摇摆不定，让我们只能看到"慌乱"的惠普，而不会让我们想到做过同样事情的高瞻远瞩的IBM。

可见，在缤纷的商业世界里，即使市场增大了，即使你是原来的领先者，也不意味着你能够持续。

二、新生的力量：新生者凭什么崛起乃至成为领先者

（一）新生者：创造或者重新激活市场

在信息与知识时代出现的透明商业世界里，由于技术更新速度极其迅疾，平坦意味着更多的开放，意味着更多的生机、更多的风险、更多的可能。

我们看到，这个时代的出现开始让传统工业企业处于痛苦的境地。许多传统的符合工业时代对于"好产品"要素的要求，比如功能齐全、价格公道、品质优秀等，客户却不再买账。在消费者面前可选择的产品，引导了消费者不可思议的对某些需求的特别关注，他们会为产品的个性化需求耗费巨大代价。由客户个性需求决定的小规模、多品种、柔性化的产品设计已远远胜出。拿简单的男式西装来说，为了吸引更多的消费者，厂家开辟了量身定做、个性化选择纽扣、开衩、饰物配件等免费服务。

在美国，一张毯子加上两只袖子的家居毛毯服Snuggie变成风靡欧美的大衣。自2008年10月问世以来，已经狂卖出400万件。如此普通的产品，既没有名牌服饰的时尚设计外形，也没有任何的样式变化，看起来甚至没有服装的形状可言，几乎是单调地裹在身上的毛毯。但这并不妨碍毛毯服成为经济低潮时期"宅人们"的最爱。

之前以"丑"著称的鞋子Crocs同样也是席卷全球，成为一种特殊的商业现象。Crocs和Snuggie流行的原因也惊人地相似：首先，Crocs也是迎合了消费者渴望摒除繁杂、回归舒服的最原始要求；其次，这两个产品都选择了通过社区宣传的营销方式，刻意地推广其设计、制造的产品信息，并直接而简单地告诉消费者，由于设计简单用料单一，这是最舒服的鞋子或最温暖的家居服，而且价格极为便宜。Snuggie和Crocs带动了大批已经不愿消费的人群。

好产品不受欢迎，至少意味着传统的产品三要素"功能、质量、价格"开始失效。而很多新兴企业战胜传统企业意味着企业规模大小与赢利能力之间开始分离，传统的"规模决定效益"的工业企业管理逻辑正在被颠覆，或者说典型的工业企业时代正在整体性地终结。越来越多工业企业时代盛行的规范化、模式化、大工业生产的领域都必然向柔性化、个性化渗透。

由于技术、人口、商业、经济和世界的深刻变革，我们正在进入一个前所未有的消费大众共同参与商业活动的新时代。面对纷繁的新生者，要么选择创造，要么选择一个方式去重新激活市场，比如宝洁的产品名字几十年如一日都叫玉兰

油、潘婷、海飞丝等，但每年市场细分的角度不同，激活市场的方法也都不同。要知道，即使在中国这样多的消费人群里，宝洁公司、联合利华公司、花王公司等都努力维系着原有的市场秩序，这么多年来也未见过太多新生者，更没有机会诞生新生领先者。

（二）新生领先者：寻找新的融合方式

新生领先者，即行业里后来居上进入"红海"纷争又挤入头角的企业，它们不仅仅是新生者，而是作为新生力量又同时领先的企业。如果一个行业还没有到一家独大或市场饱和的程度时，新生者完全有可能成为新生领先者，它不但可以增加市场的容量，还能刺激这个市场向另一个方向扩张。

现在越来越多的终端用户已经习惯于通过互联网技术，获得更多的产品体验信息，他们可以自由地按照这些信息做出最终的购买决策。也就是说，无论是不是这个行业的新生者，只要产品本身有令用户满意的地方，或者有打动用户的部分，终端用户就有可能下单去体验产品。我们已经跨越了原来的分销、渠道、零售店等物理形式，在这个互联网的时代，用户们要得到一个产品易如反掌，他们认知一个新生者的速度和能力都远远超过从前。

所以，这个时候，原来的领先者如果还一味地在原地提防着对手，就会让自己的视野变得狭窄，新生者会一刻不停地抢走空白领地。也就是说，无论原来市场蛋糕有多大，只要新生者带来了新思路，那么"蓝海"区域本身很快就会让蛋糕变得更大。如果这部分区域无限量地任由新生者扩大，那么原来的领先者就已经失败了。若不能及时跟上，原来的领先者还会逐步丧失未来竞争的能力。想想腾讯的微信与移动的短信、国美电器与京东商城，这些鲜活的案例足以提醒我们，应该正视新的商业世界对企业的全新要求。

甘地说过一句话："一开始他们忽视你，然后嘲笑你，然后与你做斗争，最后你胜利了。"商业社会也是这么回事。比如京东商城、九阳电器等，这些企业在原来已经竞争激烈的环境中成为新生领先者。

正如吉姆·柯林斯在《基业长青》中所推崇的卓越非凡、长盛不衰的公司，有过半的企业在十年后走向了衰落。这些企业常常是如此确信他们细分顾客的准确性，并且坚定不移地执行满足顾客的企业战略计划，长达3至5年、甚至是10年。但当他们遭遇到危机甚至是失败后，顾客还是那群顾客，顾客群体本身并没有消失，消失的仅仅是企业，企业被顾客因某种观念或生活方式的改变所抛弃。

可以断言，假如一个产品逐渐萎缩甚至是消亡，其实并不仅仅是在同行竞争中败北，而是产品的提供者没有能力持续地找到产品与社会、个人和经济相对应的融合方式，恰恰值得注意的是，这种新的融合方式被新生领先者找到了。

三、衰落的根源：为什么领先者丧失了生命力？

正在生成的新商业世界，迥异于传统工业时代。过去的竞争与管理逻辑并不能有效解释新生者的崛起，比如产品策略、成本与规模的魅力。在传统工业时代成长起来的企业，相伴生成的"领先基因"从更深的层次上，影响着领先者的生命力。这就需要我们寻找新的视角与解决之道，解构传统的"领先基因"，其中极为重要的基因有两个：一个是品牌塑造的理念与实践；一个是竞争力塑造的理念与实践。

（一）更重要的不是品牌本身，而是正面的产品信息

商业模式不断被互联网改变的不仅仅是模式本身，更重要的是用户群可以通过互联网了解产品的任何细微信息，无论是现在的，还是过去的。

要知道，作为用户关心的并不只是技术信息，技术信息即使再透明，也无法吸引用户。要吸引用户，需要的是能够真正与用户沟通，形成互动和社区，生动地吸引住用户群体。信息很多样，这些用户往往跟踪各类产品信息，并最终完成购买决策。

曾有公司做过一个调查，CEO们认为为顾客创造了80%的价值，顾客只认同其中的8%，而绝大部分顾客在第一次购买的决策中，有64%是取决于所征询的其他人的意见或购买数据。

2013年"褚橙销售"是一个令人振奋的案例，同时也让人们真正感受到产品正向信息的魅力，及这些信息直接负面或正面地影响着消费者的最终决策，而非这些产品的品牌本身。如此说来，提供正面影响力的产品信息成为企业的重要举措。当某个产品的制造或某种服务的产生已经完全同质化，那么向消费者提供有别于竞争对手的产品和服务信息就成为关键。

试想，消费者在知道产品的采购、生产过程信息后，还会关注这个产品的广告代言人所表达的品牌形象么？良好的品牌形象并不代表良好的品质。更常见的情况是，这些来自产品制造、分销过程的信息，绝不会是营销团队所致力表达的

品牌形象。具备越来越强产品判断能力的消费者，更关注来自产品制造过程的各类评论和信息，这时原有模式化的领先者处理各类信息的方式必须要进化。当我们处在技术、信息、知识透明的竞争环境中时，任何创新都可能被模仿，即使理念超前、思考得当、策划优秀，在成长的道路上也可能夭折。

更直白的解释是，如果你已经是领先者了，那么你的技术会被人剖析，你的专利会遭到很多实力相当的技术人员综合的或分拆的重新利用。而这些已经不是你的主要威胁了，更重要的是，由于你的优势太明显，很快关于你的劣势的消息会铺天盖地。这是一个数据时代，很多人都在理解大数据带来的影响和商业模式改变到底是什么，如果简单地理解，就是产品与用户之间不再是企业作为载体，而是数据。这时若不能重新全方位地调动能量迎战，那么你的劣势很快就会被新生者的优势所取代。

（二）更重要的不是竞争力，而是影响力

在现在商业环境中以及预计到的未来商业环境中，竞争力已不是主题，没有竞争力的产品只会在任何一个开放的平台上昙花一现，立即被有竞争力的产品取代。一旦你立足在一个开放的、任由用户挑选的平台上，要如何领先的关键问题，便是你在用户面前的影响力。

未来的用户都是消费专家，因为世界的各类产品，它们的价值、价格和含金量都是透明的，用户在未来的商业格局里，已经把选择产品看成是一种技能，一种消遣，一种体验，一种责任。透明的世界也意味着公平、开放的商业环境，未来的用户们善于识破伪装，能够看穿营销虚实而辨别出产品真正的价值，他们并不局限于评估产品的功能、价格和质量的性能比，而更关注产品所采用的技术、质量、性能等对自己特殊需求的满足。

消费已经成为一种全球范围内的寻宝活动。此时显然是谁有能力影响消费选择，谁就更能持续获得领先。如果原来的领先者还只关心自己的竞争力，那么它一定会被竞争力遮住视野。如何将原来更注重体现在企业内部管理的企业文化延展到终端用户，究竟用什么可以使用户也感受到企业或是产品带来的内涵？

真正持续领先者，必然有其商业影响力甚至社会影响力。用户在享用产品时不单单在使用，更注重表达某种特别的气质，我们将从影响力这个词延伸到"信仰"，这是影响用户的最重要的因素，表达了用户在选择和享用这个产品的过程中体现出的同类人群的"信仰"。"苹果"是最显著的例子，乔布斯创造出果粉

的某种信仰。小米与米粉之间的连接，可以让我们在感受身边米粉们的选择之余，也感受到影响力本身。

四、持续的核心：企业是否愿意主动超越自我？

在新的商业世界里，消费者本身已经彻底改变，商业逻辑与市场逻辑都随之发生根本性的变化。如果领先者想要保持持续领先，就需要找到新的商业模式，除此之外还需要彻底改变自我的认知，超越自我，甚至否定自我。

（一）如何在满足需求和保持利润之间选择？

随着正面产品信息、影响力的重要性上升，意味着用户化时代的到来。在这个新时代，抓住用户变得比以往任何时候都重要。这也对领先者的持续提出了新的课题：领先者如何在满足需求和保持利润之间进行选择？

在用户化时代，很多企业忙碌于应对用户的各种需求，一些企业为了充分满足用户需求，一味地围绕用户需求调整企业的整个运营模式，甚至不断地进行市场细分和产品细分，重新设定业务流程。但是基于互联网特征的用户，其根本需求是免费的，因此用户无法为企业带来利润。如果企业无法了解用户的基本特征，而是围绕着用户做出经营的努力，其结果是无法获得真正的盈利与增长。"用户"与"顾客"的区别是需要企业做出甄别的，如何在扩大的"用户"群中寻找到属于自己的"顾客"，是获得盈利的根本来源，这就对企业提出了更高的要求和挑战。

现在的企业，一方面需要按照用户不断变化的需求设计应对方案，另一方面又需要找到属于自己的顾客，并为其提供独特的价值。只有既能不断地与用户互动与沟通，又能够强化顾客的黏度，企业才能获得真正的盈利增长。因此，新商业世界中的企业，要既能协调内部的效率与分工，又能协同产业链上的合作者达成价值创造，还能够不断地提供创新的环境，让创新成为常态。

也许上述的努力在满足需求和保持利润之间可以获得平衡。

（二）能否实现组织与文化的自我超越

关于华为，很难从任何一个角度看到任正非充满信心的一面，他始终不敢掉以轻心，始终在提防任何可能的风险和潜在的对手。任正非认为，无论发展得怎样，至少有三个问题始终不能回避。

首先，不能相信自己无所不能。即使华为在聚集人才、资本、技术，但是否可以持续掌控行业发展的脉络？是否能维持强大的盈利能力？这些都是不可预见的。

其次，市场只靠纵向产品是不够的。整个通信领域一直遵循着纵向产业模式向横向转换的趋势，也就是说只提供纵向产业模式中的产品已经不能获取更多的市场，只有扩大该产品的横向市场能力，才能继续创造新的利润体系。所以，我们看到的华为手机、华为体验店，都是华为转型和创新阶段的举措。

第三，高利润和模块化产品可能带来困境。在原有的通信制造业领域，一个足够长的产品线中往往潜伏着无数的敌人和对手。创新规则、行业变迁、竞争重点随时都可能让利润点转移，华为是否做了足够的准备？

我选择分析华为，只是想表明一个简单的事实：企业如果不能在组织与文化上做出根本性的超越，也就无法保持自己持续领先者的地位。"华为没有成功，只是在成长"，这是任正非对华为发展的自我评估。随意翻看任正非文字记录的华为成长过程，即使没有听过他在华为的各类讲话，都会深深感到，他和比尔·盖茨一样，常常居安思危。比尔·盖茨的"微软距离破产永远只有18个月"，成就着大公司"大而不倒"的梦想。

安全感是一种意识，更是大公司领导者积聚能量的内心动力。危机感常在，最终会让公司这个机体保持对外刺激的敏感性，保持一种警惕和临界状态，才有可能保持大公司所应该具有的"活力"。

在前一个10年同样领先的两家公司，在下一个10年却出现了截然不同的结局，一家企业曲线转向急剧下降，另一家企业曲线则持续上行，这是为什么？吉姆·柯林斯的《再造卓越》一书回答了这一基本问题：一流公司为什么在成功之后走向失败？他的答案是，狂妄自大是任何公司进入衰退的必然征兆。我非常认同！

2010年，海尔从传统的"正三角"转变为"倒三角"组织，形成以自主经营体为基本创新单元的扁平化节点闭环网状组织结构，让每个员工直面市场，以期实现更加敏捷、快速地获取并满足碎片化、个性化的用户需求。

人单合一双赢模式的实施，进一步提升了海尔对互联网时代用户需求的响应速度和盈利能力，2007—2011年，海尔利润复合增长率为38%，是收入增幅的2倍多，现金周转天数比原来减少10天。

人单合一双赢模式的互联网特征使其具备了跨文化融合的能力，海尔并购三洋白电业务后成立的海尔亚洲国际，这一模式得到了日本本土员工和管理团队的认可，并吸引当地一流人才纷纷加盟。

海尔这种组织发展方式的魅力就在于整个组织共同扎实做事，它可以把力量集中在一起做很大的事，也可以去完成一件很小的事，把一件事做得更精致、更有效率。而最终在消费者和用户层面表现出来的就是更优质、更符合需求的产品，最终推动整个社会效率和价值提升。

五、结束语

所谓企业，就是要持续成长，永续经营。一个阶段的领先无法确保下一个阶段还能持续领先。因此，必然需要领导者再次鼓起勇气进行决断：要不要转型？怎样转型？从这个角度说，持续领先就是持续变革。

（原载：《清华管理评论》，2014年第4期）

别让思维惯性卡了壳

转型必须要做3个准备：第一，起点要在顾客，不是在产品；第二，转型是用行动检验，要提供解决方案；第三，做转型的核心是提升整个组织的效率。组织转型的概念就是要把决策机制放到一线，让团队真正面对顾客，更重要的是要改变管理者，改变整个公司的文化，找到对的人。

最近感触最多的是大家对这种变化的焦虑，比如有的制造企业听到互联网完全不知道该怎么办。技术的改变可以让企业变得非常快，比如摩托罗拉曾经雄踞世界第一，然后被诺基亚替代，诺基亚又被苹果、三星替代。

但造成这些变化真的是因为互联网吗？有时候我们会因为外部的现象，忽略了背后的原因。一个企业不管走得多远，不管曾经多大，忘记顾客就一定会失败。所有失败企业的根本原因不是被技术替代，而是它离顾客越来越远，它真正被淘汰实际上是被顾客淘汰，而不是被技术淘汰。

一、将"传统"两个字拿掉

总结那些成功的企业，基本是在四个方面做得很好：第一，它一定会创新；第二，有非常强的危机意识；第三，最高领导者的坚持；第四，明白顾客需要的就是企业的真正追求。

互联网仅仅是技术，你并不需要焦虑，只要能基于消费者去创新，还是可以活得很好。对于企业经营者来讲，最重要的是寻求机会而不是看有没有机会。从这个角度讲，没有任何公司因为规模扩大而不能再增长。

比如沃尔玛，按理说互联网对它的冲击应该是最大的，但当超市、百货出现关店潮的时候，沃尔玛却没有受到干扰。因为2013年它做了一个非常大的转型，花更多的时间去做一号店。

没有任何行业是百分之百的成熟,虽然大家喜欢谈传统企业会怎么样,传统制造业会怎么样。但"传统"两个字应该拿掉,任何一个行业在每一个时间段都是与时俱进的,不存在传统这个概念。我是制造业,但也是一个新的制造业;我是服务业,但也是一个新的服务业。这是一定成立的,因为你总会发现没有完全被占领的空间。

手机产业的调整说明,成功只能意味着过去,你也许不知道新的游戏规则和新的竞争者会在哪里出现,但它一定会现身。没有任何公司能成功到不可能失败的程度。

二、打破思维惯性

企业发展到一定阶段的时候,遇到的最大挑战是组织的瓶颈和惯性。企业改革难、转型难,很大原因是整个组织的思维惯性卡了壳。思维分两种:增长型和非增长型。增长型的思维就是把KPI完成,不要冒险;非增长型的思维就会不断努力去做,在任何情况下看到的都是机会,不会仅仅看到挑战和压力,所以不可能有焦虑。

如果有焦虑,那么一定是思维方式错了。如果思维方式没错,按道理看到的应该是机会。因为今天从未有过这样的商业机会,那样的丰富和多元化。所以我们要从外向内看。

很多人说我们公司有30年历史,核心竞争力很强大,我就说忘掉它。华为为什么有竞争力?因为华为的逻辑只有成长没有成功。新希望六和也是只走在成长的路上。

从外向内看的原则很简单:第一,从外审视企业;第二,不断深化对市场、对行业的理解;第三,明确顾客需求;最后,不断打磨重新构建核心竞争力。这对很多企业来说可能都是一个较大的挑战,但根本的问题就是你愿不愿意确立一条增长的路。

新技术不断出现的新常态下,怎么确定增长之路,这是企业面临的问题。更重要的是,大家要看到变化带来的机会,对行业的认知也要改变。以前是农民评价饲料企业好不好,现在是终端消费者评价饲料企业好不好,产品安不安全。从农民的角度评价,最重要的是看你的服务方不方便,成本低不低,质量好不好,但终端消费者就看产品安不安全。整个评价体系变了,这时候你对行业的定位就要变。

行业的定义会变,你不能用经验、历史再来规划行业,如果是那样,被淘汰也是必然的。从某种意义上来讲,如果能重新定位,机会会更多,但更重要的是要知道顾客的需求是什么,增长的路径怎么安排,产品、技术怎么组合,用什么方式和速度去发展,跟谁组合在一起。如果你想确定一条增长的路,只有一件事情,就是超越自己,做出改变。

三、持续向顾客做出反应

组织做调整,转型应该怎么思考?我认为转型比创新还难,因为创新的时候我们的思维是做好准备的,转型的时候思想并没有做好准备。如果要转型,你和你的组织首先要做的就是思维方式的转变。

哈佛商学院营销学教授西奥多·莱维特说:"客户要的不是五毫米的电钻,而是直径五毫米的钻孔。"我们关注的都是产品,如果你的思维没有在顾客的角度,那么转型不可能成功。

转型到底做什么?转型真正要做的就是提供解决方案。我们不缺乏转型的思想、观点、逻辑,最缺的是转型必须用行动检验,必须提供解决方案。做转型,最重要的是看行动而不是看你说什么,最重要的是有没有解决方案,而不是看整个体系或者系统怎么设计。

转型最核心的是什么?提升整个组织的效率。虽说今天中国的GDP,甚至一切发展都非常好,但在效率上没有非常明显的进步,结果就是耗费资源去获得增长。如果国家和企业要真正地转型,本质上就是要求提高效率,而核心就是人的投入产出。

组织转型的概念就是要把决策机制放到一线,让团队真正面对顾客。用任正非的话讲:今天的市场竞争是一个班长战争。

进入新希望六和后我的第一个动作就是拆小组织结构,让所有的决策和资源进入到一线,因为只有一线才能带来顾客的增长。互联网厉害的原因就是可以去中心化、去平台化和去权威化。新的组织模式基本上是要求一个项目、一个团队或者一个经营单位独立完全面对顾客,获取顾客的满意度。这是对组织者变革很重要的要求,换个角度说,组织转型的核心就是要持续地向顾客做出反应。

(原载:《中华建筑报》,2015年2月3日)

"互联网+"逼迫企业组织变革

过去几年,一批互联网企业在短时间内迅速崛起,展现出一种巨大的力量,它们快速迭代与灵活多变的特质让很多传统企业感到无所适从。扁平化、网状结构、多任务和项目制等词汇成为热门,商业领袖也热衷谈论所谓的互联网思维。有些传统企业唯恐被替代,甚至开始探索相应的组织变革,比如海尔的人单合一、苏宁的互联网零售转型等。

毋庸置疑,互联网正在重塑整个商业世界。如今的市场和经营环境已变得和以往大为不同。从根本上来说,互联网带给商业世界三个主要冲击:

第一,互联网让个体能力发生变化。原来的个体能力是有局限的,如果个体不在一个组织里面就很难获取资源。但现在互联网让个体具备了极强的主动权,他们离开组织也能做事。而且今天的个体非常活跃,他们渴望自由,不愿意被限制在一个结构里面,同时希望自身的价值能够真正被承认和衡量。这一点对传统企业和组织的挑战特别大。

第二,互联网改变了企业的竞争状态。原来组织在面对竞争时,可能处于相对稳定状态,但是现在这个稳定状态被打破,企业会一直处于动态竞争之中。

第三,互联网让跨界竞争变得普遍。现在的组织不可能仅在行业内竞争,更多时候还需要考虑跨界竞争,后者如今已经变成竞争的常态。这些改变对所有组织而言都意味着挑战。

但是,组织本身却承担着几个极为重要的特点:首先,组织是用来实现目标的;其次,组织必须通过分工来形成自己的力量,然后再去完成功能;再次,组织很大程度上是为了解决稳定性问题,组织带来的稳定性有利于绩效的获得;最后,组织的局限性在于面对不稳定和变化的时候很被动。

由于个体能力变强、动态竞争以及跨界融合等新的变化出现,这些变化又与组织之间存在天然的矛盾,组织代表稳定,互联网带来变化,这二者的冲突才是今天互联网经济对传统企业挑战的本质。那么，在这个新的、易变的互联时代，传统企业和组织究竟该如何应对？

一、目标是第一位的

从组织的特点来看，首要的是明确目标。这既是组织的功能要求，也是合理安排组织结构的前提。因为只有当目标确定后，才可能对整个组织进行合理设计。如果一家企业的目标是提供产品、成本和质量，也就是传统企业的最基本目标，那么稳定的组织、合理的流程相对来说是承担这些功能的最佳状态。但是，如果企业的目标是不断地进行创新、迭代和变异，那么就需要一个动态的组织与之匹配。所以，组织变革与否，判断的核心应该是企业承担的目标，以及它在市场或行业中的基本诉求。这一点必须非常明晰，然后才能判断和选择组织的状态。

比如，很多企业的共同追求都是效率和成本控制，确定目标后就需要找到合适的组织形态来完成它。假如一家企业拥有庞大的组织结构、管理层级太多，就很难达到这个目标。因为指令太远，既不会有效率，也很难控制成本。因此，选择与效率匹配的结构就必须把组织单元划小，并且贴近市场。很多互联网企业的组织结构就是这样，因为其产品必须高效，所以它们把经营单元划得很小，像阿里巴巴会有28个事业单元，而腾讯则采用项目制。需要注意的是，传统企业海尔目前正在进行人单合一、网状结构变革，试图推动企业在新的商业环境下转型，这肯定是有益的尝试，但最重要的事情依然是明确自身的目标。

追求高效的组织结构还有好几种，其中一种是老板说了算，这是性价比最高的，因为决策很短、效率很高，很多小型私营企业会采用这种方式，可以称之为简单结构或者一人结构；还有一种叫专业性结构，或是职能结构，就是请各个领域的专家来行使职能，通过分工来完成目标；另外一种结构是事业部制，即让决策权靠近真正做经营的人，这是华为所选的方式——让听得见炮声的人去作决策。

今天，许多的互联网企业仍然处于创业阶段，因此它们的目标可以时点化、阶段化，在完成一个目标之后，它们才能设定下一阶段的目标。由于互联网的进入成本较低，如果一个项目完不成，它们可能就会放弃这个项目。但是，传统企业却不是这样，它们的进入成本很高，举例来说，假如买设备花费很大，设备的成本分摊和折旧可能需要10年，那传统企业肯定就得做10年。因此，传统企业的目标不太容易时点化和阶段化，实现周期也要比互联网企业长得多。

在某种程度上，互联网企业的成功其实是商业模式的成功，无论小米还是阿里巴巴都是这样。传统企业的成功则需要经过几十年甚至几百年的竞争。如果把互联网企业的目标拉远，时间周期拉长，它们同样会面临与传统企业一样的管理困境。因为长期竞争对于企业的团队能力、品牌等很多方面都会有新的要求，企业就需要按照真正的组织体系去运作。

例如，雅虎和微软早期都是基于新发现去创新，然后让创新产品化，这个过程它们都发展得很快。但是，当这些最初的发现与创新变成一个固化的产品，企业接下来的目标变成需要不断超越和再次创新的时候，它们遇到的问题和传统企业并没有什么区别。这些曾经的新兴企业也会产生大企业病，像雅虎现在就有些走不动了，微软这两年归于沉寂，其中的原因就是最初新发现的产品在成熟后，它们没有再去寻找新的机会和创新产品，而是让整个组织去维护这个主营业务，因此主营业务会变得固化，而固化之后就是僵化。

二、分工不等于分权

事实上，互联网并没有改变传统企业的目标，传统企业依然要提供高性价比的产品。那为什么它们现在会遭遇这么大的挑战？问题的核心在于如今个体的能力发生了改变，组织的稳态属性对于今天的个体来说是完全冲突的。以前个体离开组织做不了什么事情，现在的人离开组织仍然可以做事，因为只要在互联网上做就可以了。互联网让个体能力和需求发生改变，使得个体与组织的依赖关系变得完全不同，这是传统企业真正需要面对的冲击。

互联网企业为什么能在最近几年迅速崛起？原因是它们一开始就和互联网时代的个体属性相符，它们基本上是项目制，项目制的好处之一就是没有固定的组织。这种制度有点像体育运动队，要去打世界杯就临时组队，找最好的球员组织起来去打，打完了就解散。这里面的特点是有明确的时间节点，有明确的目标和角色。如今很多人都喜欢这种形式，因为它会让你的人生能够被规划和相对自由，而不是被锁定在一个组织里面。

在传统企业中，个体很难知晓明确的目标和角色，他们在组织里面奋斗，但是不知道奋斗完之后，最终公司会不会认可他们的价值。传统的企业和组织也不太适应项目制，它们没有具体的时间节点，必须一直奋斗，否则稍有松懈就会被取代。

除此之外，传统的中国企业管理，普遍对"管"这个字看得太重，不明白组织本质上是通过分工来进行协作。大部分经理人习惯看重权力，觉得要说了算才行。但是他们不知道组织并不是拿来分权，而是用来分工的。分工的核心应该是分配责任，责任与目标相对应。基于承担的目标和责任，相应的权力也就分配了。

很多人经常会把这些东西忘了，仅仅关心权力和利益，甚至只关心谁说了算，也就是决策权，一旦认为说了不算，那么没有人会对组织的责任和目标负责。

但是，现在的互联网体系并不太在意权力和权威，项目制的时间周期都很短，产品的迭代非常快，互联网经济唯一相信的就是结果，因为它是在合作和平等的基础上形成的。比如，起初QQ很厉害，但微信出来后就得服气，再过两年如果出现一个打败微信的产品，那微信也得服气。互联网企业在很短的时间里就可以得到检验，相应的权力和权威不会持久，项目完成后会被拿掉或者消散。所以它们的组织更倾向于分工协作，更加平等、平和，在这个过程中人们心态也都很简单。传统企业应该看到互联网企业的这些优点，在变革之时需要明白组织是通过分工来完成功能，而不仅仅是在分权。

三、变革是为了领先

无论传统企业还是新兴企业，组织是否需要变革，最核心的要求是对整个主营业务的成长空间和领先性进行判断。组织究竟用什么样的形态，最重要的是看组织在竞争中所处的状态。

为什么没有互联网的时候，传统企业并没受到这么大的冲击？原因就在于那个时候它们的成长空间和领先性足够大。但是，因为互联网带来跨界融合与竞争，跨界打破了传统企业原先的成长空间和领先性。当企业的领先性表现不出来，成长空间又不够的时候，就会出现所谓的转型困难，这是固有组织形成的阻碍，因为大家都习惯了原有组织体系的思维方式和工作方法。

如果成长空间和领先性足够，那么问题不会暴露出来，也就不需要进行组织变革。组织形态最好的类比对象是体育，体育是所有组织结构当中最能激发个人潜能的，而且本身就是竞争，目标都是要超越。比如，中国体育的举国体制，能够让乒乓球、羽毛球、跳水等项目在竞争中保持领先，那这种组织结构就应该延续；足球和篮球变成俱乐部制后并不成功，也许这种组织方式或者组织运行的结构就应该放弃。当固有组织能够帮助你保持领先，就可以保持它；当这个固有组织不能让你保持领先,那你肯定也得打破它,因为在市场上你已经输了。

如何判断领先性?有很多具体的方法,其中平均增长率是简单易行的指标。如果一家企业的平均增长率低于行业平均增长率,那就需要考虑组织变革了。道理很简单,现在是行业第一,但是增长率低过平均水平,可能很快就会被第二超越,从而丧失领先性。

至于如何进行组织调整,需要把握的应该是行业中的关键成功要素。举个例子,手机这个行业的关键影响因素是技术替代,当智能手机技术出现的时候,诺基亚的变革核心本应该是这个技术。但那个时候它的主营业务太盈利所以难以放弃,最后反被苹果赶超。因此,组织变革和调整的目的不应该是企业暂时的盈亏,而是如何让组织在市场中保持领先性。

四、突破变革难点

假如企业的领先性和成长空间并不足够,目标也决定组织必须变革,那企业的领导者就需要提前认识到组织变革的难点,以及为可能出现的阻碍做好应对准备。变革会影响当期盈利。组织进行变革,企业本身需要投入。中国企业进行组织变革之所以很辛苦,就是因为企业本身积累的盈利空间并不足以支持组织变革。

但为什么像IBM、微软这类企业变革起来显得相对容易?主要是因为在企业长期的发展中养成了为变革做好投入储备的习惯。比如微软账面上永远会有500亿美元的现金和短期债券,再比如IBM在卖掉硬件业务之后,也有大笔的钱投入买下49家新公司去做软件和服务。很多国内企业进行变革的时候并没有这个投入储备,因此只要变革就会影响到当期并造成波动,成长空间不够以及准备不足就会给组织带来风险。所以前IBM总裁彭明盛说,"变革当趁好时光",企业在状况好的时候就要变。

组织变革意味着淘汰落后、增添新的东西。对落后的调整,代价是非常大的。但变革就是要把旧的东西抛弃,然后再引入新的要素。因此,作为管理者需要具备极强的心理承受能力,不仅要说服老板或者股东,还要让企业里的每个人都相信这种调整是必需的,这是组织变革中的又一大难点。

在组织转型和变革中,必然要面对利益群体的打破。为什么组织变革要在状况好的时候实行?也是因为企业在状况好的时候容易做出利益补偿。原先的利益格局被打破,如果不进行补偿就有可能被颠覆,从而导致变革夭折。管理者应该记住，在变革的时候，企业和组织一定要有利益补偿机制。

正是由于组织变革会面临诸多阻碍与难点，因此对于互联网时代的组织变革，不应过早下成功或失败的结论。在新的商业时代，应该鼓励组织进行变革探索，即便不成功，变革本身也是对的，因为不变，它可能就死了。

（原载：《企业观察家》，2015年第7期）

成 长

转型出现"冲突"怎么办?

当公司处在转型和增长的攻坚战时,常常也是矛盾冲突的集中爆发期。所谓一鼓作气,再而衰,三而竭。其中最具有自我杀伤力的莫过于"刺猬观念"。这样一场具有划时代意义的转型一定会与每个人发生联系,即便已经达成共识。但是在具体的执行中,人们出于安全需求与自利本能,一旦感觉到自己受到攻击,就会像刺猬一样先把自己保护起来,同时展开尖刺让对方无法接近,对关键问题回避与不协同,导致转型、增长无果,最终回到大家都已习惯的老路上去。

一、公司转型渐入深水区

2012年开始,我们看到大企业转型的速度在加快。王健林明确提出管理者要具有互联网思维,发出集团公司开始全面转型的动员令,声称是万达20年来的第四次转型,也是范围更广、力度更大的一次全新转型。张瑞敏透露出海尔面临的危局:"我们在全国有3万家店,去年差点完蛋了。现在要搞线上线下联合,把'电器'变成'网器'。"

许多优秀的中国企业家还在读着吉姆·柯林斯的《基业长青》,就遇到了凯文·凯利的《失控》。在从优秀到卓越的爬坡路上,集体遇到了"转型"的大坎,或者说它是大机遇。

随着中国企业新一轮的集体转型之路渐渐向深水区挺进,也不出意外地纷纷遇到了管理方面的新老问题。因为传统优秀企业一旦实施转型,优势常常会成为包袱。各种冲突会集中爆发。而每一个问题都盘根错节、山大海深,它足以断送掉一场转型,终止企业走向卓越之路。显然,企业管理者面临的新考验已不期而至。

二、迎面而来"冲突管理"

管理者遇到的最大挑战是各种各样的"冲突",利益的、权力的、思维习惯的、管理理念的,甚至包括员工个人内心的冲突。我在《我读管理经典》一书中提到,福列特从关注雇员之间的问题解决理论、参与管理、质量范围和其他基于团队的涉及员工在诊断、分析和寻求解决方案的方法入手,研究领导者和权力的作用,而她提出来的四个原理之一,就是有关"建设性冲突"。

在福列特看来,冲突——差异是客观存在的,既然这一点不能避免,那么,我们应该对其加以利用,让它为我们工作,而非对它进行批判。冲突管理的最终结果并不是"胜利"也不是"协商",而是利益的整合。而协商的方式并不是分出对错,而是达成共识,并用科学的管理方法达到行动效果。

正是因为阐述了这个原理,所以她又提出另一个原理,"重塑领导者的权责",福列特的观点可以让我们清晰地认识这个问题,什么才是真正的领导者?找到最明确的答案。我非常喜欢和认同她对于领导者内涵的界定,正如她所言:领导者能力不在于能够施加个人意愿并让其他人追随他,而在于如何把不同的意愿联合起来成为群体的内在动力。

大家必须对这场转型有一个基本的认知:对于组织中的个体而言,管理没有某个人的胜败之说,所谓一荣俱荣、一损俱损。如何协调好内部关系达成新的行为共识?接下来需要参与者以科学管理的态度,克服我们的习惯性思维及惰性。

因此组织转型中首先需要学会的就是如何管理"冲突",如何让自己真正具有领导者的权责,如何把不同意愿联合起来的人联合成为群体的内在动力,让冲突成为建设性的冲突,而不是破坏性的冲突,这是管理者在引领转型的时候极其重要的一点。

三、"刺猬观念"和"刺猬理念"

力避"刺猬观念"是管理冲突的起点。什么是"刺猬观念"?刺猬在夜间活动,一晚上能吃掉200克的虫子,消灭害虫,利于农业。刺猬性格非常孤僻,住在灌木丛内。每一次遇到攻击,都会蜷缩成一个圆球,浑身的尖刺指向四面八方,让对手无法下手。

关于刺猬的认识,阿尔凡·哈维特的观点认为:"基本上每个人都可以被划为'狐狸'或'刺猬'中的一种。刺猬的生活形象化地代表以下观念：以某个观点来认识现实，并以此观点为中心来'感受'现实中的一切，包括自己的俯仰呼吸、喜怒哀乐。总之，可称为万事诉诸某观点的'归位狂'。"

需要提醒企业注意的是，即便转型已经达成共识，在具体的沟通与行为中，"刺猬观念"所表现出来的种种行为习惯依然是防不胜防的。其表现：

一是在组织内部沟通中，对问题、对现象、对改变，习惯性地基于自己的立场，用自己的准则和经验去做判断，为了佐证自己的观点，也只是选取局部的数据以及片面的案例。遇到不同的观点、不同的意见，采用守护自己立场的方式，而不是开放、包容地理解与接收，就如刺猬一样，先把自己保护起来，同时展开尖刺让对方无法接近。以至于在一些问题上，回避与不协同，导致不能求得结果。

二是在具体执行中，固守着自己的经验，固守着自己的经营习惯，并没有做出与市场行业发展同频共振的调整和改变。当"改革"革到自己头上时，"刺猬观念"就开始发挥作用，使得改变带来的是内耗、推诿和不协同。这样的结果会给组织氛围带来一场严重的危机，让本可以快速采取行动的人也会产生怀疑和痛苦，让简单的事情变得复杂，让问题悬而未决，让时间一点一点地丢失了其应有的价值，从而危及甚至失去应有的市场地位和影响力。

由此，我在与管理层交流时，常常会要求大家不要总是分析、不要花费精力去寻找原因，甚至反对大家去做对标。为什么？就是避免"刺猬观念"的效应发生。因为当人们分析、寻找原因、对标时，若采用的是"自我立场与自我认知"，这样的分析与对标便没有任何的意义。因为你所做的一切只是为了印证自己的正确而已。虽然这样的分析和对标，都是有数据、有判断、有依据，但得出的结论却南辕北辙。究其根本，大家只是从自己的观点和立场来做判断，根本就不会得到客观与全面的认知，因而也不可能达成共识，并解决问题。这样"自我印证"的分析和对标又有什么意义呢？

而"刺猬理念"的核心内容是将事情简单化。面对纷繁复杂的社会，只有将事情简单化，才可能集中精力去拼搏。通过研究调查那些成功地从优秀跨越到卓越的公司，柯林斯根据刺猬理念提出了三环理念——他发现每个实现跨越的公司，其努力寻找的核心竞争能力都不是由随意的简单观念堆砌，而是对以下三环交叉部分的深刻理解：

三环理念对于我们今天所做的转型和变革具有特别的意义。我们需要用"刺猬理念"（图1）来问自己：你能够在什么方面成为世界上最优秀的？是什么驱动你的经济引擎？你对什么充满热情？这三个内涵正是"刺猬理念"的核心价值。

组织转型是一个全新的探索，因此需要有足够的准备去面对冲突和不确定性，冲突本身也会带来复杂性和不稳定性，这就需要管理者能够学会"求同存异"，去解决冲突带来的差异和不确定性。

在具体的执行中，你也会遇到这些组织与人的问题：有的会跟不上变革的节奏，有的会觉得组织变革准备不足，有的会不习惯新的工作协同方式，有的会认为改革方案还不够完美等。对于这些你必须保持清醒，它们常常是"刺猬观念"的具体再现或者变异，而不是组织转型的根本问题，是没有在执行过程中全力以赴地解决问题，没有用包容的心态来面对问题，没有想尽办法把复杂问题简单化。因为在大的战略和方向一致的前提下，改善和调整的方案一定是共同参与的选择，一定是共同努力获得成功的过程。

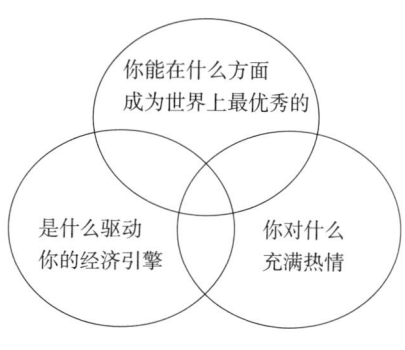

图1　刺猬理念

（原载：《销售与市场》，2015年第8期）

转型，先读懂这四个变化！

一、确立"变化思考"的习惯

市场非常现实，你以为看到了变化，其实是变化的结果。这意味着机会已经过去。而对于传统企业来讲，或许就意味着一场灾难，甚至是灭顶之灾。这不是危言耸听。

《哈佛商业评论》著文称，这一波颠覆大潮与以往颠覆有着本质的不同，它称之为大爆炸式的颠覆。这种颠覆呈现出无可阻挡的开发、无可控制的成长、无章可循的战略特征，而"巨人倒下时身体还是热的"。因为当变化突如其来时，你已经没有回旋的余地。它违背原来的竞争规律、产品无疾而终、消费者集体叛逃，替代你的却不是你看得见的对手，而是另外不同的产品服务策略。这种产品与服务，性能更好、价格更低、定制服务更出色。这种完全不同的竞争策略，是因为计算机技术。

所以，企业持续生存之道，是在自己随着一波浪潮崛起后，还要看到下一波浪潮的机会。我曾在2006年《认识世界级企业》著文中着重表达了这种担忧。因为看到世界级企业都是经过反复的生死考验，并时刻保持着警惕，不敢稍有松懈。

"在非洲，每天早晨羚羊醒来，羚羊明白它必须跑得比狮子快，不然它会被狮子吃掉。每天早晨狮子醒来，狮子也明白它必须赛过跑得最慢的羚羊，不然它会活活饿死。不论你是狮子还是羚羊，都不重要，重要的是每天旭日东升，你就得开始奔跑！"这句话就挂在沃尔玛前任CEO大卫·格拉斯（David Glass）办公桌对面的墙上，他也经常把这句话作为谈话的结束语。沃尔玛能够一直保持世界500强的领先者，很重要的一个因素就是能够一直保持和环境的匹配。

现在，我们可以近距离看到这个商业巨头的变化：2012年，沃尔玛在中国裁掉了20个采购办公室，全力发展一号店，迅速布局电商。2014年，沃尔玛重回世界500强榜首。假设它不做出根本性的转变，会怎么样？

这其实给了我们信心，必须是基于变化的思考，而这也是组织转型的认知准备。如果愿意变，一切皆有可能。

二、看懂四个变化

我们从前想不到的事情，今天都出现了；我们感觉未来想不到的，也呈现在眼前了。如何看懂变化？基于变化的思考可以从哪几个角度看？

（一）没有永恒的成功经验，因为市场自己在变

IBM全球CEO系列调查研究在过去的9年里，积累了深刻而丰富的研究成果。我们可以看到中国企业经营发展的脉络：那些活下来、活得好、新涌现的企业做对了什么？

在2004年的时候，那些规模化的企业取得了成功。因为那时以收入增长为第一要务。许多在那个时期奋斗过的人都知道，当时大家要做的只有一件事情，就是不断寻求规模增长，因为机遇就在你的规模中。

到了2006年，真正的机遇来源于商业创新，那些以创新模式领导行业的企业持续获得了成功。

到了2008年，就需要有能力去做整合了。

而2010年时最重要的是什么？就是驾驭复杂性。复杂就是不再是线性思维，而是模糊思维、多元思维。其最大的要求，就是要接受不同的观点，同时还能明确地知道自己的观点是什么。如果接受别人的观点做出改变，却忘记了自己要做什么，这就说明你没有驾驭复杂性的能力。

2012年开始全面拥抱互联网。

2010—2012年这个阶段，成长最快的公司是阿里巴巴，因为它全面拥抱互联网；第二个是腾讯，因为它也全面拥抱互联网。人们发现，增长也不再是线性的，而是量级的。

2004—2012年的发展历程告诉我们：学会基于变化的思考，就会发现市场一直在变，所以机会一定是有的，我们不用担心未来有没有机会。事实是：每两年，机会就会被调整一次，每次调整，你的机会就来了。甚至到了今天，调整的时间间隔已经缩减到一年，甚至更短，每天都在发生一些前所未有的变化。

（二）互联互通经济让合作有了新意义

互联互通经济带来的最大改变是什么？就是员工对你的期望会变高，市场对你的期望也会变高，更重要的是，你所有的创新必须来源于这种广泛的联系，所以如果还是用原有的经验来做，就一定没有办法面对这个变化的世界。这次变化与以往不同。

换个角度，用"共生"与"众享"来描述今天的经济特点，这需要每个人都做出改变，不是你自己有多强大，而是你与谁联系在一起。去年我们还在为美的与小米的组合而惊奇，今天万达与万科的联合已经让很多人"万万"想不到了。有人认为，两家公司的文化差异巨大，合作后的价值仍待观望，但这是我所乐于见到的事情，因为互通互联才是关键。

（三）除了行情与价格，技术、员工、市场的变化更巨大

人们并未关注到影响组织绩效的外部力量在发生变化。大家更关注行情、价格以及上下游供应商和分销商的变化，关注政策、资源等要素的改变，甚至大家也会认为全球化是一个非常重要的因素，因为这些外部力量对企业的绩效会产生巨大的影响。但这些如果放在之前的情形中，的确如此。

一个重大的发现是影响组织绩效的外部力量，其实跟行情没有太大的关系。甚至很多行业与政策的关联度也没有那么大了，比如房地产。而在更大范围里，全球化似乎也不是一个关键影响因素，因为世界已经平了。

那么今天，什么因素是影响组织绩效的外部因素呢？第一是技术，第二是员工，第三是市场要素。互联网技术的影响之深、之大、之巨，不再需要我去赘述，每个行业，每个人都不得不因此做出改变，传统企业因为互联网技术，甚至集体陷入焦虑，那些行业领先者在互联网技术出现的时候，显得束手无策。市场要素本身一直是影响组织绩效的外部力量。

我们习惯于把员工纳入为组织的内部力量，很少有企业把员工作为组织的外部影响因素去考虑。我之所以把员工作为组织外部因素，是因为今天的员工更应该理解为"人力资本"，而不是"人力资源"。"资本"本身的属性就是"趋利避害""市场化"与"社会化"，所以员工在今天拥有了从未有过的"独立性"及"自由性"。组织的壁垒已经被打破，开放组织才可以让企业具有竞争力，而开放组织本身，也能在一定程度上给予员工释放自己价值的机会。这是一个非常重要的变化，需要好好去理解。

（四）企业若持续，考虑这几个问题

对于一个企业而言，规模大小不是最重要的，最重要的是可持续性。因此，理解变化的第四个角度，就是对于持续性价值的判断。

企业的持续性取决于员工持续创造与创新的能力，要让企业拥有的成员能够不断地创造价值，不断引领变化，不断创新出新的商业模式。

这是一个互动与社会化的时代，因为互联网技术以及信息对称所带来的价值感知的改变，使得客户群会成为一个能够贡献持续价值的要素，不是拥有顾客或者客户，而是能够与客户建立关系，或者人们习惯所说的"社群"或者"粉丝"，建立起属于企业与客户的圈群文化以及黏性，持续性就会建立起来。

我一直很欣赏苹果和腾讯，一个是不断给你智能手机产品的惊喜，一个是不断给人们交往便利性的惊喜，在产品和服务创新上，这两家企业走在持续领先的路上。很多时候，大家会问我，技术与市场改变巨大，如何才可让企业可持续，我总是很明确地回答，回归产品和服务，机会始终是你的。

这些变化已实实在在地发生，就看我们愿不愿意做出新的判断与调整。能够理解形成思想，或者思想转化为行动，企业就会变得更优秀。

（原载：《销售与市场》，2015年第8期）

向互联网2.0转型，
如何做才是关键？

传统企业如何实现互联网转型是一个巨大的挑战。在很长一段时间，基于互联网发展起来的新兴企业，让传统企业陷入集体焦虑，很多传统企业甚至无法找到出路，进而开始怀疑自己是否还有未来。究其原因，是2015年以前被我称之为互联网1.0时代，其基本特征是消费互联网。那时，大多数传统企业与互联网的连接是间接而松散的，所以传统企业的确无法找到属于自己的机会和价值。

到了2015年，我们进入了互联网2.0时代，其基本特征是产业互联网，企业生存方式已发生根本变化，传统企业找到了释放价值的可能。因此，在这样一个时代，传统产业与互联网发生连接，已不是能不能做到的事情，不是对与错的问题，而是毋庸置疑必须去做的事情，在这一点上，人们已经达成了共识。但是，如何去做呢？这是我真正关心的问题也是我一直去努力的方向。

我很高兴看到一些企业家做出了探索性实践，一些研究者对此进程中的现象和问题进行了思考。当我拿到伊凡总编的书稿时，我非常开心，这正是一本探讨如何做的书。阅读的过程也是一个思考和认知的过程，最令我心动的是，这本书的重点正在于尝试解决如何做的问题。

该书非常难得地审视了中国传统产业向互联网转型的实践。这种审视是全面、细致而深入的，不仅提供了非常丰富的案例，而且给出了明确的判断，这项成果来源于作者作为一名行业记者和专业财经杂志从业者的广阔视野和人脉。这种审视也是敏锐和清晰的，这与作者的理性态度和专业素养有关，更是作者勤于思考和分析的结晶。

该书的很多观点我都非常认同，它们与我的观察和思考是一致的，比如我们都主张要回到企业的本源，去思考为谁做哪些服务，要为用户提供参与感，要解决谁为用户"负责"的难题;比如要慎重处理增量与存量的关系,做大增量资产,但同时又要激活存量资产,将增量与存量构建成为互补互利的生态;比如认识传统产业长期积累的数据价值,唤醒沉睡的数据,让它们再一次产生价值。

我们处于一个大转型大变局之中,难度可想而知,而最大的难度在于组织和文化的转型,真正地改变依赖于人。

(原载:《新华书目报》,2015年8月27日)

共生成长，远离竞争的价值创新

"新常态"下，"互联网+"更提供了无限的协同可能。但是与之前明显不同的是，原来的协同营销本质上还是一种竞争关系的变体。

过去35年中国完成从计划经济向市场经济的转型，在这个过程中，中国利用了丰富的资源，尤其是劳动力资源。随着经济持续的高增长和发展，很多资源和要素都变得短缺，甚至中国人口老龄化问题也在加剧，劳动力短缺在不久的将来成为现实。

在这种情况下，"新常态"的表述标志着中国调整自己的增长方式、经济结构、发展模式，这也可以理解为是对全球环境可持续发展的判断所做出的选择。实现这个选择，需要共生的逻辑与众享的价值观。

"共生"与"众享"是至关重要的，因为这意味着可持续的选择。在生存竞争中，仅仅凭着预见的能力出众并不足以让你持续成功。必须能够在预见的基础上，构建出持续发展新事业的能力并使之转换为市场成功的行动。

尤其在互联网时代，商业机会犹如雨后春笋般萌生，财富移动和积聚的速度前所未有，新的创富者和创业者层出不穷，创业及创新如大潮般蓬勃开展。

但是，冷静去观察，能够在大潮中真正成为弄潮者的还是少之又少，为什么？我不认为这些创富者和创业者创意不够，不认为他们没有发现市场机会和顾客的价值，也不认为他们无法获得资金的支持，更不认为他们的毅力和吃苦不足。核心问题是他们选择的不是持续性，不是"共生"与"众享"，只是一个机会。

中国企业在压缩式发展进程中，几度经历了深陷竞争僵局的困惑，作为突破竞争僵局的着力点，协同营销、共生营销曾经进入经营者的视线。而企业在实践中也经历了纵横协同的尝试，如价值链上下游协同、跨行业互补式协同、企业间嵌入式协同、区域模块化制造、行业内联合图存等，都是一种共生的尝试。

"新常态"下，"互联网+"更提供了无限的协同可能，但与之前明显不同的是，原来的协同营销本质上还是一种竞争关系的变体。互联网思维下的共生经营，则是远离竞争的价值创新。而互联网科技带来的这场社会变革，也使得企业"超越竞争"的夙愿成为可能。

这里有一个重要的媒介——也是企业重要的共生选择伙伴，就是你的目标消费者，准确说叫"粉丝""社群"。这里彼此已经不是一种单纯的利益关系、从产品到货币的商品交易关系，而是真正意义上的共生关系。显然，这是一门新学问。

记住，机会不会让你持续成功，因为机会稍纵即逝，唯有共生成长，并让相关成员共享价值，成功才可持续。

（原载：《华夏酒报》，2015年11月3日）

成 长

回归基点思考转型

中国企业面对的复杂程度，超过了其他国家和地区的企业，这源于几个方面。一个方面是在思维上我们比较注重看得到、摸得到的东西，但市场已经变成了看不到、摸不到的阶段。第二是因为每个人的欲求管理没有我们想象的那么复杂。我们可能很多时候会陷入自我成长的困境中，并不清楚外部如何变化。基于这样的讨论，最近几年，我一直把研究回归到最基本的未来做探讨。如果转型或者发展我们要思考的基本东西是什么？借这次华夏基石10月的管理论坛，把这个部分的研究与各位做一次分享。

我们的市场的确在改变。IBM的研究报告说，我们今天已经过渡到重构前端的业务上，以前我们注重的是产品，是企业自己内部的能力，比如我们对产品的理解，我们对技术的理解，甚至我们对成本的理解和规模的理解。但是今天我们必须转移的方向是我们要走到前端去，我们必须回到我们跟顾客之间的渐变上。回到这个部分，我们才知道这个市场发生什么变化。最近我们在观察华为为什么做手机，我们也看到所有的优秀企业做的一些调整。现在我们谈转型之路，但到底转到哪里去？我们可以有各种理由讨论，比如战略转型、业务转型、财务转型，或者增长的转型。但是所有这些都有一个根本的问题需要回答，就是你转到哪里去？那些都是路径，必须回到我们要真正转到哪里去，这是基本的要求。

我们回到顾客那里，才能真正转得过去。我们以顾客为目标，这不是一个简单的观点。想想所有的努力是不是以顾客为中心？当这些困惑变化的时候，我们有两个维度要做反思。第一个维度是对行业和顾客的理解是不是真的跟他走在一起？现在遭遇的农业发展困境，从顾客的期望来讲是可靠与安全。从产业的角度讲，必须寻找成长的空间。但土地、环境和污染的挑战，使得你在这个产业中的挑战，超乎企业自己把控的东西。在这种情况下，在产业的规律和顾客的期望之间，要真正找到成长的途径和路径就必须知道这方面发生了什么变化，或者它的挑战在哪里？另外一个维度是整个产业当中真正的价值在哪里，能不能跟顾客一起把这个价值创造出来，并且贡献你的力量。这两个维度的反思，是今天整个市场带来的根本性变化。

现在我们企业的问题在于远见不够，没有看到整个社会、整个产业发展的变化。我们的企业在今天跟过往最大的区别，就是过往的企业叫利益共同体，今天的企业叫价值共同体。我们以前比较关注顾客的利益、股东的利益、员工的利益。但现在企业的范式变了，我们不再是利益相关者，我们是价值相关者。所以企业的外延和内涵已经全部改变，今天如果仅仅关心股东、顾客是不够的，必须关注你的分销商，甚至你的终端顾客，他们是企业的构成成员。这个改变是企业经营中最大的改变，这使得我们企业管理的范式全部改变。

我们之前可能关注的是内部的成本、内部的机会、内部的组织绩效与考核，我们今天关注的是合作的绩效、成长和推进。所以，现在已经从技术、人才、内部的战略转到对商业流程的理解，对市场和顾客信息的获取上。企业的关键要素也做了一个彻底的改变。第一个关键要素就是我们之间应该是一种数据跟技术和标准的交流，而不再是一个贸易跟贸易与商业的关系。应该从企业所有的价值链环节中保持一致的追求方向和共同的工作方法，以及对产业的理解。这个关键要素已经做了根本性的改变，这种改变使得我们在整个思维方式上，要求一定要回到顾客那一端。10年前我就跟我的同事讲，唯一能解雇我们的人是顾客而不是老板。我们现在看诺基亚，非常可惜。很多大企业被淘汰，某种意义上就是因为离顾客越来越远，你只要离顾客远了，你肯定就被淘汰了。这样的变化和对公司的全新认识，使得我们对经营的认识需要做出调整。经营最根本的东西是什么？是用有限的资源创造最可能的附加价值，这是做经营的人最有价值的地方。我个人认为，在经营当中我们要回归到4个基本要素上，我们只需要在4个要素上认真做努力，因为这4个要素可以帮助我们创造更加大的附加价值。

一、第一个要素是顾客价值

我们真正获取经营上的价值，首先要为顾客创造价值。很多时候大家问我，顾客价值怎么定义。在研究的时候，我很想把定义给大家找出来，我研究发现顾客价值并不是用定义去概括的东西，它是一个描述性的概念。换个角度说它是一种思维方式。我前几天参加了一个论坛，现在所有的大会都有大屏幕，结果放片子的时候,停电了,音响系统全停了,所有的工作人员急得要命,几个重要领导坐在前面,大家被吓出一身的冷汗。我就等了两分钟,看大家怎么做。结果2分钟,他们在找原因,我就在想,现在要以顾客为中心,他们需要的是什么,就是听到声音,有没有电没有关系,屏幕在,声音在,就行。我就站起来,跟他们说,你就照着屏幕的字念,大家听到声音就可以了,这事就解决了。但是为什么这么多工作人员、管理者在那里跑来跑去,停了3分钟,没有人去想,顾客现在要什么,这就是我讲的顾客思维。

二、第二个要素是成本

成本必须合理,这个合理的成本要有竞争力,我是坚决反对低成本的。我们前30年用的低成本不是真正的低成本,我们用的是比较优势,使得我们的成本看起来低。但是我们真正讲成本的时候,必须是合理的。因为成本贡献品质,贡献所有投入的价值,成本是一个投入价值的评定。你的投入价值够,你的成本就应该高。如果成本低的时候,我会认为你的投入价值不够,所以成本必须是合理的,而且要有竞争力。我们能不能真正尊重劳动价值,真正符合工作的期望?我们对浪费怎么理解?我们是不是可以让管理再简单,再简单?最重要的是我们真正创造价值的人,是不是真的摆在一线?这是我们需要经营的第二个要素。

三、第三个要素是规模

我最近遇到很多规模很大的企业,但是不是都有效?换句话说,你拥有最大规模的人,但你并没有真正获得规模。所以,什么规模不重要,因为规模本身跟顾客没有直接关系,一千亿企业对于消费者来讲,和他没有关联。

四、第四个要素是我们的盈利是什么?

我觉得盈利一定要有人性关怀,当拥有人性关怀的时候,才能真正创造价值。为什么苹果出现的时候,会这么多人喜欢,因为它非常清楚用户的需求是什么。我从LV这个品牌上终于理解了盈利怎么做。有人问我:陈老师,你是不是认为你是成功幸福的女士?我说是。我说这还能看出来?他说能,没有一个LV的包就不幸福。于是我就去香港排队买包,在太阳底下晒着,结果进去一看一个包8000块钱,我瞪大眼问服务员一个包8000块?服务员上下看了我一眼,对我说:一看你就不幸福,你在看这些的时候,就会有感觉,你会发现它的价值会给你非常美好的感受。

这就是我们经营上需要大家关注的东西,就是这四个基本要素。

我们比较在意内部的运营和效率。战略是我们跟别人做不一样的事情,运营是我们跟别人做一样的事情。今天在运营上面,你可能要做的就是回到顾客这端,做跟别人不一样的事情。我们需要关注以下几点:

第一,我们是不是真正以顾客为中心?我有一次到企业,老板很开心,他说我们现在都是以顾客为中心。我一看,确实是,墙上挂了很多条幅,其中有一条是"我们对待顾客要像家人一样好"。然后我问他,你对家人好吗?他不吱声了。后来他又改了"对待顾客要像上帝一样"。但是中国人不信上帝。最后他终于搞懂了,"对待顾客要像对待朋友一样"。因为他对朋友最好。我举这个例子是想说明我们在理念上想得很美,但是我们没有想这就是顾客要的吗?

第二,顾客真的需要最低的价格吗?顾客需要的是价值不是价格,这些东西都需要我们真正了解的。

第三,能不能增值?你增加的价值和创造的价值是什么?我相信很多都可以,比如信任,比如我们长期的付出、内部的认同。

第四,我们是不是真正能把顾客价值传递到顾客的手中?当价值全部给顾客的时候,是不是公司就不能盈利了?我现在被问得最多的就是这个问题。不会,如果我们把价值传到顾客手中,我们真的就成功了。

第五,顾客是不是真的满意?你跟他建立忠诚的关系,才是最重要的。

最后一个问题,公司能不能变大?其他人还有没有机会?我今天还是认为,任何人都有机会进入市场,关键是我们能不能跟顾客走在一起。

(原载:《中外企业文化》,2015年第11期)

成 长

转型的进阶路径

2015福布斯全球企业2000强的榜单上,如火如荼的互联网革命和基因科技大爆炸让Facebook这类对市场反应迅速的企业备受瞩目。而许多资源类公司、新闻集团和传统工业企业的颓势也有目共睹。

大企业吃老本,根基逐渐被摧毁,产业萎缩十分明显;小企业技术空虚,潜力正在被掩盖,奔跑步伐明显迟缓。在经济奋勇向前之际,企业发展却出现了明显的不匹配现象。

事实上,任何一个行业在每一个时间段都是与时俱进的,面对新的经济浪潮和行业规则,企业就如逆水行舟,不进则退。许多企业在应对激烈的市场竞争时,固步自封,不愿进行自我颠覆、组织重构和管理进化,最终只能陷入大败退的境地。

随着互联网的跨越式发展和市场主体的盲目扩张,实体企业进行转型的必然性,毋庸置疑。但为什么许多企业折戟在转型的路上呢?对于管理者而言,需要理解的是,转型并不是简单地进行大刀阔斧的改革,而是需要循序渐进地逐步推进,细化每一段进阶路径。

一、思维结构化+创新系统化

当企业发展到一定阶段的时候,遇到的最大挑战就是组织的瓶颈和惯性。许多管理者常常说创新难,基于创新的转型更难,很大原因是整个组织的思维惯性卡了壳。

在企业转型之前,首先要调整惯有的思维逻辑,使其结构化,以符合新的发展路径。对一般企业而言,通常会存在增长型思维和非增长型思维。非增长型思维就是把KPI完成,不做冒险的业务尝试。这样的思维惯性是必须打破的。而增长型思维则是不断地努力去做，在任何情况下看到的都是机会，当然也包括危险的境遇。

所谓危机，即机会一定出现在危险之中，了不起的企业也一定是诞生在危机之中。无法否认，在商业竞争如此激烈的今天，商业机会也是前所未有的，丰富的市场资源和多元的发展渠道为企业的未来提供了无限可能。企业在应对新的商业环境时，及时调整思维逻辑，以增长型思维去保持长期的创新繁荣，并适时转型，是企业不被时代浪潮推倒的重要保证。

互联网对各大行业的冲击是颠覆性的，特别是传统零售企业，可谓是"风雨飘摇"。各种各样的超市和百货店"关门"速度非常快，大面积的关店潮让传统企业惶惶不安。来自美国的沃尔玛公司，以营业额计算为全球最大的公司，也在互联网浪潮中挣扎求存。2013年，沃尔玛转换思维，对商业模式进行比较大胆的创新，做了一个非常大的转型，花更多的时间去做一号店。一号店作为中国电子商务行业"网上超市"的先河，近年来发展势头十分迅猛，沃尔玛的创新和转型无疑是相对成功的。

二、组织扁平化+员工创客化

在企业转型时，对组织自身最大的要求就是让权力去到一线，使其扁平化。企业转型的过程中，要拆掉小组织结构，让所有的决策和资源进入到一线，因为只有一线才能带来顾客的增长。未来的组织结构应该被打碎，或许不在未来，现在就应该被打碎。

互联网厉害的原因就是可以去中心化、去平台化和去权威化。新的组织模式基本上是要求一个项目、一个团队或者一个经营单位能够独立完整地面对顾客，获取顾客的满意度，这对组织者变革是很重要的。

拥有七八万名员工的华为公司掌门人任正非，就公开提出：今天的市场竞争是一个"班长的战争"。华为改变了过去集团冲锋的作战方式，转向"班长的战争"模式，以此来抓住"战略机会点"。其理由是，"要让听得见炮声的人来呼唤炮火"。把指挥权交给一线，通过指挥权前移，让小团队在一线发现战略机会，及时向相关各方请求支援，用现代化手段实施精确攻击，这正是华为的成功经验。

除了对组织自身的要求外，对员工的要求也是企业赢得转型之战的关键。传统行业中能够懂互联网的人很少,这说明很多管理者对这个时代增长的能力已经没办法把握了。这种情况下,企业需要找到"对的人",并据此形成一种创客文化,依靠员工群体创造能力来推进企业的转型发展。

然而,很多企业总是找不到合心意的人才,原因正是很想拥有一个"对的人",即有创客精神的人。但是"对的人"确实很难拥有。

三、用户个性化+产品服务化

不仅是互联网,更多新技术的出现,给各个行业都带来了非常多的挑战。整个行业的大环境发生改变,企业对行业的认知也应该适时更新,升级产品并与用户顺利对接尤为重要。

哈佛商学院营销学教授西奥多·莱维特说:"客户要的不是5毫米的电钻,要的是直径5毫米的钻孔。"企业关注的重点要放在产品上,如果思维没有在顾客的角度,那么转型不可能成功。如果还用10年前那种必需型生产模式来衡量今天的个性化需求,就完全没有意义了。

以饲料生产企业来说,以前是农民来评价企业好不好,现在更多的是消费者从产品安全上来判断企业的好坏。如果单从农民的角度评价,最重要的标准是企业的服务方不方便、成本低不低、质量好不好,现在多了一道消费者的反馈程序,整个评价体系变了,这时候企业对行业的定位就要跟着改变。

市场是每个企业的生命源,根据不同的用户,企业要及时对产品服务进行升级换代。从聆听到学习,从吸收到消化,从模仿到改良,企业要以循序渐进的方式,真正深入市场去探索,理解顾客需求的本质是什么,增长的路径是什么,产品和技术怎么组合……

四、生产效率化+变革战略化

转型到底做什么?转型真正要做的就是对现有行业进行变革,提供行业解决方案。面对石油危机、空气危机、未来危机,全世界都喊了很久,但直到今天依然没有一个相对较好的解决方案,很大一个原因是没有将变革以战略化的形式进行实际操作。当下,市场上不缺乏转型的思想、观点、逻辑,最缺失的是用理论来指导战略化变革。

对于企业经营者来说，要积极寻求机会，而不是观望有没有机会。在不断扩大的商业环境中，没有企业强大到不可能失败的程度，企业也许不知道新的游戏规则和新的竞争者会在哪里出现，但生命力旺盛的企业会善于发现没有被完全占领的空间，并依据现有环境和未来规划做出战略调整。

企业在进行战略调整时，会面临很大的挑战，而这个挑战要由外向内看，而不是由内向外看。事实上，由外向内看的原则很容易理解，即从外部的大环境中审视企业，据此反省企业的能力，特别是核心能力要不断重新构建，确定一条持续增长的路。

不难看出，企业要在转型的过程中实现持续增长，最核心的是实现生产效率化。二次世界大战，同盟国之所以取胜，很大一个原因是通过提升劳动生产效率来进行自我改造。现在，虽然中国的GDP增长迅速，甚至可以说一切发展都非常漂亮，但在效率上并没有明显的进步。没有效率上的进步，结果就是消耗所有资源去获得浮于表面的增长，对整个行业的转型并没有真正的促进作用。

如果国家和企业要真正地转型，本质上的要求就是提高效率，将变革战略化和生产效率化合二为一，这样转型才有可能成功。

在今天这个时代，企业最重要的不仅是解决问题，还要找到机会，兼备多种复合能力才可以更好地面对顾客。不管新常态如何，整个国际形势如何，增长才是硬道理，转型一定是企业踏上更高台阶的必然选择。

（原载：《北大商业评论》，2015年第11期）

 成 长

众筹是中国难得一遇
领跑世界的机会

经济学研究的核心问题之一是如何有效地配置资源。在理想条件下，资本总是会流向产出最高的部门，通过追求自身回报最大化的行为促进社会财富的积累。然而在现实世界中，资源往往无法得到最有效地利用。市场解决这个问题的方法很简单，就是由专业的组织代替资源所有者行使配置资源的权力，例如风险投资基金。另一方面，通过人为设立规则，也能够对资源的有效利用加以促进。几百年来关于现代公司制度的不断进步和完善，从某种程度上说也是服务于此目的。

认识杨勇，是因为皖虎的介绍，参加了一次"金融客咖啡"的能量晚餐，之后我们有机会做一些交流，让我对杨勇以及他的伙伴们有了一种全新的认识，也对"众筹"有了更深的认知。"众筹"作为一种集合人力、资金共同"办大事"的方式，虽然很早就出现，但是，随着互联网技术的发展，信息传播的成本大幅下降，"众筹"被赋予了更多的表现形式和更大的实现空间，被赋予了更大的可能以及正在被证明为更加符合这个巨变时代的一种发展模式。人与资本组合的价值最大化，无论如何都是今天发展中需要关注的核心要素，而杨勇的实践恰恰给出了一个明确的示范。

在我的研究中，知道中国企业在过去30多年中，一直希望具有真正的全球竞争力，而现实是我们一直处在一种跟随、学习和被动发展的过程中。这里有技术的原因，有资本的原因，也有人才和机制的原因。我感叹于"众筹"模式，是因为这种成长方式，是基于人与资本组合价值最大化的方式。很多年前在我的著作里就阐述过这样一个观点：领先的跨国企业与中国企业之间最后的差距，一定是人力资源的差距。如果我们的企业不能够切实解决人的价值如何发挥的问题，我们也就无法真正走到领先的道路上。关注华为的人一定关注到"以奋斗者为根

本"的核心理念,如何让更多的企业和管理者,以一种更容易的方式来释放人的价值,杨勇的"中国式众筹"应该是一个值得借鉴的选择。

杨勇的《中国式众筹》这本书分为四个部分,第一部分通过对"北大1898咖啡馆"众筹案例的分享,引出了作者对于"众筹"逻辑的理解;第二部分介绍了"金融客咖啡""佳美儿童口腔医院"等4个众筹案例,并提出了"人才众筹"概念;第三部分聚焦在作者从成功的众筹案例中总结出的实战经验;第四部分则是论述"众筹"对于现实经济的影响和贡献。

基于互联网平台的众筹融资模式在发达国家兴起10多年,由于他们拥有较完善的投融资体系、更成熟的社会契约文化,"众筹"体现更多的是交易型融资。在中国,由于独特的文化基因和制度环境,作者认为"中国式众筹"的核心不是"筹资"而是"筹人"。即将众筹项目未来发展所需的资源提前锁定为股东,变外部交易为内部合作,以资源匹配、激活和置换实现共赢。通过众筹项目对股东的正向回馈,增强股东在过程中的参与感、归属感,使其不再简单扮演出资人的角色,而是主动将自有资源与众筹项目进行组合。与此同时,建立众筹参与者由成员推荐的机制,借助熟人圈的约束力,降低可能存在的道德风险。通过对"北大1898咖啡馆"案例的细致分享,作者总结:中国式众筹,核心是精挑细选有共同价值观、共同愿景、靠谱的人。

除了"北大1898咖啡馆",书中还详细介绍了4个众筹案例。4个案例中,"金融客咖啡"和"经心书院"是注重社交平台属性的项目,众筹参与者通过筹资建立一个社交场所(咖啡馆或书院),从场所的日常经营以及圈子内人员在该场所发起的交流活动中获益;"佳美儿童口腔医院"和"花色优品"则是注重财务回报的项目,这些项目不仅得到了出资人的资金支持,还有他们的智慧、人脉、客户、合作伙伴等资源,其估值通过众筹得到了提升。而众筹出资人除了财务回报,还能享受到被投资企业的优惠服务。"佳美"案例已经被全球十几家商学院作为股权众筹的标杆案例进行研究。

作者在该部分提出了"人才众筹"的概念,类似于企业IPO,将人才未来创造的收益提前变现。投资人"购买"一部分该人才的"股票",而被投资人则通过让出自己未来的一部分收益权增加现阶段的财务自由,而能够更加专注于价值创造的工作本身。这样的人才可能是优秀的学生、创业者、企业高管,也可能是拥有稀缺专业能力的人。作者认为,在人力资源严重错配的当今社会,通过"人才众筹"将优秀的人才从桎梏中解放出来,具有重大的意义。经过对"中国式众筹"的概括和具体案例分析之后，作者结合自己亲身经历，从心态准备、操作流程、关键要素、风险管控四个角度梳理了"中国式众筹"所需要关注的事情。每个角度均详细地列举出要点，并结合实践经验进行分析。

最后，作者就"众筹"这种商业模式对社会经济的影响进行了探讨。作者认为"众筹"的直接作用是可以改造升级传统的社会组织，因为它更加灵活、透明、去中心化，并且更容易实现资源的整合。甚至未来的商业组织也可能采用众筹的模式构建，只要先设计好商业模式和利益链条，剩下的工作就是搭配资源、提供产品和分配利润。此外，众筹更易帮助创业者和人才实现价值创造，进而为区域经济增长注入活力，优化资源配置。作者提出：未来是一个"众筹、众治、众享"的社会，它要求每个人都要贡献自己的价值，同时也保证每一个人在公认的规则上获取利益。众筹的未来是"自由人的自由联合"。

我认为《中国式众筹》这本书的特点可以概括为："一个逻辑、一个核心和一个亮点"。"一个逻辑"指的是作者对于"中国式众筹"特点的思考，结合金融融资的特点和中国人圈子文化的特点，对"众筹"这种商业模式在中国发展的逻辑进行了总结。"一个核心"指的是作者对于众筹项目的实战经验总结，其中所有要素都经历了理论和实践双重检验，对其他众筹项目的参与者有非常宝贵的参考价值。"一个亮点"是作者提出的"人才众筹"概念，资本市场的建立帮助无数企业获得持续创新探索的动力，而社会也分享了企业进步创造的财富，相信"人才众筹"对于整个社会的意义亦不亚于此，它将极大地解放个人的价值创造能力。

我想对于"中国式众筹"，也有一些问题值得继续思考，那就是"中国式众筹"是否是一个特定阶段、特定规模和特定方向的产物？

首先，经济和文化是不停变化、相互影响的。特定的文化传统往往和经济发展的特点有很大关联性，"中国式众筹"逻辑中预设的中国文化特点，会不会随着经济的发展产生变化，使得这个逻辑失去赖以生存的文化基础？

其次，书中所强调"中国式众筹"的一个重要特点是资源整合。当出资人甘愿付出除资金之外的个人资源时，必定也是因为众筹项目为他带来了除资金之外的回报。正如书中所提到的"圈子、面子"，倘若市场上能够以更低成本购买到这些"圈子、面子"，众筹对于参与者而言是否还具有吸引力？

最后，在投资心理上，个人对于"小额"投入的风险厌恶程度要低于"大额"投入，这是众筹的优势之一。倘若众筹模式在全社会不断推广时，大量的资金参与到大量的项目中，从整体上看，全社会对于众筹项目风险的偏好将会回归到正常水平，这是否意味着众筹模式的风险优势仅限于"小规模"？

我相信有关这些问题的探讨和答案，会在实践众筹模式的案例中不断被解决和被验证，我也更期待杨勇及其伙伴们能够创造出更多的奇迹和不断被验证的实践案例。

最后引用狄更斯《双城记》的一段话："这是最好的时代，这是最坏的时代；这是智慧的时代，这是愚蠢的时代；这是信仰的时期，这是怀疑的时期；这是光明的季节，这是黑暗的季节；这是希望之春，这是失望之冬；人们面前有着各种事物，人们面前一无所有；人们正在直登天堂，人们正在直下地狱。"这也许是对我们这个时代最好的诠释，一切都在于你如何去适应和面对，希望透过本书，让你可以成为时代的弄潮儿！

（原载：《经济观察报》，2015年11月17日）

互联网时代需要怎样的管理变革？

李健熙曾经在1993年对三星进行全盘改革，提出了一个让我非常喜欢、也到处传播的观点——"除了妻儿，一切皆变"。到了2013年、2014年，他一次又一次向三星人发出明确指令，提出必须做出改变。为什么他会明确提出这样的要求？因为在李健熙看来，未来是不可预测的，未来只能是用来创造。如果未来是要创造的，根本在于人能不能够真正发挥作用，也就是激活人。

第二个例子是IBM，IBM从2011—2014年也是利润和收入双下滑。其实，2011年至今，IBM在战略或趋势上的判断都是对的，而且它在做市场布局、战略调整的时候也开始打造全新的战略布局。可是为什么所有的战略都是对的，而且有资源做布局的时候，它们还是出现下滑？根本的原因就是行动速度不够。

这两家企业的例子告诉我们，在企业发展过程中，在今天无论你有多好的判断，无论你对转型有多大的意愿，假如不能激活人员，不能真正释放所有人的能力，不能真正把结构打破，不能拥有足够的创造力，其实你没有办法面对今天这样一个市场——哪怕你曾经非常成功。这使我们不得不去思考一些问题，而这些问题是深入到管理中的根本性话题。

第一个核心问题，在今天，因为互联网技术的出现，商业模式的成功非常关键，因为互联网技术，商业模式会大量涌现。可为什么商业模式本身确定了之后，组织并没能取得成功？因为商业模式的成功取决于组织是否能够建立以客户价值为核心逻辑的一种组织形态。每一个成功的企业都很了解这个核心逻辑，问题是我们的组织如何体现这一核心逻辑。

另外一个问题，其实是我们管理学界和企业界最近非常焦虑的问题。很多人在质疑100年的管理理论和理念，在互联网的技术下是否真的会过时？因为很多人都在谈去管理化、去中心化、去中介化、去KPI。甚至很多人觉得在这种情况下，如果不能调整，整个管理理论、体系可能就会被打破了。

现在想一想，是不是管理过时了？我们处在一个什么样的时代？

我们今天所处的时代，其实是一个共享经济的时代。在共享经济时代，到底发生了什么变化？

我们发现，同样在做一件事情，当能够用"倡导＋连接＋合作"的时候，比如Uber和逻辑思维这样的模式，它的成长速度非常快，而且能够让人在很短的时间了解到这个商业模式本身，并转化成最有效的成果。我们看星巴克做个品牌需要32年，现在以同样的影响，获取同样的价值，你会发现空中食宿只需要5年的时间。

今天的企业遇到一个非常有意思的情况，就是企业本身必须是一个自媒体，它的沟通和交互是没有边界的。它会用最小的成本获取最大的资源，就像我们今天看到出租车行业的调整，像我们看到的逻辑思维。这类非常有意思的新兴企业用很短的时间、最小的成本，却可以整合最大的资源，创造出一个又一个商业神话。

这种共享经济的实现，另外的价值又会体现在哪里呢？其实就是我们接下来要讨论的另外一个话题，即雇员社会将要消失。100年来管理学的研究，其实都基于一个前提，就是会有雇员为主的社会出现。雇员社会的出现，创立了一个非常好的结构，非常有效的分工，使得人们对于目标的贡献具有非常大的效率。

所以，我们也发现在这100年当中，出现一个非常有意思的角色，就是职业经理人。职业经理人的出现，使整个雇员结构发挥了巨大的效率。

然而，当拥有这么多可能性的时候，人们会越来越感受到雇佣关系会伤害创造力的发挥。对管理者来说，原来是雇员需要了解组织的需求，现在是组织必须了解雇员的需求；原来是成员依赖于组织才可以创造价值，今天其实是组织要依赖于成员才可以创造价值。组织跟成员之间的关系有变化，这种关系已经不再是服从和雇佣，而是一种平等与合作的关系。有人甚至会希望能够成为一种平等的网络关系。

另外，今天环境变化所带来的更加令人振奋的变化是个体价值的崛起。多年前看彼得德鲁克著作的时候，他对管理学一个很大的贡献，就是把劳动力转化为一个全新的概念，叫知识员工，而知识员工的出现，使得个体的自主性变得更加有价值。

今天，知识员工可能又会被另外一个名词所代替，Google在自己的新书《重新定义企业》里面，提出一个概念——"创意精英"。

创意精英的出现，使得整个组织具有更大的创造力。组织必须要为创意精英提供一个非常好的组织形态。什么样的组织最受欢迎呢？回答是，更加重视工作挑战和多样性的学习方式，没有等级、层级结构，没有僵化的系统，每个人觉得自己可以贡献价值，随时看到最终结果，能够迅速学习，并且涉足更广泛的一系列技能的组织更受欢迎。

这样的一种个体价值的崛起，其实对组织管理理论的挑战非常大。这个时代对管理提出了新的要求，我们把它称之为一种新的工作体验。

今天，所有的组织和商业系统都必须要创造一种更加丰富和更具吸引力的商业体验。如今我们也把很多商业场合称为体验中心。同样的情况也体现在我们的工作环境中，我们也需要给个体非常好的工作场景体验。当拥有这样一个工作场景体验的时候，其实个体价值会很好地发挥出来。如果去看一些新兴的企业，无论到腾讯还是Google，都有非常好玩的工作体验场所。

因为共享经济的出现，雇佣社会将要消失；因为个体价值的崛起，给我们的组织管理带来了非常大的环境改变。今天的组织管理已经被赋予新内涵，表现在三个部分：

第一，个体跟组织之间其实是共生关系。我多次引用任正非讲过的一段话，他说他现在才终于明白，自己实际上是没有什么力量的，只有跟几十人、几万人走在一起的时候，他才可以摸得到时代的脚。我转述这句话的时候也在提醒自己，必须如他那样思考，因为只有个体跟组织有共生关系的时候，才能跟得上时代的步伐。

第二，组织必须外部导向。我们在组织管理的过程中，会发现一个蛮有意思的现象，就是我们从事管理的人特别喜欢开会，大部分组织管理者也都是在内部进行交流，所有的决定和判断也是来源于内部的思考。这恰恰是我们今天在组织管理中一定要调整的部分。你必须是外部导向。我非常喜欢的一句话：实现目标并不是庆祝的理由，而是重新思考的理由。

第三，组织需要打开内外部边界，这在今天显得更为紧迫和急切。组织如果有能力打开内外部边界，才有能力面对所有变化，并整合新的能力。以今天的互联网技术发展以及创新的速度来讲，我相信大部分企业的能力都是不足以面对挑战。那么，唯有把边界打开，把能力整合进来。这是对每个人最根本的要求，好企业都会做到这一点。

我经常举英特尔的例子，它之所以能够保持这么好的创新活力，在很大程度上是它能够把上下游供应链整合在同一个管理框架下。有人问，你为什么可以发展得如此之好，英特尔回答说，对于顾客的需求，我们可以在两个小时内组合我们20个合作伙伴来解决顾客的问题。我想这就是一种把合作能力整合到管理当中的组织管理新内涵。

（原载：《中国企业家》，2015年第22期）

别让"大企业病"阻碍创新

一本名为《谷歌经营之道》的书写道：未来组织的关键职能，就是让一群Smart Creatives（有技术知识、业务特长，同时还有创造力的复合型人才）聚在一起，快速地感知客户需求，愉快地、充满创造力地开发产品、提供服务。那么什么样的人是Smart Creatives？一句话，Smart Creatives不要你管，只要你营造氛围。传统的管理理念不适用这群人，甚至适得其反。

你不能告诉他们如何思考，给他们命令不但会压抑他们的天性，也会引起他们的反感，甚至把他们赶走。这群人需要互动、透明、平等。

对此，我想分享自己对三星、IBM两家全球500强的分析。

先看三星。2013年三星集团的销售额超过3000亿美元，并且在研发上持续加大投入，2008—2013年，平均研发投入增速为21%。然而这家如此重视研发、在行业绝对领先的公司，却在近两年出现下滑。

另外一家我长期研究的公司是IBM。IBM是为数不多的拥有百年历史的跨国计算技术和IT服务公司，其2014年的收入为928亿美元，是计算机软硬件行业的长期领跑者。1991—2014年，它的变化非常大，包括产业模式、商业模式、计算模式和市场模式等。

可是，为什么业务还是下滑？大量企业开始使用云服务，对大型服务器等IT基础设施的需求下降，导致IBM传统服务器业务萎缩。2014年IBM系统与技术事业部调整后收入减少22亿美元，较前一年下滑17%。我认为其根本原因是行动变化的速度不够。

虽然所有的理念都是对的，所有对市场的判断都是对的，但行动变化速度不够。我相信无论谷歌、Facebook还是那些真正理解这种变化并行动迅速的公司，都已经走到了IBM的前面。

这就是残酷的现实。如三星、IBM，究其根本还是犯了大企业病，整个组织太多层级与官僚，太过依赖组织本身的核心能力，以及组织拥有的强大经验与技术，忽略了对于个体创造力的激发，以及个体价值的认知。

福布斯中文网刊发的题为《为何大学毕业生成批涌向初创公司》的文章认为，"初创公司"曾经是一个指代小企业的行业术语，但现在让人联想到一种令人兴奋的具有企业家精神的生活方式——越来越多受过高等教育的年轻人正在选择这种生活方式。

我曾和一部分年轻人交流过，也认识一些被称之为连环创业者的人。这些年轻人强调在初创公司工作最令他们感到愉快的是：没有等级职位划分的层级结构，没有大系统的僵化与内耗，拥有很多让他们自己觉得可以贡献价值的感觉，并可以看到最终的结果。许多人表示，在初创公司里，能够非常迅速地学会涉及范围更广泛的一系列技能，而不是像大型企业那样被固化在一个狭窄的职位通道里。

这也许是三星、IBM这样的大公司，在今天遭遇下滑挑战的根本原因所在。因为这些公司组织臃肿、层级复杂、条块划分，大多数新进员工都需要一番艰苦的历练，才有机会展现自己的才华。这一切，让那些具有创新精神的新员工望而却步，企业也就随之丧失了创造力。

（原载：《支点》，2015年第12期）

成 长

中国企业研究十大问题

据美国《财富》杂志报道,美国中小企业平均寿命不到7年,大企业平均寿命不足40年。而中国,中小企业的平均寿命仅2.5年,集团企业的平均寿命仅7～8年。美国每年倒闭的企业约10万家,而中国有100万家,是美国的10倍。不仅企业的生命周期短,能做强做大的企业更是寥寥无几。

在20多年前,我一直认为管理学的研究是需要有本土化特征的。也就是说,管理学的研究一定要回答自己的企业会遇到什么问题。所以,我也希望,这个研究能够让全世界去了解它,但是我相信那需要一些条件。中国到底有没有这样优秀的企业,这些优秀企业能不能真正有助于我的研究?

为了这一梦想,我关心企业的十大问题,并且一定是沿着这十大问题去研究:

第一个问题,企业的整个成长有没有内部的推动力,内部的推动力到底够不够?这是我特别关心的一件事。所以,无论我到哪个企业,我都非常在意它的内在动力。

第二个问题,企业选什么样的管理方式?我认为不管企业如何选择,有一点必须做到,就是得有属于自己的管理方式,这是我第二个关心的问题。

第三个问题,企业跟市场是什么关系?一个企业一定要回答它以什么样的形态、什么样的方式进入这个市场。它一定要解决这个问题。

第四个问题,企业的战略应该怎么安排?

第五个问题,企业一定要解决它自身的文化问题,不解决企业自身的文化问题,就没有办法研究企业到底怎么可持续。

第六个问题,企业核心竞争力到底在不在?我们始终要回答,核心竞争力到底是什么。

第七个问题,企业对市场的响应速度够不够?

第八个问题,企业愿景是不是可以永久地支撑我们?我对中国企业比较担心的就是它的愿景，它的崇高信仰和追求找不到。某种意义上看中国的很多企业很像一个商业机构，不像一个企业机构。企业与商业最大的区别是什么？商业是判断机会，企业是要坚持韧性。这件事情我们要做了，就不管它多跌宕起伏，我们都要坚持，这是企业。

第九个问题，企业可不可以真正转型？或者变化，或者变革，这肯定是要回答的一个问题。

第十个问题，企业为这个变革做的布局到底是什么？

我们做研究的肯定要专注于自己的一些研究话题，我会关心这些基本的问题。这些基本问题我是花了20年的时间追踪了5个企业，就是看看1992—2012年，在这20年当中，中国哪些企业活下来了，而活的过程当中他们做了什么事情，这基本上是我研究的主要问题。

（原载：《中外企业文化》，2015年第12期）

"水样组织"成就共享时代

管理,需要在互联网时代提供新的范式,即一种基于共享价值为基础的新范式。互联网带来个体价值的崛起,使得员工脱离传统雇佣关系,原有的组织平衡被打破,整个组织管理就必须转型。那么,组织形态将走向何方呢?

我认为在未来,一个有活力的组织的理想状态,应该是"水样组织"。

像水一样的组织,水很纯净,可以洗涤掉污浊;水很柔,具有无限可能,遇圆则圆,遇方则方,变化无穷;但是它又能够克服所有困难,滴穿顽石,磨圆棱角,包容一切。

这种特征表现在组织里,就是每个人习惯协同,像水一样变换。在这件事情中,你可能是最普通的人,绝对服从另一个人;在另一件事情中,你最重要,别人都要服从你。

虽然这样理想的组织还没有出现,但毫无疑问,未来企业将走向"水样组织"。

其实不管处于什么环境,企业始终会面临两大挑战:一是组织能不能适应外部变化?二是组织能不能让内部的人保持激情?而"水样组织",恰好是解决这两个挑战的绝好"武器"。

如何让组织具有更大的开放性和包容性,将决定着企业能不能创造共享价值。

一、未来企业有组织无结构

传统组织都有层级、有结构。其好处是易于分配资源、权力、利益,有分工和效率。坏处是一旦有了结构,组织就会产生路径依赖,有既得利益群体,甚至有腐败。当组织要进行变革的时候,既得利益者就会变成阻力。

但是,如今关键问题不在于结构优缺点的衡量,而在于技术的瞬息万变。

以前,一个新技术转化为新产品的时间大概为几年,而现在的转化以秒为单位：可能昨天还在思考的问题，今天就已经产品化了。

企业的结构是相对稳定的，但稳定的结构无法匹配上快速的变化，无法匹配极不稳定的外部变化。所以，结构就会伤害组织的新决定及面对变化的能力。结构和变化就形成悖论，稳定和不稳定形成矛盾。

为了适应快速变化的环境，未来的组织应该是没有结构的。这叫作适者生存。

没有结构的组织，现在被理论描述出来的是"团队"。团队没有结构，典型的就是体育运动队。例如足球队，队长是领导人，还是教练是领导人，还是守门员是领导人，还是前卫是领导人？谁都是，又谁都不是。

在球往前攻的时候，前半场的前锋就是领导者，他决定怎么踢；球到了球门，守门员就是领导者，所有人都得服从他，尤其是罚球时，守门员告诉队员站哪儿，就得站哪儿；一旦进入比赛场地，则是队长在组织全场，中场协调；一旦离开球场，就是教练说了算。这就是标准的团队，没有结构。

在我的认知里，最接近这种组织理想状态的国内企业是华为。华为最成功的就是组织能力。华为一直在打破组织惯性，其实行的轮值CEO制打破了传统的管理岗位。好的企业，往往在于组织能够打破自己的平衡。

二、难点在于人性

不过，"水样组织"的成熟形态还没有真正产生。其根本原因在于人性，人要完全将"自己"打掉，才能有一个像水一样开放合作的组织，所以很难。

比较贴近"水样组织"形态的是3M公司，它曾开发了6万多种高品质产品。在3M，员工可以用15%的上班时间做任何与工作无关，但可以激发创意的事情。一旦有了创意，其产品创意小组有非常大的自主权，由各种专门人才专职共同参与，任务无限期，自愿加入。如果失败，没有任何惩罚；如果成功，会立即获得奖励。

而在华为，员工的级别序列从0级到26级。华为人骄傲的不是当总裁或副总裁，而是自己是多少级员工。华为人的收入与岗位不相关，只跟责任相关。华为巧妙地用职级替代了结构，已经有些像"水样组织"了。

GE前CEO杰克·韦尔奇推出"无边界管理"，旨在完全打破结构。只要一件事，哪个员工能干，就交给这个员工，即使和管理权限有冲突。韦尔奇的想法是消除各个职能部门之间的障碍，工程、生产、营销及其他部门之间能够自由流通、完全透明，以此来解决生产柔性化和机械化之间的矛盾。

"无边界管理"在共享经济背景下，尤其适用。因为给企业创造价值的"员工"，不仅来自组织内部，而且越来越多的是外部力量。这时候，需要消除的是"组织墙"，而不只是"部门墙"。

未来的组织，一定是非常强调灵活性、开放性，甚至无边界的组织模式，让组织成员（不分内外）在你的平台上充分发挥作用。那么组织的最大价值，就在于连接与共享。

三、改变应从高管团队开始

如何实现"水样组织"？要从管理团队开始。

核心管理团队首先变成真正的团队，有角色不要有结构，高管团队先实现决策多元，在这个问题上A听B的，在那个问题上B听A的。只有先将高管团队往"水样组织"方向推进，才有机会往下推。

再以华为为例。华为高管团队成员为责任而组成，因需要而变动，对自己的责任负责。高管团队的成员责任感越强，向更有活力和生命力的"水样组织"变化的可能性就越大。

因为有足够的责任感，一个普通人都能够超越自己，创造奇迹。责任感就存在于人类天性之中，只要将责任感激发出来，"水样组织"的到来就为期不远了。

这个激活的过程，需要一个共识，那就是以共享价值为基础，而不再以分工为基础。

（原载：《中外管理》，2016年第3期）

企业：请拿掉"传统"两字

快速带来名和利是互联网最大的诱惑，也是令所有人为之紧张焦躁的缘由。那些快速增长的成功企业真的是借到了互联网这股东风吗？那我们这么多的"传统行业"，"传统企业"到底还有没有机会？

我们都知道这个时代一个最大的难题就是：变化。在变化的时间怎么做经营的选择？我最近感触最多的就是大家无处不在的焦虑。比如说有的制造企业听到互联网完全不知道该怎么办。在回看互联网的时候，就能发现人们焦虑是有原因、有道理、有理由的。因为你会发现那些很年轻的新兴企业，很年轻的企业家用很短的时间就聚集了最大的财富并成就了最大的梦想。互联网最大的诱人之处就是让你能瞬间得到名与利，这样一个刺激太可怕了，因为这是人性内在的需求，也正是因为这样让所有人都很紧张。所以我们要学会让自己的心安定，当然心安定的根本原因还是你要在市场上站得住脚。所以不管对互联网怎么看，作为企业的经营者还是要做出真正的选择。

我们都知道技术的改变是可以让企业变得非常快，比如摩托罗拉曾经雄踞世界第一，然后被诺基亚替代。再看苹果三四款产品，出货量数千万部。三星以一个更加策略性的方式找准自己的产品，它通常的方法是垂直整合，把成本与利润整合一并做完。不过，今天你会发现又有这样一个企业，不可估量它的未来，这家企业就是华为。造成这些变化真的是互联网的原因吗？有时候我们会因为外部的现象，而忽略了背后的原因是什么。我不认为这是互联网的原因，根本原因是一个企业不管走得有多远，不管曾经多么大，如果忘记顾客就一定会失败。所有失败的企业根本原因不是因为技术替代，而是因为它离顾客越来越远，它真正被淘汰实际上是被顾客淘汰而不是被技术淘汰。

我们看到那些成功企业，基本在这四个方面做得很好：第一，它一定会创新；第二，有非常强的危机意识；第三，最高领导者的坚持；第四就是企业的真正追求。

简单说来，对互联网并不需要太焦虑，因为那仅仅是技术，或者说这个技术特别的地方是因为它改变了所有人的生活方式。只要你能基于消费者去做创新，我相信你还是可以活得很好。所以我想告诉大家的是，核心是要思考你为什么增长，而不是去考虑新技术给你带来的压力和挑战是什么。对企业的经营者来讲，如果外部环境不提供机会给你，你就不要考虑外部环境，除非你打算不做了。如果你打算继续做，最重要的是寻求机会而不是看有没有机会。如果从这个角度讲，没有任何公司会因为规模扩大而不能再增长。

我特别喜欢沃尔玛，这是一个规模非常大的公司，但是这家公司依然在寻求增长。我们都知道互联网对它的冲击应该是最大的。我最近在北京的时间比较多，感受最深的就是大面积关店潮，特别是各种各样的超市、百货店关的速度非常快，上个星期可能还有这个店，下个星期就没了。但是沃尔玛没有受到干扰，因为2013年它花了比较多的时间去做一号店。

没有任何的行业可以说它是百分之百的成熟，虽然大家喜欢谈传统企业会怎么样，传统制造业会怎么样。我希望从今之后"传统"这两个字可以拿掉，任何一个行业在每一个时间段都是与时俱进的，不存在"传统"这个概念。所以你应该说，我是制造业，但是是一个新的制造业；我是服务业，但是是一个新的服务业。我相信这是一定成立的，因为你总能发现没有完全被占领的空间。我前面谈到手机产业的调整，实际上就是告诉你，成功只能意味着过去，你也许不知道新的游戏规则和新的竞争者会在哪里出现，但是它一定会现身。没有任何公司能成功到不可能失败的程度。

希望企业拿掉"传统"两个字，安下心来思考为什么要改变，如何牢牢抓住顾客。这才是应对快速变化的世界，应对转型需要做的本质事情。

（原载：《北方牧业》，2016年第6期）

不景气的环境
反而是好公司的机会

这是一个巨变的时代,甚至可以说没有对手,因为每一个行业都会出现全新的参与者,每一个原有的对手都在改变,每一个企业都在转型或者创新。你要做什么,完全自己说了算,这正是巨变时代最好的地方。

现在的环境变化非常激烈,但最激烈的时候就是最好的时代,因为越是激烈的环境,一些企业消失的速度会加快,存活下来的肯定是好的企业。2015年是个分水岭,是巨变的时候。事实证明,如果今天及以后你还在依赖旧有的模式、传统的竞争优势,发展就会受到限制。怎样转变自己,如何构建新的合作关系,这是管理者要去考虑的事情。

在这种巨变的环境下,很多行业也遭遇了从未有过的困境。恰恰是这样,2016年是一些好公司的机会,也是创造与创新型企业崛起的机会。因为经过2015年这个分水岭后,竞争会更激烈,大家意识到创新商业模式很重要,贴近顾客很重要,自我转型很重要。

当所有人都明白的时候,趋势变得更加明晰,关键看行动力。这也是为什么我说是好公司的机会,因为好公司最明显的特征,就是行动力。只要在以下三个方面做出行动,你的公司也会是一家好公司。

一、效率取胜

如果某个环境下是最好机会的话,什么样的企业能够获得这个机会?是效率取胜的企业。

整个市场增长不明显或下滑的时候,行业内部结构的变化或调整会加速,也就是在淘汰中会带给一些企业机会。行业调整靠什么？靠效率，靠布局。同样的事情，你比别人做得快，做得早就会成功。

2016年，很多行业的做法完全趋同，人们都在服务、品质、成本以及顾客互动中做出努力，你做服务他也做服务，你提供成本能力他也提供成本能力，你做技术他也做技术，你提出品质保证他也提出品质保证。对于顾客需求的理解越来越数据化的时候，大家的做法会趋同一致。谁能赢？谁的效率高，谁协同力强，谁的团队行动快，谁就能赢。

二、模式创新

当企业之间做法一致时，就要创造新的东西，而一般把新的东西称作模式。近几年来，互联网中许多企业做出很好的成绩，在市场上贡献了新模式。这些优秀的互联网企业，之所以值得赞赏，不是因为他们海量的数据、超高速的增长以及资本市场对其的追捧，而是因为他们的商业模式，他们设计分享的模式以及与顾客互动的模式。

当企业有了自己的模式，别人很难学会。因为模式是系统工程，是一个系统的解决方案，也是企业优势本身。无论是腾讯的微信、阿里巴巴的支付宝，还是滴滴的出行方案等，因为模式的创新，完全重组了行业以及产业的布局，让全新的市场被焕发了出来。如果寻找到新的商业模式，这个时代机会就是你的，你甚至不用管对手。

三、以"我"为主

这是一个巨变的时代，甚至可以说是没有对手的时代。因为每一个行业都会出现全新的参与者，每一个原有的对手都在改变，每一个企业都在转型或者创新。所以，你不知道谁是你的对手，或者可以理解为你没有对手，你只需要把自己做好。你要做什么，完全可以自己说了算，这正是这个巨变的时代最好的地方。

如果不是巨变的时代，你就要盯着对手去做。在相对稳定的市场中，每个人都在抢夺增长，其实是你死我活的竞争。而在巨变时代，你必须盯着顾客，盯住自己，让自己活下去，你必须按照自己所理解的顾客逻辑去做，需要明确自己的发展方式，而不受外界或者对手的干扰。你完全不用考虑竞争对手，因为竞争对手也在变,对手会变成什么样子,你是不知道的,甚至他自己也不知道,这是相对论。所以你要把握你的节奏。

明确自己的方向,坚持与顾客在一起,拥有行动力,这是我所认为的一家好公司的三个主要特征。让我们一起努力成为一家好公司,以赢得市场机遇。

(原载:《销售与市场》,2016年第4期)

企业家如何面对不确定性？

这是一个巨变的时代，在这样的时代中，依然有许多企业做得很好，也有很多企业被淘汰。人们不禁要问：这些企业为什么被淘汰？是被市场还是被技术淘汰？实际上，这个问题的答案是这些企业自己淘汰了自己。

在我看来，原因就是组织不适应这些变化。归根结底，不适应变化的组织的核心问题是里面的人不具备应对变化的能力。那么组织管理的核心到底是什么？从逻辑上来讲，组织管理核心命题就是价值贡献、价值评估、价值分配。把这三句话用的最好的企业是华为。可是反过来，我也可以把它说得更简单一点：组织管理的核心就是有一个核心团队。这个团队能够不断引领这个企业向前走，然后与时俱进，甚至在某种程度上，还稍稍领先半步。

互联网时代管理者真正遇到的挑战，除了如何让组织具有生命力之外，还有第二个挑战就是如何管理不确定性。因为今天只有这个是真实的：不确定。

一、三个改变

对于传统企业而言，要不要接触互联网、是不是要有互联网精神，关键在于要意识到明确的信号：有一个正在崛起的巨大群体，而这个群体在逐步主导着整个消费市场。这就要求企业最该关注的是消费和顾客的变化，他们的变化会引领着一切的变化。

第二个改变是渠道。渠道一定会改变，整个传统渠道的中间消耗是非常大的。传统渠道价值链是线性价值链，这意味着信息不对称、中间环节过多、链条长、产业效率低、用户主动参与成本高和信息化程度低。GE公司最近的转型告诉人们，从提升效率中也能找到自己的商业模式。

而现在渠道从垂直型、扁平化走向网络化。网状价值链具有运营数据化、渠道扁平化、信息共享化和协同网络化的特点。谷歌阿尔法之所以能够战胜人类，是因为将价值策略和网络策略进行复杂重组，形成复杂的网状策略的选择与平行策略的选择的重叠。这意味着不再靠经验做判断，不是使用替代，而是重组和重合的方式。

第三个改变是行业价值的出发点。这意味着企业依靠"内部资源能力"和"外部合作生态"形成持续的"价值创造""价值传递"和"收益获取"的内在系统逻辑。因此企业要回到真正的顾客价值，回归人性。互联网对传统企业而言是产业再造的机会。以农业为例，产业链上的种子、养殖、产品加工、经销之上，还要加上金融、数据、信息。这样农业的属性变了，从生产、经营、管理、信息服务每个环节都发生了改变。农民、资本、市场、技术、制度和土地，本来是影响农业产业最重要的六个生产要素，现在因为互联网的出现，这六个要素全部被调整了。

在这样的一个时代，经济的真正价值点是共创与共享。其可怕性在于分散程度越高，价值提升的速度越快，比如说出租车行业。

在今天，管理不确定性成为管理者最重要的能力。那么优秀的企业是如何做的？首先需要有足够的增长，才可应对变化；其次用持续转型变革来获取自己的成长，比如百年公司IBM；第三要遵从市场客观发展规律。

二、管理者的行动方法

首先要去识别不确定性。不确定性分两种：经营的不确定性和结构的不确定性。经营的不确定性是在可预知的范围内发生变化，比如中国经济的GDP增速和经济政策。经营的不确定性会直接对盈亏及行业影响力产生作用。

而结构的不确定性是洗牌，完全改变产业格局，带来根本性的影响。此前提到的新消费人群、行业的新进入者等都会带来结构的不确定性。对结构不确定性的不敏感就是诺基亚、柯达这类公司的下场。

因此给管理者的建议是：每当看到不同寻常的事物出现，看到有别于以往的新生事物出现，都要深入分析，如果这真的预示着巨大的变化，那么未来的市场就会发生演变，而你和你的企业就要做出准备和改变。具体而言就是多赚钱，经得起折腾；储备年轻人，他们懂得未来。

如果无法识别不确定性，那么就要学习和不确定性共处，这需要进行以下几个方面的训练：

第一是改变自己。很多时候，企业管理者不愿意打破原有的结构与格局，很大程度上是因为稳定的结构对绩效是有帮助的。但现在不确定成了常态，管理者已经无法用确定性的结构来获取绩效，需要有能力在不确定性中获得绩效。因此首先需要改变的是管理者自己。

第二是双业务模式。如果只是发展现有业务是不可能让企业能够面对不确定性的，但是如果因为发展了新业务而影响了现有业务，那么企业就无法存活。因此，需要维持现有业务的稳健经营，同时布局新业务，即长期与短期结合。双业务并存会对管理者带来巨大压力，这要求管理者必须成为驾驭组织转型的高手，驾驭长期发展与短期目标之间的动态互动。

第三是打破平衡。所有问题的出现，不管大家从哪个角度提出来，都有可能是一个机会，所以不要怕问题。问题中才会有机会。所有变化的发生，都可能是一个机会，所以不要怕变化，变化中才会有机会。因此企业领导者需要不断打破内部的平衡，不断挑战企业的高度和界限，让企业处在自我改变和动态之中。

第四是顾客体验。今天的管理者要保有对顾客需求的直觉，能够以顾客体验作为评价的标准。然而令人遗憾的是，很多管理者习惯于企业自己的评价标准，特别是稳定的组织结构，使得高层管理者离顾客非常远，这需要管理者找到解决的方法来增进和强化与顾客之间的关联，保持对顾客体验的敏感性。

三、管理者的自我修炼

积极的心态。应对变化管理者首先要有积极的心态。凡事往好处想、好处做，就会有好结果；对任何要做的事情，都愿意单纯去做，结果自然而成；对模糊性和风险的承受能力是关键，控制风险也是一个基本要求。

归零的心态。纠结于过去，对于将要发生的事情而言，都是没有意义的；每一个未来都需要面对新的挑战，需要新的成功来佐证；每一个未来都会产生新的问题，需要新的解决方案。心态归零不仅仅是一种训练，也应该成为一种习惯。

开放的心态。包容变化，接纳挑战，学习未知。包容与接纳也是对自己的要求，包容自己、接纳自己，才可以在遇到挑战和冲击的时候，不至于为了保护自己而做出抵触行为。

确信的心态。相信梦想与目标的牵引力量，这份力量不受环境变化的影响；

相信伙伴的团队力量，这份力量能够集结而成，并陪伴你一直前行，冲破阻碍；相信自己的力量，这份力量有着无限的可能，你的能力超乎你的想象。

最后，应对变化的环境。2016年的经营环境上有三个机会点：创造未来比预测未来更重要；市场与技术的力量正在改变格局，比如人造节日"双十一"的消费能力；行业的边界、生产者与消费者的边界、企业组织的边界被打破。因此在经营和管理上就要注意三点：共创共享，众筹如果只是共同消费，那么可持续性是不够的，必须要加上共同创造；要建立生态网，和价值网相比，生态网能够和大家一起生长起来，比如阿里云；更开放、更进取的状态。

（原载：《IT经理世界》，2016年第9期）

核心：共享时代到来

管理新范式意味着对管理本身的强化，而不是淡化或者去管理化。

一、雇员社会将要消失

100多年以来，所有发达国家逐步进入以雇员为主的社会。这种体系带来的最大好处就是稳定的结构和有效的分工，伴随着流水线的大工业生产带来的高效率和低成本，早期的工业社会创造力大幅度提升，并创造了巨大的财富。在这个时期，组织更关注的是上下级关系、结构稳定性以及个体对组织目标实现的贡献；更关注服从、约束以及标准的制定。所以，产业工人和职业经理人，成为最为耀眼的角色。

但是，这种情况的确在发生着不可思议的变化，而且变化随着技术的深入越来越剧烈，也越来越让人惊讶。90后们不会再轻易地把自己固化在一个组织里，或者一种角色里；会有越来越多的人，期待自由、自主和非雇佣关系。

事实上，大约40年前就出现了组织管理外包，可以说是一种打破雇佣关系的方式。很多时候，人们简单地理解管理外包，认为是一个价值链的价值重组，是为了效率和成本的考量。但是如果仔细分析，外包的核心是组织的部分环节从雇佣关系改为合作关系，这是一个非常值得注意的价值。因为对于外包环节的成员而言，对于发包的组织来说，很难用"忠诚度"去界定，更多的视角是合作及契约精神。

人们之所以不愿意再陷入一种雇佣关系中，一方面是源于技术带来的更多机会和挑战，另一方面是因为雇佣关系本身会伤害到人们创造能力的发挥。尤其是大型组织以及历史悠久的组织，雇佣关系导致人们之间的角色固化、层级固化，从而滋生出一个固化的官僚机构；也可能滋生信息的僵化与功能的僵化；特别是下级必须服从上级的心理契约，使得人们无法真正发挥自己的创造性，导致真正有创造力的人，会因为雇员的身份和组织约束，根本无法做出价值创造。

今天绝大部分人都在一种雇用组织中，所以很多人都能感受到传统组织对于创造力的抑制。很多时候，管理者为了维护流程和自己管理的权威性，会让流程复杂，信息不透明。层级结构模式中，信息由基层员工一层一层向上流动直到决策层。

随着个体对知识和信息的把握，以及个体能力借助于技术发挥得更加强大的时候，这种雇用型的管理习惯，是无法胜任并伤害到个体的。同时，这也需要代表组织的管理者，了解到一个根本性的改变，组织必须要了解雇员的需求，了解雇员的希望。

二、个体价值的崛起

一本介绍谷歌的书 *How Google Works* 中写道：未来组织的关键职能就是让一群 Smart Creatives 聚在一起，快速地感知客户需求，愉快地、充满创造力地开发产品、提供服务。什么样的人是 Smart Creatives？一句话，Smart Creatives 不要你管，只要你营造氛围。所以传统的管理理念不适用这群人，甚至适得其反。

在一篇《为何大学毕业生成批涌向初创公司》的文章中，作者的统计显示，Y世代（Generation Y，又称为千禧世代，通常指20世纪80年代至2000年年初期间出生的年轻人）中有47%在员工人数少于100人的公司工作。

一些被称为连环创业者的人特别强调在初创公司工作，或者设立初创公司。最令他们感到愉快的是，没有等级职位划分的层级结构，没有大系统的僵化与内耗，拥有很多让他们自己觉得可以贡献价值的感觉，并可以看到最终的结果。许多人表示，在初创公司里，能够非常迅速地学会涉及范围更广泛的一系列技能，而不是像大型企业那样被固化在一个狭窄的职位通道里。最重要的是，他们都希望自己能够产生影响，并做出贡献，这些影响和贡献能够得到及时反馈。最后这一点，大公司里根本做不到。

这也许是三星、IBM这样的大公司，在今天遭遇到下滑挑战的根本原因所在。因为这些公司组织臃肿、层级复杂、条块分割，每一个新进员工，都需要一番艰苦的历练，才有机会展现自己的才华。这一切，让那些具有创新精神的新员工望而却步。

三、管理新范式：创造共享价值

最近，很多管理学界的话题都转向了，100年的管理理论和理念，是否在互联网技术下过时？

人们之所以如此关注互联网技术对管理的冲击，是因为确有一些东西改变了，而且是生活方式的根本改变，这也导致了人们行为和价值判断的改变，而管理正是涉及这些的一个领域。另一方面，全球化带来的资源和环境的改变，一样影响着组织与管理本身。

坦白讲，今天管理的确需要提供新的范式，一种基于共享价值为基础的新范式。新的管理范式是：具有系统思考的领导者，依赖于激发个体内在价值，而不是沿用至今的组织价值，来考虑整体以及个体的行为。这种新的范式中，有关个体价值的创造会成为核心；如何设立并创造共享价值的平台，让组织拥有开放的属性，能为个体营造创新氛围，则成为基本命题。

三种趋势推动了新管理范式的出现和发展。第一，整个社会环境都需要关注可持续性和创造力，特别是生态资源局限性越来越显现的时候，社会发展的可持续性需要依赖于更多的价值创造，而不是过度消耗资源。第二，技术的发展让更多的商业模式创新出现，更多的未被满足的需要被发现出来，这些新的机遇与信息，让商业推动和催生了很多新的组织形态，网络社会、虚拟世界的出现就是一个明显的例证。这些新的组织形态的出现，也自然要求管理范式能够匹配；第三，人们价值观的演变。今天，人类终于理解了人与自然的关系，不再用从属或者主宰的价值观，而是用了生态价值的观念，与自然开始共存。我们需要注意的是，未来价值观的演变速度会更加剧烈。

也正是这样理解三种趋势所需要的管理新范式，我更倾向于对管理本身的强化，而不是淡化或者去管理化。因为个体价值崛起更需要平台与导引；创新与创造力如何转换成真正的价值更需要加以推动；而价值观演变剧烈更需要明确价值判断。"我"如何成为"我们"，"个体价值"如何成为"整体价值"，是管理新范式必须要解决的命题。

在一个充满动荡和混乱的时代，正是展示有效领导力的时候，这个判断，我相信大家会认同。

在今天的商业世界里，我们需要具有企业家精神的企业，来解决我们必须面对的不确定性以及可持续性。我期待通过这个话题的研究和实践，让我们能够真正理解管理能创造的价值，以及必须面对的改变。

（原载：《IT经理世界》，2016年第10期）

至关重要的信任：
如何实现巨变环境下的组织成长？

面对巨变的环境，比预测未来更重要的是创造未来。而创造未来的根本在于：人能够真正发挥作用，即组织能够解决好激活个体的问题。那么，如何激活个体？关键是发展组织信任。面对巨变，组织信任至关重要！

在环境巨变的前提下，任何组织及个人都需要理解，创造未来比预测未来更加重要，因为未来不确定，没有人可以预测。所以，面对未来，最重要的是创造属于你的未来。做到这一点，其根本在于人能不能真正发挥作用，也就是组织如何激活个体的问题。对这个问题的认识今天已经成为共识，但为什么很多企业很难做到？究其原因，在于组织内无法建立信任。

在今天，知识转化为商业不是靠一个人，必须是靠一个组织。很多企业，发展到一定阶段都会遇到一个最大的问题，就是其组织适应变化和创造的能力不够。如果从人力资源的视角去看，这些组织中的个体都是非常优秀的，之所以出现这种情况，往往被归结为"组织懈怠"。但是，为什么组织会出现"懈怠"呢？原因是在这些组织中，冒险改变与创新的人得不到信任；相反，不做改变、因循守旧的人，反而得到信任。这些现象表明，信任是一个极为需要关注的话题。

除了技术与环境的因素之外，信任成为重要的话题，还因为组织形态发生了改变：从过去讲求价格机制的市场式组织，演变为讲求理性管理的科层式组织（bureaucratic organization），再演变为介于市场与科层间的网络式组织（networking organization）。而网络式组织运作的基本机制，则为信任。透过信任，网络组织之间的交易成本才得以降低。关注组织中的信任的另一个重要原因是，信任作为一种有价值的、稀有的、难以模仿的和可能无法替代的能力，可以取得高于平均水平的回报，从而可以创造企业的持续竞争优势。

企业在成长过程中，其组织也必然处于成长中，尤其是今天组织需要开放自己，打破组织的边界，才能够融合在变化之中。信任作为一种核心能力，决定和影响着组织是否能够真正具有面向未来的能力，以及与环境共处的能力。组织成长的变化情况，需要管理者特别关注：组织中的信任如何才能满足组织成长的需要？在我们的文化背景下，对陌生人建立信任是不容易的。所以很多人要想办法与其他人建立"关系"，成为"自己人"，通过"关系"纽带，才可以让陌生人变成熟人，这样才可能建立信任。换个角度说，组织信任的建立对组织成长与发展有着重要的影响。

一、企业成长中的信任问题

影响企业的环境区分为内外两种：外部的包括政策环境、市场环境等；内部环境主要有企业的发展战略、组织形式、管理体制、企业文化等。外部环境对企业的影响是很大的，但这些环境因素最终要通过企业自身来发挥作用。在企业的成长过程中，企业的组织形式可能会发生变化，企业的管理体制也可能会变化。但事实表明，企业内部最明显的变化是企业的组织规模与复杂性。这两点会直接导致组织的文化出现波动，从而影响到组织发展本身。

为什么企业的组织规模与复杂性是最明显的变化因素呢？企业组织规模较小的时候，员工之间，特别是管理层人际交往比较多，对彼此的意图、动机、行为方式有较多的了解，组织内的信任程度较高。这个时候往往也是企业初创的阶段，各种正式制度的控制较少，组织较多地依靠信任和默契来运行。随着企业的成长，企业需要越来越多的员工。众多新员工的加入，导致了组织规模与复杂性迅速增加，从而冲淡了组织内的信任，这是组织规模扩张与复杂性对组织内信任的直接影响。

另一方面，组织规模与复杂性的扩张带来了组织控制的加强。一方面组织规模扩张，加强控制是必要的。控制主要以各种正式的契约、制度、程序表现出来，这些契约、制度、程序可以统称为正式制度。但另一方面，从某种意义上来说，作为控制措施的制度本身就表达了一种不信任。从而，组织控制的加强导致了组织内信任的减少。这是组织规模与复杂性增加对信任的间接影响。

上述分析表明，组织规模与复杂性的增加直接或间接地导致了组织内信任的减少，增加了组织内的交易成本，削弱了企业适应环境变化和创造的能力。

二、组织成长需要建立组织信任以应对变化

组织内的信任随着组织成长的变化而变化。在组织的创立初期，组织成员特别是核心管理人员较少，人际交往、沟通比较频繁，彼此了解对方的意图、动机和行为习惯，认同感较强，可以形成一种基于认同的信任氛围。这种较高的信任是一种核心竞争能力，使得组织具有高速成长的潜力。如果具备关键技术，同时外部环境有利，组织就会进入高速成长期。看看阿里巴巴的成长过程，不难发现，马云最终所构建的核心成员班子，大部分是他创业时期的合作伙伴，这种信任帮助阿里巴巴得以高速成长。

随着组织成长，大量新成员进入，组织规模扩张，组织内的信任度下降，组织面临着信任危机。为了维持组织的运转，组织将倾向于建立更多的正式制度进行控制，但各种制度仍不完善，同时制度的有效性还没有得到检验，员工对制度缺乏认同，基于制度的信任有待逐渐加强，组织内信任类型主要是基于算计的信任。这种类型的信任程度较低，极易遭到破坏。组织能否顺利成长取决于组织对成长速度的把握、正式制度建立的及时性和有效性、是否具备信任发展的条件等。

所以，建立组织内的信任，形成一种良性的组织文化，对企业如何面对环境巨变的挑战至关重要。一些新兴企业，认为企业应该"去管理化"，我不同意这样的观点。正如前面分析的那样，当组织发展到一定的规模，规模与复杂性导致的信任危机必然产生，从而导致组织竞争力的降低。新兴的企业之所以认为可以"去管理化"，主要原因是这些企业还处在创业初期，规模与复杂性还比较小，人与人之间的信任还在，所以确实似乎不需要管理。除非这些企业不再增长或者扩大规模，一旦要增长与扩大规模，因成长而导致的问题就会出现，成员之间原有的信任程度就会降低，此时更需要建立好管理系统，以应对这些问题的出现。

由于信任的发展要经历基于算计（交易或者利益）的、基于知识的、基于认同的三个阶段，在信任发展的初期，即基于算计的信任阶段，组织的运转主要依靠制度控制，此时信任和控制主要体现为互补关系。所以，在组织需要扩张和发展的时候，组织应将较多的精力用于组织的制度建设。

由于外部环境具有太多的不确定性，组织成员个体的价值崛起，外部系统的开放，以及组织自身的开放性等因素，都需要组织重视组织文化建设，培养和强化基于认同的信任。因为这个时期，即便是组织可以支付极高的成本来维系组织成员，或者去寻求更强有力的成员来满足组织成长所需要的新能力，管理者都需

要清醒地认识到，基于认同的信任建立才是根本。在这样的信任文化基础之上，每一个创造价值的个体，才可能与组织组合在一起，共同创造价值，才能够通过基于认同的信任，获得组织与个体之间的协同成长。拥有强有力的个体，组织才可能具有应对外部变化的创造能力。

（原载：《清华管理评论》，2016年第6期）

如何管理不确定性？

今天的管理者需要有认知未知的能力，而不是对经验的传承。我们很多时候谈互联网，很多时候谈变化，很多时候谈创新，其实真正要改变的是我们对发展逻辑的认识。发展逻辑的认识可以帮助我们认识变化，发展逻辑的改变就会使得我们对能力、对资源的要求改变。这是一个非常大的调整，但这样的调整就会带来两个非常大的不确定：一个不确定就是你根本不知道谁是你的对手，第二个不确定就是不同人的组合带来全新的变化是你不知道的。这是一个管理者需要从根本上改变自己的要求。

一、农业产业再造

在判断这个行业的时候，发现农业产业因为互联网技术不得不面对再造的问题，它已经不再是一个传统农业的概念。各位想到农业的时候，可能会想到农村、农民、土地，会想到种子，会想到养殖和种植的环境。可是当现在回到农业去的时候，发现农业加了三种东西：金融、数据、信息。如果没有金融，如果没有数据，如果没有信息，今天几乎是搞不好农业。"互联网+"给农业带来了前所未有的新属性，这跟我们之前做农业的逻辑完全不一样。整个农业的过程从开始到最后消费者端，全过程都被改造了。

我们来看看，互联网进来之后农业最重要的四个阶段都跟以前不一样。生产过程变成精准生产，因为土地、环保以及空气等因素，一户农家自己耕种或者养殖就可以活得不错的日子已经没有了。这实际上使得有关农业产业的做法完全改变，从经营上来讲也完全改变。对经营的理解不再单纯是成本的改变，农业在经营的概念上更多的是供应链。所以制造企业未来最大的属性是供应属性，农业企业也不例外。如果完全按供应属性来做，就必须是扁平化、透明化、公平化，必须真正能与消费者对接和理解,这是非常大的改变。从农业管理上来讲也变了,要高效和透明,你必须让消费者了解你的产品是怎么生长的。比如我们与京东合作,顾客可以在京东买公司生产的一块肉,可以知道生产的全过程。如此安排一定是改变这个行业与消费者之间的沟通体系,它必须是能够提供所有的信息服务。所以农业的六个最核心要素,因为互联网全变了,农民已经不再是之前的农民了。

以农业产业为例,只想告诉大家,我们今天一个最大的不确定是:所有的行业都会被重塑,没有一个行业会按原来的逻辑去发展。其核心原因不仅仅在于技术改变,还因为消费端也改变了。

二、所有行业都将被重塑

大家认为商学教育会被重新洗牌,我觉得教育被洗牌很重要的原因,就是人们获取知识的方式已经改变了。今天,你会发现很多东西都在改变,所有的行业都被重塑,都会被重新调整,我们就要认真面对。

现在很多原来不在这个行业的人跑来做这个行业,跨界与跨业似乎成了一个非常平常的举动。比如褚橙、柳桃、潘苹果等,做农业的人干不过这些没做过农业的人,因为他们没有农业的背景,所以他们不按农业的套路出牌。我们是一家有着35年历史的公司,生产的肉可以覆盖2亿消费人群。但在座的各位没有一个人知道哪块肉是我们公司生产的,我们实际上很想做这个事情,但是目前还未做到。可是跨界的人却很容易做到了。公司的办公室就在望京soho,我很喜欢那个楼,那个楼很有现代感,我就觉得我们有希望变成一个现代公司,因为至少空间上变了。看到楼里面卖潘苹果,就想要不要买一个苹果试试,看看品牌如何运营?我的同事说那么贵,我们不吃了,我们家里种了,明天寄一些给你。这就是农业的想法,怎么省钱怎么做。但品牌不是这么做的,品牌是怎么有价值共鸣怎么做。所以没做过农业的人比做过农业的人行动要快。这就是新进入者带来的不确定性,与原有行业完全不同的运营逻辑。所以我们今天遇到的不确定性很多,其中一个就是不知道自己的对手是谁。

三、共享时代：离散程度越高，价值集中程度越快

2015年之前我们还在谈互联网，从2016年开始互联网这个词也是落后的。因为下一个词已经来了，这个词叫"共享时代"。共享时代最大的挑战是什么？就是离散程度越高，价值集中程度越快。今天看到被共享改造行业的部分，都是分散程度高的部分，比如出租行业、旅游、咖啡店。将来还会看到各种专业的店，比如美国最出名的空中食宿。所以我非常担心教育，或者反过来说我认为教育有个更大的洗牌机会，因为知识的学习也是分散程度很高的，这就会导致整个价值提升的速度非常快。

以上这些是想告诉大家，不确定性会来源于这几个部分：第一个部分是来源于消费人口的变化，一定要认真对待这件事情，不管认不认识互联网，你一定要记得人群的改变；第二个部分是所有行业因为技术的融入都会被调整，行业被重塑；第三个部分是没有行业经验的人会进入你这个行业；第四个部分是共享经济的出现。

管理者最重要的能力是：管理不确定性。所以对于今天的管理者最重要的能力是管理这个不确定性，这是一个必须关注的话题。这几年我花很大的精力调整自己，就是要求自己一定要不断地知道不确定性从哪里来，要怎么样应对它。

我们来看看一个优秀的企业到底在做什么？为什么可以面对不确定性？五六年前我说手机接下来能超过其他人的一定是华为，我当时讲的时候没有人信，因为大家认为当时的诺基亚、三星、苹果，都是非常强大的。可我为什么很久前会说华为？就是因为我去华为的时候，我看到他们要做的事情，已经是在判断这个行业、这个市场的变化，然后做了很多的投入和准备。我当时去看他们的实验室，去看客户体验中心，就做了这个判断。

我们要告诉大家的，最重要的是看这些优秀企业到底是怎样做的？

优秀企业是用增长去面对变化，最重要的就是他们对增长做的努力，这种增长让他们去面对变化。优秀的企业是革自己的命，不断地自己革自己的命，实现自我转型。优秀企业是符合市场和客观规律，因为不能违背这个规律去做事情。

市场是一定有不确定性的，而且不确定性在今天变成最主要的特征。可是在这个不确定中一定也看到许多优秀的企业，那这些优秀企业的根本特点是什么？我现在给各位总结的这三点：一定是保持增长的；一定是自我变革；一定是符合市场及发展规律。

很多时候我担心中国的企业，原因是他们违背客观发展规律在做事情。比如我到农牧行业当中调整企业，三年之后调整的结果大家都满意。我只是让企业回归这个行业的基本价值，比如农牧行业中企业总靠饲料赚钱，但饲料不应该赚很多钱，因为它是原料而已。保证最好的品质、最好的成本、最佳的养殖和安全可靠性才是根本价值。所以我说我们不能靠饲料赚钱，开始同事们都不理解，因为主营就是饲料，他们问我靠什么赚钱？我说要靠真正赚钱的地方赚钱。因为你靠那个赚钱的东西是不可持续的。所以很多企业在中国赚到的钱是机会，或者说市场不成熟，但是你不能留在那上面，留在那上面下一个被淘汰的肯定是你。这就是我前面跟大家讲的最基本的背景，为什么要探讨不确定性。

（原载：《北方牧业》，2016年第13期）

并不存在夕阳或朝阳行业

每个行业都在剧烈变化,企业是否能够站在变化的顶端,成为新一轮发展的主导者?

科尔尼管理咨询公司有一个价值增长的逻辑:无论在什么样的环境下,不管哪一个行业,总有企业超过平均价值增长,也就是说不存在夕阳或者朝阳行业,在任何一个行业里都存在优秀企业,而且为数不少。

对于竞争,我无法简单描述,我只能用全面性、开放性竞争来表达。全面竞争已经很震撼了,为什么还要加一个"开放"?因为今天的企业所面对的挑战是一个企业的在位优势,经验曲线已经不重要。比如,有人说你当教授这么多年,应该很擅长当老师,但这两者之间不是必然的联系。一个人可能从没当过老师,但他清楚今天的某一类学生需要什么知识,他可能做得比我好,这就是开放性。

对于企业来讲,最困难的一件事情就是当它的业绩达到一定高度之后,无法保持可持续的增长。在今天,中国的很多行业都到了这个位置。

企业的增长有内生的增长,也有外延的增长。内生增长依赖于企业自身业务的拓展空间,外延增长则通过并购、战略联盟以及国际化去实现。目前企业所遭遇到的情形是,内生增长遇到了很大的挑战,消费升级、产能过剩等都对企业提出了新的能力要求。同时企业管理者也发现并购并不容易。

一般企业与优秀企业之间的差距是,优秀企业盈利能力非常强、研发能力非常强。当我们惊呼谷歌在人工智能上所取得的成果时,我们也知道其背后投入资本的雄厚能力;当我们看到华为3900亿元的销售额时,我们也知道这家企业对人力资源投入的力度。

在大家认为零售业已经遭遇到前所未有的挑战甚至关店潮此起彼伏的时候,优衣库却保持着强劲的增长;当实体书店面对巨大冲击的时候,诚品已经是"高粉+卖手工制作杂货店",并成为了文创台湾的时代符号。每个行业都在剧烈的变化中,这些变化对于很多企业来说,也许是挑战和压力,但对另一些企业来说却是机会。

我看到一个介绍天虹商场和大商集团的案例,觉得很值得我们学习。

天虹商场通过O2O布局,实现了全渠道多入口的引流布局,线下转型"百货+购物中心+便利店"的多业态,线上完成"网上天虹+微店+微信"三个端口的构建。天虹不断丰富产品线,实现将整个超市搬到线上,并保证提供与门店购物一样的优质售后服务。大商集团2015年销售收入突破2000亿元,大商天狗网销售总额达18亿元,整个平台访问量总UV达2297万,累计订单数345万,注册天狗会员数248万,在线店铺共153家。这两家企业都是通过构建基于实体店为基础,线上线下融合的O2O模式,从而突破了实体店所遭遇的挑战。

每一个行业,都需要面对技术、消费者以及外部环境的变化,这些变化会带来一些全新的产业或者新兴的企业。这些变化,同样也会让原有的行业出现新的生机与转机。关键是企业是否能够站在变化的这一端,站在顾客这一端。如果这样,焕发生机的企业会获得持续的增长,并成为新一轮发展的主导者。

(原载:《支点》,2016年第8期)

如何面对不确定性？

一、目前环境变化的几个重要特征

对环境的理解，需要从根本上去把握，而不是简单地看现象。这是一个变化异常的时代，很多认知都被现象所混淆，很多判断已经似是而非。要在这样的环境下做出正确的选择，我们需要界定清楚现象背后的本质是什么？我做了一次梳理，归纳出目前环境变化的几个最重要的特征。

（一）特征一：不确定性成了经营的条件与机会

最近几年来，我主要关注两个话题：一个是互联网时代的管理如何激发个体？另一个是如何面对不确定性？我们今天管理和经营企业，比以往任何时代的挑战都大，这个挑战在于不确定性不仅仅是常态，实际上已成为经营的基本背景。也就是说，企业对于市场的把握，对于机会的认知，对于可能性的探讨，甚至企业增长的来源、经营的条件都来自于对不确定性的把握。只有充分了解不确定性，才能明白真正的可能性在哪里。我们要在不确定性中找到发展的机遇。

（二）特征二：线上消费人群数量庞大

我对互联网最深的理解，在于它拥有庞大的消费人群，值得我们认真对待。我们要不要跟互联网走在一起，不是基于这个技术，而是因为这个技术带来的巨大消费人群。看一下中国的数字：2003年网民0.79亿，网民渗透率4.6%；2014年，网民6.49亿，网民渗透率48%。11年间，中国网民数增长了8倍；网购人群大于英法德意四国人口总和（英法德意四国总人口2.7亿），特别是它是有效消费数据。如此庞大的人群，你是否需要与其发生关系，要不要关注？

（三）特征三：渠道发生了根本性改变

今天的很多改变，很大程度上都是源于渠道的改变。传统渠道上的浪费非常多，信息不对称，链条长，每个环节价值都得分配和榨取，产业效率低。互联网可以把这个问题全部解决，所有部分的关联变成网状，信息是对称的，中间环节大幅缩短。"互联网+"之下，当数据产生是全方位、实时、海量的时候，企业间的协作必须像互联网一样。要求网状、并发、实时的协同。

（四）特征四：企业关心的最重要因素从内转向外

这是一个核心的变化，我们所关心的最重要的东西已经从企业内部转向了企业外部。也就是说，一个企业如果只能靠内部资源，或者仅仅拥有内部优势，今天一定是被淘汰的对象。在技术的帮助下，三件事情会变成最重要的核心：

（1）用户体验至上，商业回归人性；

（2）未来商业的本质就是数据，要么数据化，要么灭亡；

（3）企业依靠"内部资源能力"和"外部合作生态"，形成一个持续的"价值创造、价值传递和收益获取"的系统逻辑。

所以企业管理者需要理解用户中心、数据驱动、生态协同是极为重要的。有人问我，当下战略面临的最大挑战是什么？我说最大的挑战就是：成功与现有的资源和能力可能没有关系，或者关系不大。我们之前学战略时，会更多关心资源和能力，特别是内部的资源和能力；会比较多地关心相对竞争优势；关心核心竞争力的培养。可是今天有一个奇特的现象值得大家注意，就是资源和能力都不是最重要的。最重要的是你是否可以与外部组合在一起，进行价值创造、价值延伸以及价值共享。

环境的根本性改变，对管理者的能力提出了新的要求，我们需要做好准备。

二、所有行业都会被重塑

理解了环境变化的几个根本特征，管理者就要用产业再造的逻辑去看待每个行业，不能一味依赖自己的经验。

今天的管理者需要有认知未知的能力，而不只是对经验进行传承。很多时候谈互联网、谈变化、谈创新，其实真正要改变的是我们对发展逻辑的认识。对发展逻辑的认识可以帮助我们认识变化，发展逻辑的改变使得我们对能力、对资源的要求改变。这是一个非常大的调整，它会带来两个非常大的不确定：一是根本不知道谁是你的对手；二是不同人的组合带来全新的变化是你所不知道的。今天我们面临的最大挑战，其实是认知未知的能力，而不是对经验的传承。管理者必须从根本上改变自己。

怀特海的《教育的目的》一书中有很多观点使我深受启发。怀特海在书中阐述了智力发展的节奏特点：浪漫、精确和综合运用，自始至终存在。第一阶段是对浪漫的想象，激发想象力和创造力。第二阶段是对精确的认识，对数据的认识，通过精确的知识细节进而领悟原理。第三阶段就是对知识的综合运用。如果我们今天讲综合运用，就应该有能力去认知未知，而不是仅仅依靠经验。有一位老板希望我帮他推荐一名总裁，我问他需要什么样的人，他说最好有行业经验。我对他说，今天的总裁更重要的是学习力，而不是行业经验，事实证明有学习力的总裁对公司帮助明显。对未知有能力认知，这个改变非常重要。

以农业产业再造为例。一提到农业，人们可能会想到农村、农民、土地，会想到种子，会想到养殖和种植的环境。但是，今天的农业加了三种东西：金融、数据和信息。没有这三种东西，你今天几乎无法从事农业这行。"互联网+"给农业带来了前所未有的新属性，这跟我们之前从事农业的逻辑完全不一样。整个农业的过程，从开始到最后消费者端，全过程都被改造了。我一直对新希望的同事讲，我不担心他们在农业上的经验，因为新希望已经有30多年的历史。我最担心的是我们真的不知道未来的农业是什么样子。

"互联网+"之后，农业生产过程变成了精准生产。因为土地、环保以及空气等因素，一户农家自己耕种或者养殖就可以活得不错的日子已经没有了。这意味着农业产业运作模式的完全改变，必须超越成本的层面，从供应链的角度去规划农业产业的经营。制造企业未来最大的属性是供应属性，农业企业也不例外。如果完全按供应属性来做，就必须扁平化、透明化、公平化，必须真正能与消费者对接和理解，这是非常大的改变。农业管理也变了，要高效和透明，必须让消费者了解你的产品是怎么生长的。比如我们与京东合作，顾客在京东买公司生产的一块肉，就可以了解这块肉生产的全过程。

农业的核心要素，因为互联网全都改变了，农民不再是之前的农民。一个年轻学生对我说："陈老师，现在的85后和90后不会选择去养猪了，它的未来没希望了"。他说的可能是事实，我就告诉他，那就尽量把养猪场变成不依赖于一般的人，而是专业的人，把养猪场建得极为先进，让养猪人感到骄傲与自豪吧。我们现在就是这样做的，这种新农民与之前农民的感受完全不一样。同样，资本、市场、技术、制度、土地等方面，全都改变了。

今天，最大的不确定是所有行业都将被重塑，没有一个行业会按原来的逻辑发展。其核心原因不仅仅在于技术改变，消费端也改变了。

所有行业都将被重塑。大家都在谈论教育会被重新洗牌，很重要的原因之一，就是人们获取知识的方式已经改变了。今天，很多东西都在改变，甚至是颠覆式的改变，所有的行业都被重塑，被重新调整，必须认真面对。

有意思的是，现在很多行业外的人纷纷进入相关行业，跨界与跨业成了平常举动。比如褚橙、柳桃、潘苹果等，做农业的人干不过那些没做过农业的人，因为他们没有农业的背景，所以不按农业的套路出牌。看到楼里面卖潘苹果，我问同事，要不要买一个苹果试试？他们说，那么贵，我们不吃了，我们家里种了，明天寄一些给你。这就是传统农业的想法，怎么省钱怎么做。但品牌不是这么做的，品牌是怎么有价值共鸣怎么做。所以，没做过农业的人比做过农业的人行动快。这就是新进入者带来的不确定性，与原有行业是完全不同的运营逻辑。今天的不确定性很多，其中一个就是你不知道自己的对手是谁。

共享时代，离散程度越高，价值集中程度越快。2015年之前还在谈互联网，从2016年开始你会发现互联网这个词也落后了。因为下一个词已经来了，这个词叫"共享时代"。共享时代最大的挑战是什么？就是离散程度越高，价值集中程度越快。今天被共享改造的行业，都是分散程度高的行业，比如出租行业、旅游、咖啡店，将来会看到各种专业的店，比如美国最出名的空中食宿。我认为教育面临更大的洗牌机会，因为知识的学习也是分散程度很高的。共享将导致整个价值的快速提升。

很多东西都可以用共享方式去做，比如众筹。有人给我发微信，说他们准备创立一个共创商学院，决定选20家标杆企业联合办。虽然我没有参加，但是我知道，这件事是有可能成功的。

不确定性来源于几个部分：

（1）消费人口的变化。不管认不认识互联网，你一定要认真对待这件事情；

（2）技术地融入，所有行业都会被调整、被重塑；

（3）没有行业经验的人会进入你的行业；

（4）共享经济的出现。

今天，管理者最重要的能力，是管理不确定性。这是一个必须关注的话题。

这几年我花很大精力进行自我调整,就是要求自己一定要知道不确定性从哪里来?要怎么样应对它?

优秀的企业到底在做什么,为什么它们可以面对不确定性?五六年前我说过,在手机行业,接下来能超过其他公司的一定是华为,当时没有人相信,因为当时诺基亚、三星、苹果都非常强大。我为什么会看好华为?因为我去华为的时候,发现他们在判断行业与市场的变化趋势,并做了很多投入和准备。我看了华为的实验室和客户体验中心,就直接做出这个判断。

优秀企业有三个主要特征:

(1)努力保持增长,用增长去面对变化;

(2)不断自我变革、自我转型;

(3)顺应市场和客观规律。

中国的很多企业让人担心,主要原因在于违背客观发展规律做事。我到农牧行业去调整企业,三年之后调整的结果大家都满意。我只是让企业回归这个行业的基本价值。比如农牧行业中企业做饲料赚钱,但是饲料不应该赚很多钱,因为它只是原料而已。保证最好的品质、最好的成本、最佳的养殖和安全可靠性才是根本价值。我们不能靠饲料赚钱,一开始同事们都不理解,因为公司主营就是饲料。我们靠什么赚钱?要在真正该赚钱的地方赚钱。因为你现在靠的那个赚钱的东西是不可持续的。很多企业在中国能赚到钱,是因为时机,因为市场不成熟,但是你不能停留在那个层面,否则下一个被淘汰的肯定是你。

三、面对不确定性的经营模式

面对不确定性,需要以创新来驱动整个企业的改变,只有这样才能找到出路。为此,我们需要做到以下四点。

(1)改变自己这不是喊口号。改变自己最需要的就是自我革命。华为销售额为什么可以达到3900亿元,并且将2019年的目标设定为1000亿美元?很大的原因就在于它激活了15万人,这些人能够去驱动这么高的成长。华为一直处在动态结构调整当中,连CEO都是轮值的,而且是半年轮一次。这种轮法其实就是结构调整的手段之一。

(2)双业务模式。要学会驾驭双业务模式:原有的主营和新的业务。前段时间在主导企业转型时,有人问我,你怎么保证转型成功?或者你怎么保证大股东支持你做转型？我只能用两个保证：第一，主营业务不能因为转型出现下滑；第二，必须全力以赴保证新业务可以成功。所以我们在2015年做了一个大的调整，2015年整个年度任务完成之后，我们都做到了。你一定要有能力做这个转型，不能用转型做借口，说因为转型要亏损一段时间。这个理由不成立，因为资本不会给你这个机会。也不能说因为要把主营业务做好，新业务就只是尝试一下。

（3）打破平衡。打破内部平衡，不断挑战企业的高度和界限，让企业处在自我改变和动态之中。

（4）与顾客在一起。不管做什么，能够真正给你带来价值的是顾客。与客户走在一起，以顾客体验作为评价标准，一切才会有基础。通过对互联网的了解，我终于把"用户"与"顾客"搞懂了。用户是什么？用户要免费，顾客是给你钱的。

只有做到以上四点，才真的能够与不确定性相处。互联网浪潮使很多人焦虑。我们不用焦虑，只要学会与变化共舞，把自己做好，所有的变化都是机会。

四、面对不确定性，管理者要有定力

与不确定性相处，管理者要有足够的定力，才可以坚守预定的方向。管理者的定力来源于四个最重要的心态：

1. 积极的心态

我之前服务的山东六和公司，老板有一句话说得很好：凡事往好处想，往好处做，必有好结果。很多时候没有解决问题，或者出现冲突，很大的原因就是想复杂了，我们甚至把人也想坏了。积极的心态十分关键。如果你没有积极的心态，很难去迎接不确定性。拥有积极的心态，才能包容变化，面对风险。

2. 归零的心态

我教EMBA课程很长时间了，我发现有人提升，有人没有提升，原因是什么？来读EMBA的同学，如果学完课程之后，发现自己什么都不知道，你就学到家了。如果来的时候，发现老师讲的东西你都做过，我对你非常担心。我最怕的是第三种，学完了之后发现老师讲的都没用，还是自己最厉害。如果我们学的所有知识都只是为了证明过去，这个知识确实没用。做管理或学知识，有一个很重要的心态就是归零和清零。你学到的知识一定要用来面对未来，不是拿去面对过去。作为管理者，不要每天只是反省，要每天学新东西。如果你每天只是反省而不是面对未来，那今天和未来都有可能出问题。

3. 开放的心态

你要真正彻底、全面地打开。打开是由内而外，拉开是从外往里。只有打开才能包容、接纳，才能真正理解变化。我以前工作的地方有一个老教授，资格非常老，个性很突出，见到每个人都要教育一番，所以大家都怕和他交流，尽可能避开他。有一天他说："春花，我不喜欢你。"很直接的话，很自信地就告诉我了。我说："好啊，你不喜欢我这件事情让你很高兴，我也很高兴。"结果就把他给说愣了。一个月之后他来找我，他说："我得跟你交朋友。"我说："为什么？"他说："你那天那句话一下把我打醒了。我以前都不知道，我以为我教育人家，告诉别人，说出人家的缺点是在帮人家，其实我是让自己高兴。可是我让自己高兴这件事情让所有人都不高兴，所以每个人都躲我，只有你指出来。"当你包容一切的时候，就都变了。人们不能合作，不能接触，很大的原因是你自己不够开放，跟别人没关系。

4. 确信的心态

我觉得相信这件事情很重要。有人说当今社会缺信仰、缺宗教，一讲缺信仰，就归到宗教去，我不赞同这一点。信仰就是一种相信的力量，只要你相信，其实你就有信仰。只不过，信仰可分为人生信仰、宗教信仰、政治信仰。简单说没有信仰就是没有宗教信仰，这是错的。你只要相信，你就有信仰。我们今天缺失的，就如同我们不相信。有一个现象，陌生人之间很难建立信任。难以建立信任，就很难谈合作，所以必须把陌生人跟自己拉上关系。所以关系很重要。相信的力量是无穷的。2015年，我自己做了很多从没做过的事情，包括走戈壁、跑马拉松、开微信公众号、写几本书。我发现：一是要相信梦和目标；二是要相信团队；三是要相信自己（个人力量之强真的是你不知道的，你的能力超乎你的想象）。这三个"相信"要同时存在。我们在管理中遇到的问题也是一个大问题，就是不相信上司，你要不相信，所有东西都没用。

有了上述四个心态所形成的定力，就可以从容面对不确定性。

五、新希望六和的实践

三年来，在新希望六和我们用转型来应对不确定性，使这家中国最大的农牧企业调头向上，克服了增长危机。

先判断经营的不确定性。找到影响企业盈亏的东西是什么，我们再把它调整过来。原料是最大的影响因素，因为原料主要靠进口，而进口原料占了成本的70%左右，所以我们就入股美国其中一个大的贸易公司，彻底解决原料这一问题。食品安全是这个行业的核心，如果要整体上提升盈利，提升整个产业链的价值，必须做到食品安全。我们在行业里建立了第一个食品安全体系，覆盖所有的养殖区。然后，我们发现财务对整个养殖有巨大的影响，同时，我们必须解决在国外的发展资金瓶颈问题，所以在新加坡建立了融资平台，融全球资金进入企业的组织经营体系。

最重要的判断，其实是针对结构性的不确定性。2013年，我判断这个行业有三个最根本的改变：由养殖户评价转成消费者评价，由规模增长转成质量增长，由提供产品到提供可靠性。公司做了三个战略转型，从饲料企业转向食品企业，提供更大量的食品给消费者，让养殖基地完全可控。现在，公司拥有了非常大的数据库，线上有接近40多万家养殖户，是国内最大的养殖数据库之一。我们实行"聚落一体化"，从种、养到饲料，最后到肉品出来，最重要的是承诺食品安全。

完成了这一系列转型，我不再为企业的发展前景担心，我们将在2016—2019年实现强劲的增长，创造更高的价值。

今天的管理者，必须同时把握经营的不确定性和结构的不确定性，让企业与变化共舞。

六、面对变化的四个观点

下列四个观点让我们可以与变化共舞：

（1）所有的成功其实都是人的成功。所以，不用在意行情、技术、挑战与变化，甚至不需要太担心经济增长或者不增长，或者增长的数据多少。请记住，影响你的只有你自己。

（2）结果基于意愿，始于行动。要想求一个结果，光有意愿还不够，必须去行动，这个才是关键。

（3）保持领先和成功的关键就是我们比别人更用心。行业内一个跨国公司的CEO与我们交流时说太羡慕我们的企业了，用短短30年就可以跑到世界第二的位置，我说，"我们不是用了30年，我们是用了两个或三个30年，所有的同事工作都是超过16小时"，这是伴随改革开放，我们30年快速进步的根本原因。

（4）分享与共生才是可持续的关键。不能分享和共生，就没有办法持续发展。古语说"财聚人散、财散人聚"。

七、附：陈春花关于创业与管理的解答

问：我是一个创业公司的创始人。在创业过程中有"变"和"不变"。您今天说的面对不确定性，如果换一个词叫"折腾"，总在变化。请您分析一下"坚持"和"面对不确定性变化"之间的关系。

答：对于创业企业，其实有两个东西可能比较重要。一个就是活下来，因为不活下来就没有其他任何可以谈。所以变与不变，不是你先考虑的，你要先考虑怎么活下来。

第二，因为你是创业的企业，要面临很多的不确定性，所以很多时候你要学会放弃一些。因为你的规模很小，要活下来，可能要放弃一些看起来很有诱惑力的机会，先做能让你活下来的、可确定的事情。

其实变与不变，坚持或者放弃，有两个评价标准：结果与增长性。我比较怕创业者太早讲情怀，也比较怕创业者太早去禅修、辟谷，你还什么都没有为什么就放下呢！坚持不变的，就是你的初衷，你最初的那个价值追求，就是大家常说的"初心"，其他的都可以变。所以变与不变，你就问自己一开始坚持的原因是什么。你或许仍然会因为有些事情放弃初衷，但希望你有朝一日还能回归。

问：目前我最大的困扰就是怎么平衡我的时间和精力。我有个工作在证券公司，我参股了一个高尔夫球练习场，最近又要做一个覆盖四个国家的智能摩托车项目。跨度太大了，我想可能要放弃一些东西。究竟该怎样放弃，或者专注什么？我知道您可以把自己的生活安排得很好，想听听您的经验和体会。

答：这个问题有点难回答。我的确做了很多事情，但是我给的意见刚好跟我做的相反，我觉得专注才会成功。

你们看到的只是我今天的结果，我开始从事管理研究的时候，有十年是认认真真考察企业、看文献。而且我去企业的时候，从来没有以老师的身份去，而是去观察企业所有的过程，观察一个企业从小到大，为什么会出问题，这些问题怎么解决，所有的问题与我从事的理论研究之间是什么关联。埋首企业，沉静十年之后，才得以爆发出来。所以我在十年后才有机会研究出一个模型，关于怎么把一个企业从很小带到行业领先。但是我又觉得不能只有理论模型，还得实践。

然后我到一家企业当总裁，花了不到两年时间，和这家企业的团队共同努力，将企业打造成全国行业第一，原因就在于有前十年的沉淀。我知道我的初衷是做研究，所以我又与老板说我要回学校。

我出书是从2002年开始，也就是十年多的时间，最近出版社要帮我出全集，我才发现已经写了接近30本书，如果没有前十年的沉淀，其实是做不到的。我给的意见就是在一个时间段专注做一件事情，让它价值最大化再去做第二件事情。要专注，一个时间段内只做一件事情。

问：华为、阿里这样的公司，股权激励做得非常好，您有没有在核心员工激励方面好的建议？

答：不少企业在股权激励和员工激励方面都有很好的设计。华为是大家看到的覆盖面最广泛的一个设计，有近九万名员工拥有股权，而且它也是一个不上市，不借助外部资本来帮助自己成长的公司。阿里巴巴也有自己的方法。

2010年新希望与六和重组时，我们做过一轮期权激励。现在，我们设计了四个大的新事业平台，事业平台的伙伴是事业合伙制的，目前在推进过程中，效果很好。另外，我们正在建立经理人基金。上下打通之后，我相信最重要的团队和核心员工就会调动起来。

（原载：《企业管理》，2016年第11期）

企业成长上台阶要勇于打破边界

我们在做战略或研究战略,或研究市场,或研究经营的过程中,其中有一个很重要的要求就是如何保持增长。因为所有的问题都需要通过增长去化解。我们这几年为什么很困难?一个核心的原因是增长降速。企业之前为什么活得很好?因为自然增长摆在那里。所以对于企业来说,一个很重要的要求,或者做战略的一个基本要求,就是用增长来面对变化。

如何获得增长?如何让自己的增长超过别人,从战略的基本思维上来讲,有两个最重要的方式:一是用未来决定现在,二是选择不做什么。选择不做什么,你就有足够的资源集中去做什么,而当你能够集中资源去做什么的时候,你就可以把别人抛开,因为资源都有限,你越聚焦,你成功的可能性就越高。

在复杂多变的经济环境下,今天要讨论的主要问题是:未来已来。你要知道未来已来时,你要面对的到底是什么?未来已来时,很多东西真的变了。什么才是真正的驱动力量?新的生活方式是否已经呈现?接下来技术、想象力以及未来到底是什么?

最核心的问题是:未来已来时的你与世界。

很多时候,我们被淘汰,绝对不是因为这个世界的变化,而是我们自己。很多人虽然生活在2016年,但是思维方式可能还停留在2000年前。同时,2016年最大的特点,可能是2020年、2050年的特点。那你又生活在什么时间点呢?这是我们所有人都要讨论的话题。

准备这个话题,让我想起电影《星际穿越》,什么是真正的推动力?其实是爱,是父亲与女儿的爱,看着父女在两个时空里相望,反复预示着,眼前正在发生的一切,也是未来发生的一切。你今天拥有的一切,也是未来拥有的一切。假如你今天不努力,那个未来你就没有。

从技术上讲,未来的大趋势就是从互联网到物联网,再到人工智能与生命技术。但问题就在于互联网、物联网、人工智能、生命技术对所有东西的判断发生了改变。最大的改变就是每个行业都被重新定义。

举个例子，企业卖农机产品，一开始卖产品，接下来卖智能产品，有了移动技术之后就卖智能互联产品，当发现智能互联产品所有人都有了，就必须卖产品系统了。产品系统卖完之后，就得卖整个产业的结构。如果你不在这个产业结构网络当中，你是做不下去的。再比如，乐视的生态结构，其实是对的。从产品边界到互动边界，然后到网络边界，再到结构边界，一直在打通。如果不在一个结构当中，你很难有机会。因为边界被调了，所有的要素也变了。

今天制造业所有的知识和技术跟以前完全不一样，如果你还是用原来的知识和技术面对今天的制造业，将会很难。比如GE，把财务公司卖了，把家庭电器卖了，是因为GE发现定义的边界变了，对制造业的要求变了。制造业最重要的是降低损耗、提高效率，因为制造业占用了非常多的资源。GE从2008年开始转型，现在已经可以骄傲地宣布，他们在新一轮的变革中走在了前列。他们借助新的技术模式，为航空公司提高燃油效率，因此获得了全新的客户和价值创新。在今天的行业中，这就是极高的效能，因为降低一个点的成本就是提高一个点的利润。再如福特汽车，要建一套完整的汽车生产线，整车出厂下线的新工厂建设只要26天，原因就是全部用数据与智能组合，这已经改变了整个制造业的效率。

云时代，从运作逻辑到世界图景，从基础法则到时间法则、空间法则，从协作法则到发展法则，全变了。今天你甚至不知道谁是你的竞争对手，所有行业的游戏规则都在调。互联时代的到来，最重要的两个要素变了，一是行业的本质竞争要素改变，二是增长逻辑改变。

工业时代，行业的本质竞争要素是规模、质量、成本。在2015年之前的互联网1.0时代，行业的本质竞争要素规模增长、盈利增长、技术进步以及资本驱动，特点就是有钱就任性，互联网企业没有盈利，但是估值很高，不盈利也赚钱，这让很多传统企业焦虑不安。但是我觉得这样的日子就要过去了。在互联网2.0时代，要真正的价值，要有效地市场，不是随便免费的用户，一定是精准的用户，一定考虑流量、考虑数据、考虑价值创造。

增长逻辑也从之前的线性增长变成非连续性增长。今天诞生出那么多新兴企业，它们和你根本不在一条轨道上跑，其实是增长逻辑变了。因此，对企业而言，真正的挑战是创新价值不同。比如工业时代还是关心产品的。但从互联网1.0时代开始，关心消费；到互联网2.0时代，关心系统和结构，也就是产业互联网。

阿里巴巴、腾讯、IBM等企业最核心的是什么？就是不断打破边界。它们在构建一个生态结构，让更多的人在这个结构里生长起来，这是它们最厉害的地方。

但是依然有不变的东西，那就是顾客价值，也就是做企业的起点和终点。德鲁克给企业的定义非常明确，那就是创造顾客。

面对未来有四个最重要的关键词：技术、数据、创造、智慧。

我们现在太多的变化，太多的无奈，太多的阻碍，太多的机遇，太多的挑战，太多的诱惑，一系列的变化需要靠你自己选择，选择不做什么。但是怎么选择？我觉得不是用机会，而是用你对于价值的判断来做选择。这个价值判断就是你的精神成长。

（原载：《中华工商时报》，2016年11月4日）

以增长拥抱诡谲多变的经济环境

今天我们遇到了比较复杂的经济环境,作为一个企业怎么能安处这样的环境?

我们在研究战略或者市场、经营的过程中,其中要面对一个很重要的问题就是如何保持增长?因为所有问题都需要通过增长来化解。我们这几年为什么很困难?一个核心的原因是增长降速。企业之前为什么活得很好?因为自然增长摆在那里。对于企业来说,做战略的一个基本要求,就是用增长来面对变化。

一、如何获得增长?如何让自己的增长超过别人?

从战略的基本思维来讲,有两个最重要的方式:一是用未来决定现在,二是选择不做什么。选择不做什么,你就有足够的资源集中去做什么,你就可以把别人抛开,因为资源有限,你越聚焦,你成功的可能性就越高。

二、复杂多变的经济环境下,我认为:未来已来

未来已来时,你要面对的到底是什么?你的旧观念是不是真的该终结掉?整个发展模式是不是要更新?经验是不是有末日?人跟组织的关系是否有可能被颠覆?"稳态"还会存在吗?

未来已来时,很多东西变了。比如说有没有边界?这就是一个很大的问题。什么才是真正的驱动力量?新的生活方式是否已经呈现?接下来,技术、想象力以及未来到底是什么?我们能变成"新人"吗?而"新人"有可能是机器人。

最核心的问题是:你属不属于那个未来已来的你?你属不属于那个未来已来的世界?

三、旧思维比新技术更可怕

很多时候，我们被淘汰，绝对不是因为这个世界的变化，绝对不是因为技术为这个世界的变化，绝对不是因为技术和外部环境变化，而是我们自己还生活在过去。很多人虽然生活在2016年，但是思维方式可能还停留在2000年前，这才是真正可怕的地方。

这让我想起电影《星际穿越》，什么是真正的推动力？其实是爱，是父亲与女儿的爱。父女在两个时空里相望，反复预示着，眼前正在发生的一切，也是未来发生的一切。你今天拥有的一切，也是未来拥有的一切。假如你今天不努力，那个未来你就不会拥有。

这种变化正在发生，比如工业4.0。有人认为无人驾驶汽车离我们的生活还很远，但是德国博世集团却开发出一套产品模式，让无人自动驾驶车去停车场，这个产品模式需求巨大，并可以很快进入我们的生活。

从技术上讲，未来的大趋势就是从互联网到物联网，再到人工智能与生命技术。但问题就在于互联网、物联网、人工智能、生命技术对所有东西带来了改变。最大的改变是什么？是每个行业么？是每个行业被颠覆？"稳态"还会存在吗？

举个例子，企业卖农机产品，一开始卖产品，接下来卖智能产品，有了移动技术之后就卖智能互联产品。当发现智能互联产品所有人都有了，就必须卖产品系统了。产品系统卖完之后，就得卖整个产业的结构。如果你不在这个产业结构网络当中，你是做不下去的。再比如，乐视的生态结构，其实是对的。从产品边界到互动边界，然后到网络边界，再到结构边界，一直在打通。如果不在一个结构当中，你很难有机会。你在什么样的结构里？这是非常关键的。因为边界被调了，所有的要素也变了。

今天制造业所有的知识和技术跟以前完全不一样，如果你还是用原来的知识和技术面对今天的制造业，将会很难。

比如GE，把财务公司卖了，把家庭电器卖了，是因为GE发现定义的边界变了，对制造业的要求变了，制造业最重要的是降低损耗、提高效率，因为制造业占用了非常多的资源。GE从2008年开始转型，现在已经可以很骄傲地宣布，他们在新一轮的变革中走在了前列，借助新技术模式，为航空公司提高燃油效率，因此获得了全新的客户和创新价值。在今天的行业当中，这就是极高的效能，因为降低一个点的成本就是提高一个点的利润。再如福特汽车,要建一套完整的汽车生产线,整车出厂下线的新工厂建设只要26天,全部用数据与智能组合,这已经改变了整个制造业的效率。

四、增长逻辑变了,但顾客价值不变

云时代,从运作逻辑到世界图景,从基础法则到时间法则、空间法则,从协作法则到发展法则,全变了。今天你甚至不知道谁是你的竞争对手,所有行业的游戏规则都在调。互联时代的到来,最重要的两个要素变了,一是行业的本质竞争要素改变,二是增长逻辑改变。

工业时代,行业的本质竞争要素是规模、质量、成本。

在2015年之前的互联网1.0时代,行业的本质竞争要素规模增长、盈利增长、技术进步以及资本驱动,特点是有钱就任性。互联网企业没有盈利,但是估值很高,不盈利也赚钱,这让很多传统企业焦虑不安。但是我觉得这样的日子就要过去了,在互联网2.0时代,需要真正的价值、有效的市场,不是随便免费的用户,一定是精准的用户,一定要考虑流量、考虑数据、考虑价值创造。增长逻辑也从之前的线性增长变成非连续性增长。

今天诞生出那么多新兴企业,它们和你根本不在一条轨道上,其实是增长逻辑变了。因此,对企业而言,真正的挑战是创新价值不同。工业时代关心产品,但是从互联网1.0时代开始,关心消费,互联网2.0时代,关心系统和结构,也就是产业互联网。

阿里巴巴、腾讯、IBM等企业最核心的是什么?就是不断打破边界。他们在构建一个生态结构,让更多的人在这个结构里生长起来,这是他们最厉害的地方。但是依然有不变的东西,那就是顾客价值,也就是做企业的起点和终点。德鲁克给企业的定义非常明确,那就是创造顾客。

面对未来,有四个最重要的关键词:技术、数据、创造、智慧。

我们现在面对太多变化、太多无奈、太多阻碍、太多机遇、太多挑战、太多诱惑,一系列的变化需要靠你自己做选择。怎么做选择?我觉得不是用机会,而是靠你的价值判断,这个价值判断就是你的精神成长。

(原载:《中国企业家》,2016年第21期)

增长型思维的三个内涵

20多年来在深入做"中国领先企业的研究"中，我最深的感受就是中国企业在发展到一定阶段时，遇到最大的挑战是组织的瓶颈和惯性。一个组织到底有什么样的思维惯性？这对企业来讲是至关重要的。我们常常说改革难、转型难，很大原因是整个组织的思维惯性卡了壳。人们认为组织管理主要是管控，尤其是在一个大型组织里面，这种想法导致企业形成一种组织思维惯性。这个思维惯性中重要的区分在于你是一个增长型思维，还是非增长型思维。非增长型思维就是把KPI完成，不要冒险。但是如果是增长型思维就会不断努力去做，在任何情况下看到的都是机会，不会仅仅看到挑战和压力，所以不可能有焦虑。所以如果你有焦虑，那么一定是你的思维方式错了，如果你的思维方式没错，按道理你看到的应该是机会，因为今天从未有过这样的商业机会，那样的丰富和多元化。

管理学界和商界人士大多将企业的战略思维或者战略作为企业成功的关键。但是在企业发展的实践过程中，另一个也需要关注的是组织思维，尤其是组织思维惯性对企业的成功至关重要。一个企业组织在平稳发展时，最可怕的是怠惰，是组织疲劳，就像人们说的"温水煮青蛙"；最可怕的是固步自封，活在自我的成就上，活在过去的功劳上。这样的组织开始自己淘汰自己，而不是因为环境或者技术，更不是因为对手或者竞争者。

因此组织思维惯性是一个非常值得关注的问题，这也是那些优秀企业在企业文化与组织建设中极为重要的一个方面。如华为顾问田涛先生在一次报告中所言："组织在早期要强调活力，要海盗精神，甚至匪性。我们说华为把秀才造成了战士，忽略了一个中间环节，那就是首先第一步是把秀才变成土匪，让他们有匪性很重要。这难道是中国人的发明吗？这其实真正是人类普遍的组织成长价值观。欧洲人是怎么走到今天的？几百年前的西班牙、葡萄牙怎么能够成为当时的世界霸主？靠的是什么？靠的是海盗精神。当他们富裕起来的时候，就开始搞资本市场，金融至上，开始忽视失业，开始普遍享乐，澡堂多过教堂，那种狂欢的文明，衰落一定是必然的。后来英国怎么崛起的？当时的英国女王给那些到全世界掠夺财富的英国海盗们颁发了批文，叫'探险'。正是这种掠夺式的探险，才使得大英帝国在它的巅峰时期统治了整个世界的一大半。"我想田涛先生用"海盗精神"做比喻，只是强调一个组织文化中，需要有不断冒险的精神，而不是安于现状的精神。

增长型组织思维是极为重要的，它包含三个方面的内容：从外向内看的思维原则，鼓励探索与宽容失败的思维模式，打破边界思维方式。

一、从外向内看的思维原则

这个原则需要企业组织与企业管理者能够基于外部而不是内部，基于顾客而不是自我，基于市场而不是产品，基于行业而不是资源，基于变化而不是历史来分析问题、理解企业自身。我把此定义为思维原则，是坚持要求企业组织要严格按照这个基准展开思考与工作。这个思维原则有以下几个最核心的内容，第一是必须从外审视你的企业；第二是不断扩大对市场、对行业的理解；第三是利用一切技术和机会明确顾客需求；第四是不断重构企业核心能力。

我们都知道今天的经济进入了一个新常态，记得海闻教授对新常态用了三个概念，增速开始调慢、结构开始调整、新技术产生。我非常认同海闻教授这三个判断，这也说明企业发展的整个外部环境的确发生了很多变化，在中国大部分产业都遇到产能过剩的结构问题，比如中国饲料产能利用率只有38%左右。这样一个完全产能过剩的概念中，你的增长从哪里来？增长点只可能在结构内不可能在结构外，结构内的增长和结构外的增长，这两者对企业的要求是完全不一样的，这需要新的能力。

新的技术出现，不仅仅是互联网，我们看到更多新兴的技术对各个行业都产生了非常多而且巨大的挑战，所以大家一定要明白，面对这样巨大的变化，我们就要问自己这条路应该怎么去走？我相信这就是今天企业组织所要面对的最重要问题：怎么确定自己的增长之路？如果组织掌握从外向内看的思维原则，就能够在这样的环境下找到增长的机会。以我自己最近三年的实践为例，在2013年10月，我与中国饲料行业的许多同行交流时，探寻这个行业最大的变化是什么。以前是农民来评价饲料企业好不好，现在是消费者来评价饲料企业好不好，产品安不安全，行业的评价体系完全改变了。如果从农民的角度评价，最重要的评价是企业服务方不方便，成本低不低，质量好不好；但是消费者评价，就是看企业产品安不安全，可靠性如何持续保障。整个评价体系变了，这时候你对行业的定义就要变。

我相信所有的行业也一样遇到这个难题，这个难题就是行业的定义会变，你不能用你的经验、历史再来规划你的行业，如果那样，你被淘汰也是必然的。从某种意义上来讲，如果能重新定位，其实机会更多，所以一定要从外而内来看企业。

二、鼓励探索与宽容失败的思维模式

这种模式需要企业组织与企业管理者能够在内部形成一种默契的文化，包容与支持团队成员不断探索、不断尝试，才会不断创新，获取主动从而迎接挑战。我们都知道，在今天人才的作用、人的创造力决定着企业的成败。在过去很长一段时间，资本与资源稀缺，所以资本与资源的支配力更大一些。现在情况变了，无论是现在，还是未来，人才以及人的创造力会成为稀缺以及决定性因素，资本要附着在人才身上，才能够真正发挥价值。我把这个定义为思维模式，是需要企业组织，尤其是核心管理团队能够养成这种默契以及评价习惯。这个思维模式有以下几个最核心的内容：第一是在企业价值共识约束下的自由发挥；第二是奖励探索；第三是包容失败。

强调企业价值共识约束是前提条件，人才的培养最重要的是价值共性的形成，有明确的价值观指引，才能证明行动的有效性。对于人才本身而言，他们具有创造力，同时也可能带来破坏力。因此在共同价值观约束之下是一个极为重要的前提条件。在企业中流行着一种"能人"的说法，这些能人的确直接影响着企业的经营绩效，如果"能人"不作为，绩效立即波动。正因此"能人"常常要求企业为他打破规则，为他做出很多组织约束上的让步。请理解，在这样的情形下所获得的企业绩效，是极为危险的，因为无约束力的人才，有一种极为不负责任的创造力，这并不是我们所提倡的。因此企业价值观共识前提下的创造力，才是我们所提倡的。所以，我坚持企业需要"对的人"而不是"能人"。华为提倡的"以奋斗者为本"之"奋斗者"是对的人；英特尔公司提倡的"我们欣赏战败的人而不是气馁者"，战败者也是对的人；杰克·韦尔奇在GE强调的，所谓忠诚，不是在实体中的时间而是在外部市场上取得胜利的人，这也是对的人。真正的人才，不是你创造了多少业绩，而是你在共同价值观下创造的价值。

在《激活个体》这本书里，我特别介绍了谷歌的"创意精英"组织管理模式，谷歌所做的实践，就是缔造了一个如何让每个成员能探索的组织。我们看到基于新技术，特别是互联网技术的新兴公司之所以充满活力，正是因为他们的组织都是一个鼓励成员探索的组织。这样的组织需要打破层级、岗位以及分工；这样的组织给员工提供各种资源，以促成员工们探索的可能。3M公司的组织管理体系中，准许员工跨部门成立工作小组，准许员工拿出工作时间的15%自己支配，去做与本职工作不相关的事情，为员工设立创新工作的氛围与平台。这样的结果是，3M公司最近五年来的新产品贡献率，绝大部分都是来自于内部员工在15%的自由时间里的价值创造。

包容失败是做到获取创新的一个基础。之所以把这一点作为核心内容提出来，是因为中国传统文化中固有的习惯是不容易包容失败。里约奥运会中国女排的胜利让中国人极为振奋，2016年8月21日守在电视机前观看女排决赛的收视率，达到70%的惊人数据。30多年来，女排精神鼓舞着我们整整几代人，逆境中崛起，永不放弃、永不言败的团队精神是女排精神的核心内核。只是在女排处在低谷的时光里，并没有得到这样的关注和肯定，所以郎平才会说：女排精神不是赢得冠军，而是有时候即使不会赢，也竭尽全力！我们需要在遇到低谷时给予帮助和支持，最后才会取得成功。

我喜欢华为对于创新与研发的设计，华为每年把销售收入的10%～15%投入研究和开发中，大家都知道这是一个巨大的数字，其中30%用于研究。研究是一个不确定性的工作，需要鼓励探索与冒险。对于不确定性工作，华为设定了一个收敛值0.5，也就是说允许50%的失败，在华为看来，这不叫失败，叫探索。看到这里，大家会明白华为走到今天，为什么有如此巨大的竞争力与增长能力。

三、打破边界的思维方式

这种思维方式需要企业组织与企业管理者能够突破固有的边界、管理方式以及体系，为市场与顾客服务，而不是为组织内部的制度和系统服务。正如第二部分所言，所有的边界都被打破了，这其中自然包括企业组织的边界。这个思维模式有以下几个核心内容，第一是用平台取代层级；第二是协同提升分工；第三是整合优化资源。

传统的组织管理是一个围绕层级结构而展开的权力与责任体系，在这样的体系中，层级有着巨大的影响作用，不同层级有着不同的权力分配以及信息传递，不同层级之间有着一种心理契约，无法突破并形成一种隔阂。在层级结构之下，无论多么强调合作，无论花费多大的努力去打造一个合作的企业文化，但一旦回归到岗位角色，每个人必然会本位主义，"屁股指挥脑袋"。因此，优秀的企业都会在企业内部设立众多发展平台，打破层级结构。海尔的"人人是创客"以及"人单合一"的组织管理模式，华为的"轮值CEO"组织模式，新希望六和的"划小单元""四大创新平台"设立，都是设立平台组织的有效尝试，并都取得了明显成效。

我们都很清楚环境带给组织的挑战，也都清楚组织柔性是多么重要。但是如果要获得组织柔性，就必须解决分工如何发挥协同效率的问题。大家也知道管理成为科学就是从分工理论开始的，因为分工才有了提高劳动效率的途径。因为只要是谈论管理问题，一定是解决效率问题。现在管理者遇到的挑战是：分工似乎成了阻碍效率实现的障碍。我自己也亲身经历了这样的情况，我去调研的很多企业中，这是普遍的现象。解决这个问题的途径是用协同提升分工，这就要求每一个成员能够用系统思维和整体意识来对待自己的分工，用配合他人、达成整体绩效作为自己的工作准则，在组织内部有奉献，才会有价值创造。

整合优化资源是需要管理者真正理解并力行的思维方式。我们可以先从战略层面来看这个思维模式的重要性。首先，看看谷歌创造价值的模式。使用谷歌搜索服务是免费的，免费吸引全球20亿人上网搜索，搜索服务提供者把这20亿顾客资源卖给第三方，即所有想通过谷歌把他们的资讯传播给这20亿谷歌的个人或机构，或许年收入能够达到2000亿美元，但如果直接向顾客收费，不可能获得这样的结果。再看苹果，苹果不仅把手机作为一个商品，而且把手机作为一个平台，因为平台可以整合第三方，把那些和手机用户有价值关联的企业或谷歌整合在手机这个平台上。可见整合优化资源是多么重要，运用这一点的谷歌与苹果，都成为持续增长的优秀企业。

我们再从组织层面上来看看这个思维式的重要性。华为最近有一个大讨论，其核心思想是任正非先生提出的"炸开人才金字塔，与世界交换能量"。在这个讨论与共识之下，华为开始无限扩大外延，用华为分管人力资源高级副总裁的话说，就是"使内部领军人物辈出，外延天才思想云集。"这位副总裁分享了一个例子，隆巴迪先生（Renato Lombardi）是著名的微波研究专家，他是意大利人。五年前，华为因为他把华为微波研究中心设在米兰。克里纳先生（Martin

Creaner）是全球知名商业架构师。两年前，华为为了他在爱尔兰科克市，一个不知名的小城市，设立了研究所。如今，这个"一个人的研究所"也有了20多人的专家团队。马修先生（Mathieu Lehanneur），曾是卡地亚、三宅一生等品牌的设计师，现在，他是华为法国美学研究所的首席设计师。人才在那里，资源在那里，华为就在那里，这就是华为的组织管理逻辑。

增长型组织思维对于企业组织来说，是极为重要的。很多企业还没有形成这样一种组织思维模式，大部分的企业是一种非增长的组织思维惯性，满足于完成企业的KPI，满足于已经取得的核心竞争力，满足于自己行业的经验，不愿意去冒险，不愿意尝试新东西，这样的组织就是非增长型的组织，是需要彻底做出改变的。

（原载：《中国机电工业》，2016年第11期）

互联网时代管理者面临新挑战

新技术驱动背景下,使得很多企业的管理和运营模式面临巨大的改变,也改变对管理理论的认识。

在现实观察中,我们发现曾经非常巨大的公司今天都面临着挑战。当下,商业模式成功的核心不是商业本身,而是建成以顾客为价值的核心组织。今天所有的企业和人都有机会创造新的商业模式,但这个商业模式能不能成功,取决于组织能不能真的建立以客户价值为导向的核心逻辑。

单从组织角度去看,目前遇到最大的挑战就是共享的出现,有两件事情在今天是非常明显的:一个是雇员社会消失。为什么人们越来越不愿意在雇佣关系中工作?因为雇佣关系本身会伤害创造力,而今天所有的努力是为了创造力的发挥。另外一个是个体价值的崛起,年轻人为什么愿意自己创造新的品牌,因为现在的年轻人有自己的消费主张,不从众。

20年前管理学研究最重要的词叫忠诚度,10年前叫满意度,5年前叫幸福感,你只要知道这三个词的变化,就能知道个体跟组织是一个什么样的关系,今天这个关键词我称之为自由度,随便进随便出。这些挑战就使得我们不仅要给顾客一个很好的体验中心,也要给员工同样的体验中心,整个管理体系都会改变。

组织的属性也变了,它是平台的,不再是结构的;它是开放的,不再是僵化的;它是协同的,不再是分工的,最重要的是他要给人幸福感,不再是控制人。这种改变使得我们的领导者要培养一些新的能力,所以我们将管理者称为变革的领导者,他们更多要展现影响力和对价值观的坚守。还有一点很重要的就是能够坚持改变的韧性。

从组织到文化、到人全部是改变的,以前管理学的范式其实是基于组织架构来谈,今天应该是基于组织跟个体的价值一起来谈。为了得到这个共享的价值,很重要的一点是要求管理者作调整,所以管理范式新的的核心是你身为领导要有思考的能力，而且是能够激发个体的内在价值的，更重要的是考虑如何让大家都能够得到这个共享。

（原载：《联合时报》，2016年11月11日）

第二部分

论人的成长

成 长

科学技术的发展与民族思维模式现代化

思维模式是反映一定阶段上人们认识能力和特征的思维要素、结构和方法论原则,是包括思维认知结构、价值结构、情感结构和审美结构在内的四维立体系统。作为各民族文化传统、心理体系和思维能力的理性积淀物,它属于民族文化体系的深层结构,并对民族文化传统的凝聚和维系起着重要的定式作用。要探讨民族素质现代化的问题,就不能不探讨民族思维模式现代化的问题,本文仅就科技发展与思维模式现代化的关系谈点认识。

一、科技发展促进人类思维模式变革

人的智力是按照人如何学会改变自然界而发展的。古代人类的采集、狩猎活动,以及后来以种植业、畜牧业为核心的生产活动,基本上停留在与自然之间的实体交换水平上。社会低水平的生产实践和萌发中的科学文化,对人类认识的精度要求不高。从思维的内部机制来看,由于主客体分化水平非常有限,个体意识又完全被包含在不发达的群体意识之中,并为各种超自然的神秘力量和因素所缠绕,所以,只能从整体上把握对象世界的模糊图景。以蒸汽机为代表的动力机的发明应用,以及对煤、石油、电力等能源的开发利用,标志着人类生产冲破了自然条件的限制,其与自然之间的交换活动,已从实体推进到能量交换水平。人类在实践中对能量守恒和转化规律的发现和利用,在客观上要求思维必须摆脱和扬弃直观综合的模糊化模式,实现向还原分析的精确思维模式转变。资产阶级文艺复兴和人文主义思潮的兴起,不仅使人类的个体意识从宗教、神权的压抑下解放出来了,也逐渐从群体意识中游离出来,使主体的自我意识和客体的内在属性成为精确思维的两极，使概念、抽象思维的发展成为可能。

从19世纪开始，人类发明和应用电报、电话以及在通信、控制装置中传递信息的技术后，就预示着人类即将深入到以信息水平来直接考察和控制对象世界的运动过程。第二次世界大战后，以核能控制、宇航工业、卫星通信、电子计算机和遗传工程为主的现代信息控制系统的建立，以信息论、控制论和系统论为核心的方法论学科的蓬勃兴起，标志着人类文明发展第三次浪潮的到来。在信息时代里，人类视野在微观和宏观领域的拓展，促使人们把确定思维和不确定思维，精确思维和模糊思维统一起来，融合和凝练出科学的系统综合思维模式。

正当西方追随科学发展已进入现代思维模式的时候，我们的思维模式却还长期保留着浓重的直观综合模糊化特征。这与中国科学技术发展落后有着直接的关系。大家知道，亚细亚文明的早熟，使我国战国时期的文化就达到领先的水平。但随后科学技术的渐渐落伍，使中华民族理论思维素质长期停留在经验外推和直观思辨水平上。

二、顺应现代科学技术发展趋势，优化民族思维模式的内在结构

首先，科学技术的发展，使得各民族的交流日新月异，民族思维视野开阔，并且传统思维模式赖以生存的封闭性文化环境也被彻底打破：面对着世界经济一体化和各民族科学文化的融合，以及人类知识的急剧更新、信息爆炸的态势，传统思维模式已满足不了时代的需要。因此，建构一种动态多变的开放性思维结构势在必行。

其次，科学技术进步带来的社会生活日趋开放和信息水平的提高，瓦解着传统的宗族血缘关系，调整着人们社会活动的基本结构，使民族思维的心理基础有了较大程度的改善。信息革命和微电子技术不仅提高了民族征服自然的能力，也逐渐改变了我国传统思维中不发达的群体意识和伦理情感世界观压抑个体意识的状况。科技的进步和我国的改革开放，为每个人才能的发展提供了非常有利的现实条件。这一历史进步在思维结构内部，导致了两个基本的变化：一方面个体思维形成了一种独立的、多向度、多变的活性智力结构；另一方面在个体意识充分发展的基础上，群体思维又按照新科学规范的理性结构，生成着一种富有张力的、综合性的智力结构。二者的统一，把中国人的现代主体意识推进到一个新的高度。

再次,现代科学技术冲击形成的效率观念和全球意识,冲击着传统思维模式的时空结构,使思维的精度、效率成了提高民族思维素质的突破口。缓慢的思维节奏和狭隘的思维空间,构成了中国传统思维不计较效率的特点,而现代的高效率思维要求人们摒弃那种以宁静、空泛的方式来反思对象的思维途径。凝练出快节奏、高精度的思考方式。

最后,科学及其方法,尤其是数学及其公理化、形式化思想的影响,将使民族的科学思维在定量分析和精确化方面有着长足的发展,并且成为民族思维模式现代化的重要动力。

综上所述,顺应改革开放和科技发展的大趋势,实现中华民族思维模式的现代化,是摆在我们面前的一项紧迫而艰巨的历史任务。

(原载:《探求》,1995年第1期)

进步无限　创新永恒

科技进步、管理创新是当今世界企业永恒生存与发展、社会进步与繁荣的两个轮子——这已为无数实践所明证。

江泽民主席说过，创新是一个民族进步的灵魂，是国家兴旺发达的不竭动力。创新是知识经济的动力，是企业发展的动力，是社会进步的动力。尤其是面对目前世界经济一体化进程的加速，国际竞争的加剧，社会信息化程度的提高，创新更是已成为政府、企业界和科技界共同关注的热点问题。

在新千年到来之际，本刊以全新的面貌与广大读者见面。改版后的《广东科技》将秉持创新与求实的精神，以学者的理性、改革家的赤诚、新闻工作者的犀利，俯瞰商战风云，追踪市场热点，聚焦于工商企业在科技与管理两个领域内的耕耘与探索，以及由此而带来的得失与沉浮。

本刊是一座舞台，尽展工商企业在国际国内大市场的角逐中，依靠科技与管理两柄利剑力克群雄、问鼎成功的壮业英姿；

本刊是一方讲坛，处于科研前沿的海内外专家、学者，将传播当代世界科技进步与管理创新的最新理论、最新潮流和最新科研与实践成果，并对在技术创新与管理现代化的实践中所遇到的热点疑难问题做出独具匠心的思考与回答；

本刊更是现代"儒商"以及成功企业家的言论阵地，是分布在全省各地广大的科技界、工商企业界人士介绍经验、交流心得、发表论文的科研园地，同时也是增进感情与友谊的"交心沙龙"。

本刊也是一座桥梁，她连接着政府科技和经济主管部门、理论工作者与工商企业家，她为政府决策、理论探究提供活生生的事实依据及典型案例，她为广大的企业界人士提供及时和有预见力的政策分析及有针对性的理论指导。

本刊属于以科技与管理创新为特征的伟大时代，更应属于在当今经济建设的广阔天地坚韧拓荒、锐意进取，以泪水、汗水书写科技与管理进步历史画卷的人们。

（原载：《广东科技》，2000年第1期）

科技创新动力不竭

中共中央政治局委员、广东省委书记李长春提出了实现广东科技进步的"五个一"工程,主要内容是:

(1)牢固树立科技是第一生产力的思想;

(2)走出一条经济与科技紧密结合的新路子;

(3)把发展高新技术产业和高新技术改造传统产业作为第一经济增长点;

(4)制定一套扶持高新技术发展的政策措施;

(5)第一把手抓第一生产力。

依靠科技进步推动产业结构优化升级是我省经济保持优势地位的关键。"五个一"工程,正是紧扣国家产业政策提出的实现广东科技进步的总体思路。

科技进步,属于一个创新的民族!

科技进步,属于一个创新的行业!

科技进步,属于一个创新的企业!

走在行业的前列,是高新科技企业实现战略目标的第一棒。

本期以介绍"创新基金"为主线,为企业提供系统理性的融资分析、投资分析以及经营分析,引导企业争做行业领头羊,实现科技创新,贯彻落实"五个一"工程。

科技创新,动力不竭!

(原载:《广东科技》,2000年第3期)

良好师德是立教之本

教师教学、生活中的一举一动，都可能成为学生模仿的对象。因此，塑造一个良好的教师形象，我们的教育也就成功了一半。而要塑造良好教师形象的前提就是立师道，形成良好的教师职业道德。

教师要实现教育人道化，要培养出真正能担当起社会主义现代化建设这一历史重任的全新人才，首先要热爱学生，给予学生热情的关心和爱护。学生是由一个个独立的鲜活的个体组成，不同的年龄、家庭背景及遗传等因素，造成他们的个性差异很大，有不同的思维方式、不同的情感和不同的兴趣爱好。因此，教师在施教过程中，既要注意坚持全面施教；又要注重学生的个性差异，尊重学生，信任学生，关心学生。切忌讽刺挖苦、歧视侮辱、体罚或变相体罚，否则将导致学生不信任教师，不信任学校，甚至不信任社会，向人格不良化或畸形化发展，后果不堪设想。而民主、平等、和谐的师生关系，改变了"师道尊严"的传统观念，把学生看作学习的主体，教师放弃了高高在上的权威，用平视的目光、对等的语言，与他们平等交往，从而使学生感受到自己与老师之间的平等关系。

教师是人类灵魂的工程师，不仅要教书，更要育人，以自己模范的品行来教育和影响学生。教师要成为人类灵魂的工程师，必须严谨治学。社会在发展，时代在变革，学生也在发展变化。这就要求教师要更新教育观念，转变教育思想，改革教育模式，研究教学方法，以适应社会经济和科学技术迅猛发展的需要，适应学生人格、思维和发展的需要。

面对21世纪人类的文明进步和社会的发展，教师应加强自身的道德修养，做基础教育的传播者，努力成为学生心目中永不磨灭的人格丰碑。

（原载：《西藏日报》，2003年9月26日）

无心之茶　柳绿花红

2003年底，我自问：在将要过去的一年里，为什么自己心中梦想的东西还是停留在梦想中？在这个时候，恰好看到《从优秀到卓越》和《追求卓越的激情》两本书，我知道这正是我想要看的书，也是我想做的事情。于是我决定放弃教学，专心把10年来的梦想变为现实。

事实上，近10年来，中国各个领域的管理者都在反思自己的管理方式和行为。实践也证明，所谓的管理理论和管理原则往往无助于他们的组织。企业到底如何发展？企业怎样才能够摆脱面临的困境？似乎有解又无解。因为我们无法判断企业到底能够活多久，从历史上看，能够活300年的企业已经是寥寥无几。

但是，这又何妨？

一休禅师的弟子创立了"茶道"。一休禅师就问道："珠光！你是以何种心态在喝茶呢？"

珠光回答道："为健康而喝茶。"

一休禅师叫侍者送来一碗茶。当珠光捧茶在手时，一休禅师大喝一声，并将他手上的茶碗打落到地，然而珠光依然一动也不动。过了一会儿，珠光向一休禅师道了谢，便起座出门。

一休禅师叫道："珠光！"

珠光回头道："弟子在！"

一休禅师问道："茶碗已打落在地，你还有茶喝吗？"

珠光两手作捧碗状，说道："弟子仍在喝茶。"

一休禅师不肯罢休，追问道："你已经准备离此他去，怎可说还在喝茶？"

珠光诚恳地说道："弟子到那边喝茶！"

一休禅师再追问道："我刚才问你喝茶的心得，你只懂得这边喝，那边喝。全无心得，这种无心茶到底怎么喝？"

珠光平静地回答道:"无心之茶,柳绿花红。"

一休禅师大喜。

我亦大喜,真的是"无心之茶,柳绿花红"。我们在包罗万象中感受茶道,同样可以在万千企业的变化中感受企业成功之道。记得迈克尔·波特说过,作战略,务必学会取舍。进行管理也应该娴熟此道,因为企业本质上来讲,应该永远面对问题,而且必须解决问题。如果不知道怎样取舍,有可能会在有限的资源下陷在问题的泥潭中而无法自拔。我所关心的正是那些可以有效利用资源解决问题的企业管理之道。

2003年3月与南京大学商学院的赵曙明教授聊天,赵老师告诉我说,回国10年来他一直想做与我一样的事,我们相约把想法变为现实。与此同时,海然正在与我一起作价值链的研究。我们再一次为这个主题兴奋和快乐,毕竟近10年的想法开始步入实施的过程。10年来一个理念一直支撑着我的教学和管理研究,那就是:国企应该有着不同于世界上其他企业的管理模式,中国企业应该可以为管理研究贡献自己的模式和经验。自己从事管理教学和研究已经10年,尤其是在中国家电行业中浸润了10年,当我们承认国际家电巨头对中国市场占有的同时,我们也欣喜地看到海尔、TCL、科龙、美的、康佳、创维、春兰、海信等一大批中国本土家电企业崛起,并与这些国际家电巨头分衡天下。而近10年的中国企业总是让人感受到成长的快乐。因此自己常常梦想:找寻中国本土企业的管理特点,这个历程是与毅力和耐性较量的过程。有一次海然给我邮件说:我快呕血了!我鼓励她也是鼓励自己,只要坚持就是胜利!今天,我们终于可以把这个理想中的书稿呈现在大家的面前。当赵老师和我拿着书稿去征求2001年诺贝尔经济学奖获得者A·迈克尔·斯宾塞博士意见的时候,他高兴地说,这是对企业非常有意义的一件事,不仅要让中国企业了解它,也应该让世界企业了解它。

我们能够贡献的东西很少,都是这些先锋企业所贡献的,当我们站在巨人的肩膀上的时候,我们看到的一切都是巨人的眼界。当我们总结出先锋企业的4个导入因素(英雄领袖,中国理念、西方标准、渠道驱动,利益共同体)和4个导出因素(企业文化、核心竞争力、快速反应、远景使命)的时候,我们还知道先锋企业更注重的是如何把这8个因素运用在实践之中。这才是我们必须敬仰的东西。李东生说过:"如果再过5年、10年,在国际大舞台上仍没有我们的位置,那就是中国企业家的失职。"只是我需要作些更正:如果再过5年、10年,在国际大舞台上仍没有我们的位置,那不仅是中国企业家的失职,更是中国所有管理学者和研究人员的失职。时间已经来到了2004年的5月，一年多来排除各种干扰和诱惑，我们终于完成了这个研究的阶段性报告，知道后面的路很长，就如我们所研究的先锋企业一样，还必须面对问题、解决问题，这是管理的规律，也是研究的规律。

我们只能一步一个脚印地走下去。

（原载：《中国畜禽种业》，2005年第2期）

职业经理人的修炼：
从融、和、适开始转变

职业经理人要转变要解决思维方式，转变心态和自己的行为，必须从这三个方面来转变：融、和、适。

一、首先是融

所谓"融"，就是要把个人的职业命运跟企业的命运融合到一起。这不是说职业经理人一定要绝对效忠企业的创立者，但是他要忠实于企业本身这个生命体。

当企业家本身对企业生命体造成破坏的时候，职业经理人可以通过他的努力，来形成一套好的决策程序，通过决策程序本身来制约企业家的一些个人性情和内在的无序冲动。前提是他必须首先融入这个企业，他的个人目标要与组织成长目标一致化。

不过中国目前一些职业经理人有两种极端，一是只尊重个人感觉或者说尊重经理人的这一职业，另一种就是有过强的创业心态，我借你这个平台创业。因此职业经理人跟企业之间更多的是一种博弈关系，就是以投机主义对投机主义。这是一种系统的负向思维，以不信任对不信任，以短期行为对短期行为。这个问题企业家要解决，职业经理人也要解决。

二、第二是"和"

就是要和而不同、求同存异。职业经理人进入企业之后，要找到企业内部最大的支持者，要尊重企业历史上形成的状况。在思维方式上、战略选择上和管理行为上,找到共同的交集。不能按照一分为二的思维,而是要用合而为一的思维。中国传统思想上有斗争思维,一变二,这是一种裂变的思维;还有一种是和的思维,这是一种统一的思维。这需要职业经理人有一种智慧。相对应的是道家和儒家思想,老板都喜欢道家,因为它是裂变,一生二、二生三、三生无限;儒家就比较强调克己复礼,强调统一、融合、中庸,所以职业经理人就应该追求儒家思想。

如果职业经理人在观念上没有意见,要争取最大化的交集、共识,那么外化到具体的行为方式上就会有些问题。所以中国的职业经理人需要更豁达,积累更多的人情经验。

三、第三是"适"

职业经理人要深入企业,找到合适的解决问题的办法。这与"和"的意思是不太一样的。"和"就是要取得更大的统一,就是善于化敌为友,要自我改善生态环境,自我营造一个绿洲。"和"是针对企业的具体环境、具体生态、具体历史,自己去改造生态环境。"适"就是要找到企业的具体解决方案,你不能盲目地去否定过去产生的历史。为企业提供解决问题的方案,要个性化,或者说具有企业特色。做人的原则要适应这个企业具体情况。

四、职业经理人需要具备六个素质

第一个素质,具备管理道德责任。职业经理人向谁负责?有人会说向企业负责,有人会说向社会负责,有人会说谁雇佣我向谁负责,有人会说向自己负责。从聘任关系上来讲,应该是向聘用你的人负责。当企业所有者在出现战略性错误时,职业经理人会面对管理的道德标准和社会的道德标准的矛盾。这时候从职业角度来看,经理人只能服从企业的管理道德标准,要不就选择离开。

第二个素质,职业经理人必须从关注结构转换到关注人。大部分职业经理人都是关注结构,喜欢生硬地遵循自己的思路、架构来管理企业,这往往会碰壁。职业经理人要更多关注员工对企业的认同,关注与员工的良好沟通。

第三个素质,职业经理人从关注程序和流程转换到关注企业的核心能力。职业经理人会很关注流程、程序,但是他可能不知道这一大套流程和程序跟企业的核心能力是不配的,因为很多企业是有它自己的能力,因此经理人首先要了解企业的核心竞争力，才能找与之配的程序流程来运作。

第四个素质，就是实事求是。职业经理人要基于事实来管理。用诺基亚管理者的话说就是基于事实和数据的管理，并且这个事实和数据必须是这个企业的事实和数据。

第五个素质，要具有一个嵌入战略的素质。就是要把自己构想的战略嵌入到企业中，不能光谈战略，但是嵌入不到企业当中去。现在经理人常犯的一个毛病就是，他的战略观念很强，但经常是他唱自己的调，无人应和。这是一个非常重要的素质。对于企业组织的管理和文化，要继承与发扬，是一种扬弃的关系，而不是改造的关系。所以职业经理人必须采用嵌入，他有战略思想，企业家也有战略思想，他必须理解企业领导者的战略思想，然后找到一个切入点，嵌进去。

第六个素质，职业经理人必须是一个人才发动机。他要有能力让整个企业的人都变成人才。现在职业经理人犯的一个通病是，"我是人才，你们都是蠢材。我进来就要证明我强，你们都不强，你们过去的都是错的，其他人都错，实在不行我从外边再带人进来。"这是导致空降兵与地面部队发生冲突的重要原因。

职业经理人的各项素质融到一起，就是向上管理的素质，这是职业经理人的根本素质。以前的观点是对下属负责，这是对的。但是对于职业经理人来说，一个关键是董事会或企业所有者给予充分授权，如果连资源都没有，就丧失向下管理的平台。因此向上管理，能够管理上司和企业所有者，这样才能把职业经理人的作用真正发挥出来。

（原载：《东方企业文化》，2015年第21期；合作者：施炜）

学会"心定"

近来闲暇,我开始回问内心,管理到底应该是怎样的状态?做了十几年的管理学教师,看了十几年的管理文章,也写了十几年的管理文字,总是感觉欠缺点什么。那到底是什么呢?人生真的有很多东西是不能够理解的,就如人生的意义、管理的意义、成功的意义、事业的意义。这些年来,我对陈让的行动很感兴趣,他总是能够很好地享受工作成果,每年带着背包与相约的人上路,看稻城、四姑娘山、喜马拉雅山,即便是东北的小镇,他所拍摄的缕缕炊烟带给我的也是欣喜和赏心悦目。我们一直没有探讨过这样不断探索新的境地、不断调整工作内容的人生该是一个什么样的感觉。只是他这样做让我想起从前一个美国朋友的做法,他从2002年的1月开始,放弃工作、放弃家庭,到柬埔寨、越南、泰国去看风土人情,一直到回中国大陆。他告诉我,他就是想弄清楚:人生的意义是什么。之后他到禅院里修行半年,在东南亚又走了半年,他的结论是人生的意义就是:心定。

我不知道自己是否真的理解了"心定"的境界,但这句禅语给了我很大的触动,人不能够了无欲望,但是任何意义都是"心的"感受的延伸。想起幕夜,风过幡有声,两个和尚正在辩论,一个说是幡动,一个说是风动,争论不息。六祖便说:"不是幡动,不是风动,仁者(普通对人的尊称)心动"。境由心造的确如此。管理有时也是一个令人惆怅的事情,但是如果惆怅可以让人细细体味,本身也是一件好事。所以可以不必担心陈让是否可以继续工作,因为他已经是心定之人了。

前几个月在看超女,这个被誉为带来2005年全民快乐的节目,展示了独有的魅力,大报小报、大新闻小新闻,大人物小人物都在谈论、评论,喜之洋溢其表,弃之躲之不及,唯独超女们显现出超然的气概,令我佩服不已。我在想,超女用各种武器来打动不同"阶级"的人群,打动我的是李宇春的超然和单纯,我甚至在怀疑这份定力可以持续多久,因此在内心中祈祷超女们能够"心定"。

其实,我们很清楚,成功只是来源于一个非常简单的要素,那就是单纯。单纯地理解环境,单纯地做事,单纯地对待变化。

这几天在学校与2004级管理硕士班的同学谈论今天做管理的困境,班里同学不断地告诉我,他们的困难,难于环境的多变,难于政府政策的多变,难于人员的素质,难于中国文化的根深蒂固。我很能感受他们的困难,只是我还是坚持,管理者总是可以超越环境、顺应政策、超越人员的素质,超越中国文化的糟粕,这里需要一个最根本的东西,就是"心定"。需要像花一样单纯地做事,单纯地对待变化,沿着自己对规律的理解,找到成功的轨迹。

我们对环境的理解实在是太过现实主义了。环境固然是一个无法改变的东西,正如佛祖的智慧,非幡动、非风动,而是心动,比起环境的变化,更重要的是我们自己的认知能否超越环境的变化。记得有一次在课堂上,讲授如何应对变化,当我不断地灌输,变化最成功的方式,是改变自己而非改变环境的时候,学生们才清楚所有的变化只是源于自己的心态,如果自己心态是接受变化的,那么环境的变化只是一个因素而已。因为自己的心态,可以使环境的每一次变化变成自己的每一个成功的因素。其实"一切万法,不离自性。何期自性,本自清净;何期自性,本不生灭;何期自性,本自具足;何期自性,本无动摇;何期自性,能生万法"。

人的根本就是要静静地观察和了解自己内在的思想和意识,反观内心来感受世事。正如南怀瑾所言,我们所感受到的东西,一部分是由于感觉所生的思想和观念,如痛苦、快感、饱暖、饥饿等,都是属于感觉的范围,由它而引发知觉的联想和幻想等活动。一部分是由于知觉所产生的意识思想,如莫名其妙的情绪、郁闷、苦恼、对于自己和别人之间所产生的各种事情的不同思维等,当然包括知识学问的思维,以及自己能够观察自己这种心理作用的功能。所以我们应该知道,我们有着感觉和知觉两部分的思想意识在作怪,所以痛苦、快乐也好,莫名其妙、郁闷也好,其实都是我们自己的感觉和知觉的范畴。如果我们愿意放弃这些对于思想意识的刻意追逐,你会有一种雁过长空,风来水面的体验。所谓踏雪飞鸿,了无踪迹,才知平生所思所为的,都只是一片浮尘光影而已,根本是无根可依的。因此,你会知道,心中的一切,都是庸人自扰,由此再进一步,你就会明白六祖所言"菩提本无树,明镜亦非台。本来无一物,何处惹尘埃"的心得境界了。你也就能够体会山不是山,水不是水,身不是身,心不是心,这一切的一切，都只是你的想象沉浮在世间而已。

我这样的解释，只是想告诉自己，对于环境的理解实际上是我们自己心态的一个折射，学会放下自己，学会心定，才会真正地理解环境和世事。就如六祖非幡动、非风动、是心动的公案，并不是禅宗指示明心见性的法要一样，"两岸猿声啼不住，轻舟已过万重山"恰恰能够让我们明白，如何把自己与环境联系在一起，如何看待环境所带来的价值：境风吹识浪，一切情感思绪，都从外境之风吹起的，"依他起"之理，才是"仁者心动"的真实感悟。没有自己，只有本心，只有境遇，结果看到幡动、看到风动，这才是对管理者认知的要求。

我常常怀疑自己能否适应这个"变是唯一不变的法则"的世界。今天才知道自己的误区，不是这个世界是否改变，而是自己心态无法调适过来。我曾经羡慕过恩师的从容、佩服她的安然，我知道这是功底和定力！而今天更加知道，这个定力是面对今天这个环境所必需的境界。

（原载：《21世纪经济报道》，2005年11月10日）

不安的情绪

在去新加坡的飞机上,我还在看机械工业出版社最新出版的有关德鲁克先生管理经典的书籍,但是没有想到,下了飞机却得到了德鲁克先生去世的消息。我竟然不知道如何接受这个消息,也许生命的本体我还没有能力理解。

在这个混乱的现代世界,拥有"活眼"乃成为追求智慧的人所必需。我们对于人生的计算都在钱财之中,而对于真正急切的问题我们却很少真的了解。比如:我们是不是比昨日更有智慧?我们是否更深刻地理解和体验市场的客观规律?我们有没有与万物一心的慈悲之念?我们有没有彻见生命的真价值?

这些对生命真价值的观照、思维,就是生命的活眼,德鲁克先生具有这样的活眼。我们需要这些活眼,与生命环境保持着若即若离、不即不离的态度,活眼虽小,却可以望见百里以外的云山。对于今天的管理世界来说,我们有了德鲁克先生,德鲁克先生为我们开出了几方活眼:《管理的实践》《卓有成效的管理者》《管理:使命、责任、实务》《旁观者》等。这些书籍就像在苦恼不安的管理者生命中点起的一盏灯,让我们有观照生命实像、理解管理者使命和责任的活眼。德鲁克先生的思想有妙观察智、有成所作智、有大圆镜智。向外,看见事物的本体;向内,体察人性的真实。这种体察和观察如果能够落实,就如同在渺渺茫茫的原野,突然看见草原尽头有一盏灯,那种感觉真的很好,安心了,从此大安心了!

这些年为了自己的研究课题东奔西跑,一直处在跋涉之中。记得从10年前对中国家电企业的实际寻访开始,以后开始涉猎不同的行业和地区,但是深入企业实地寻访的习惯却保持了下来,无法停步。这样的研究习惯,今天回想起来,的确是受到德鲁克先生的影响。

以我自己浅薄的认识,一个人的生命的价值,就看他曾被多少重要的课题融解过。这种融解的体验是一种重大的人生享受,也许能够表述出来,也许无法表述出来，甚至有些时候表述本身倒成了一种失落。在这个时候想念德鲁克先生，有了很失落的感觉，在他完全被所有管理课题融解的生命中，他所享受的并不仅仅是"大师中的大师"的称号，更是21世纪管理面临挑战的答案。但是，我无法再聆听到他智慧的新思维了。

　　我一直很想成为德鲁克先生的一个交流者，这种交流在路上、书房中、课堂上、企业的细微管理上。每每翻看德鲁克先生的书籍，有着路上遇到了投缘者的感受，常常喜不自禁。夜晚，我常常在先生的书前静想，当夜幕把现代浮华全都遮掩之后，所有风尘满面的管理跋涉者们有多少差别呢？去年年底和今年年初，我一直被一种情绪所影响，我知道那是我对中国企业发展所感受到的不安。我不断地在德鲁克先生的思想中求证我的感觉，但发现还是没有完全的想透，还是一知半解。也许应该回到德鲁克先生对中国管理者的忠告上去找寻，德鲁克先生说："管理者不同于技术和资本，不可能依赖进口。中国发展的核心问题，是要培养一批卓有成效的管理者。他们应该是中国自己培养的管理者，他们熟悉并了解自己的国家和人民，并深深根植于中国的文化、社会和环境中。只有中国人才能建设中国。"我们并没有做到德鲁克先生所建言的那样，这是我不安的真正来源。

　　记得自己很用心去看德鲁克先生的《旁观者》，知道德鲁克先生成为大师的真正缘由。一个能够影响世界的旁观者，有一种沉潜久远的内心冲动，因内心冲动而成为思维习惯，因思维习惯而成为生命的本能。

　　了解了德鲁克先生，你就会了解这种内心的冲动缘何而起。这是来自于一种恢宏的责任和道义，对土地、人类、国家、文化、历史、人生，都是那么热切地关注，都是那样的感同身受。对于德鲁克先生来说，企业和管理远不仅仅是现实意义上的那一种，他知道有一个巨大的空间存在，他更清晰这个巨大空间所蕴涵的恒久时间。他因此领悟了自己的宿命，如果没有对于这一切命题的真切感受，如果不是对于世事和管理的痴迷，我想不会有德鲁克先生这些透彻的思考和精确的阐述。

　　我们欠缺的是否正是这种内心的冲动呢？

　　明天我需要参加新加坡国立大学EMBA学生的毕业答辩，对理论的辩解似乎是容易的事情，但是对思辨之后的行动却是非常困难的事情。这些学生是在管理岗位上工作8年之后再来学校读书两年，我想每一个学生都会试图解释清楚他所学、所用、所想，我也知道通过必需的学习和努力之后，学生们会如愿毕业获得学位。但是这个硕士阶段也仅仅是一个管理者所跋涉的路程的一小段而已，我们需要经常地告诫自己：对于人们心底潜藏的那份可能，我们不可以掉以轻心。我们固然可以对以往的努力给予肯定，但是更需要关注的是我们周遭的人群，必须像德鲁克先生那样，必须把脚踩在大地上，踩实踩稳，我们的大地就是茫茫的人心。

德鲁克先生之于我，就是这盏灯，他让我明了管理者活出生命价值的真法，他给管理者在苍茫中点起一盏引路灯的大法。

（原载：《21世纪经济报道》，2005年11月17日）

一个世纪的"旁观者"

认识德鲁克先生,是在10年前阅读他的著作中;了解德鲁克先生,是在之后10年的研究和实践中;可是真正理解德鲁克先生,却是通过他对"旁观者"的定位。

这个被誉为"大师中的大师"的人,有着敏锐的思想和独到的眼光,有着令人神往的智慧,有着让人清澈的思维,而更令我触动的是德鲁克先生对自己的评价。

德鲁克先生讨厌别人称他为"预言家",而自称为"旁观者"。他说,任何人都无法预测未来,自己唯一能做的是以旁观者的身份,观察已经发生并对未来可能产生影响的重大事件。他意识到经济学家只对商品的行为有兴趣,而他关心的重点在人的行为。从表面上看,管理似乎离不开以商品为主的范畴,而在德鲁克先生眼中,"人"才是管理的全部内容。德鲁克先生具有强烈的人文关怀,最终促使他决心以管理顾问和管理学教授作为终身职业。

正如我的导师赵曙明教授所评价的那样,德鲁克先生不断学习的精神、广博的知识基础和独特的思维方式,保证了他有常人所不能企及的思想高度。德鲁克先生坚持每两三年就要学习一门新学科,他涉猎了经济学、心理学、数学、政治理论、历史及哲学等众多知识领域。在此基础上,他运用其独特的思维方式,从社会、历史的高度,冷峻地俯瞰和分析组织及组织管理的变迁。这一独特的视角使他避免了一叶障目的狭隘,在纷繁复杂的社会现象中准确把握、预测组织发展和管理的变化。

德鲁克先生对管理理论的贡献——他所提出的管理理论和管理思想,是任何人都无法比拟的,有目标管理、自我管理、顾客导向的组织、高层管理团队、效能与效率、时间管理、企业愿景、业绩管理、知识工作者、组织分权、以知识为基础的组织、扁平组织、团队、后资本主义社会等方面的理论思想。毋庸置疑,德鲁克先生是有史以来对管理理论贡献最多的大师,是现代管理学的奠基人。

我把德鲁克先生誉为有活眼的人,他对生命真价值的观照、思维,就是生命的活眼。德鲁克先生用活眼给了我们对人的价值的观照、对管理价值的观照、对管理者价值的观照。

我们需要这些活眼，与生命环境保持着若即若离、不即不离的态度，活眼虽小，却可以望见百里以外的云山。对于今天的管理世界来说，我们有了德鲁克先生为我们开出的几方活眼——《管理的实践》《卓有成效的管理者》《管理：使命、责任、实务》《旁观者》等。这些书籍就像在管理者苦恼不安的生命中点起的一盏盏灯，让我们有观照生命实像、理解管理者使命和责任的活眼。德鲁克先生的思想：向外，看见事物的本体；向内，体察人性的真实。正是这种观察和体察，让我们了解到人与管理的关系，人与经济的管理，人与他人的关系。

　　这些年，我为了研究课题东奔西跑，一直处在跋涉之中。从10年前对中国家电企业的实地寻访开始，我涉猎了不同的行业和地区，而深入企业实地寻访的习惯一直保持下来。今天回想起来，这样的研究习惯的确是受到德鲁克先生的影响。记得10年前看到《卓有成效的管理者》一书，就被其中的思想深深打动，一是这本书的结论——管理者必须卓有成效；二是德鲁克先生得出这个结论的方法——深入企业实际。这10年间，我正是跟随德鲁克先生的思想和实践的步伐，走出了自己的研究道路和方式。

　　事实上，任何一个企业的课题，都会在当时的环境中留下一些体现其精髓的痕迹，一些无法在文字中表述的环境气韵。我们真的很有幸，能够在这些企业实际的运作中，寻找到德鲁克先生——因为他的存在，整个企业生命的课题、整个管理的课题被释解。德鲁克先生的精髓，那是管理的精髓，也是企业生命的精髓，自己真是如痴如醉，流连忘返其中。

　　以我自己浅薄的认识，一个人的生命价值，就看他曾被多少重要的课题融解过。这种融解的体验是一种重大的人生享受，也许能够表述出来，也许无法表述出来，甚至有些时候表述本身倒成了一种失落。在这个时候想念德鲁克先生，有了很失落的感觉，在他完全被管理的所有课题所融解的生命中，他所享受的不仅仅是"大师中的大师"的称号，更是21世纪管理面临挑战的答案。但是，我无法再看到他智慧的新思维了。

　　我一直很想成为德鲁克先生的一个交流者，这种交流在路上、在书房中、在课堂上、在企业的细微的管理上。每每翻看德鲁克先生的书籍，有着路上遇到了投缘者的感受，常常喜不自禁。夜晚，我常常在先生的书前静想：当夜幕把现代浮华全都遮掩之后，所有风尘满面的管理跋涉者们有多少差别呢？

　　去年年底和今年年初，我一直被一种情绪所影响，我曾经列出这些影响我情绪的因素，那是我对中国企业发展所感受到的不安。我不断在德鲁克先生的思想中求证我的感觉,却发现还是没有完全想透,还是一知半解。也许应该回到德鲁克先生对中国管理者的忠告中去找寻。德鲁克先生说:"管理者不同于技术和资本,不可能依赖进口。中国发展的核心问题,是要培养一批卓有成效的管理者。他们应该是中国自己培养的管理者,他们熟悉并了解自己的国家和人民,并深深根植于中国的文化、社会和环境中。只有中国人才能建设中国。"我们并没有做到德鲁克先生所忠告的那样,这是我不安的真正来源。

我再一次很用心地去看德鲁克先生的《旁观者》,再一次追寻德鲁克先生成为大师的真正缘由,再一次明白:一个能够影响世界的旁观者,有一种沉潜久远的内心的冲动,因内心冲动而成为思维的习惯,因思维习惯而成为生命的本能。

了解了德鲁克先生,你就会了解这种内心的冲动缘何而起。这来自于一种恢宏的责任和道义,对土地、人类、国家、文化、历史、人生,都是那么热切地关注,都是那样地感同身受。对德鲁克先生来说,企业和管理远不仅仅是现实意义上的那一种含义,他知道有一个巨大的空间存在,他更清晰这个巨大空间所蕴含的深厚时间,他因此领悟了自己的宿命。如果没有对于这一切命题的真切感受,如果不是对于世事和管理的痴迷,我想不会有德鲁克先生这些透彻的思考和精确的阐述。

我们欠缺的是否正是这种内心的冲动呢?

作为一个管理领域的研究学者,作为一个管理者,到底什么才是他必须承担的责任,什么才是他行为的基本准则?如果一个研究学者不能够不断地根植于实际当中,不能够理解世事的变化,不能够理解环境的变迁,不能让内在的知识和外部的条件互动,那么这样的知识和理论又有什么样的价值呢?如果一个管理者不能够关注到人性的需求,不能够使自己工作的领域富有成效,不能够感受人们付出的价值并引领这些价值,那么这个管理者的工作又有什么样的价值呢?德鲁克先生以旁观者的心态,更以极大的热情关注到了管理研究学者的使命,关注到了管理者的责任。

一年前,有人问我做教授和做总裁有什么区别。我回答说,做教授要有更多的使命感,做总裁要有更多的责任感。

使命感来源于我们必须以自己的专业知识,理性、客观地理解面对的环境,并能够把对这个变化的环境所做的思考,不断地转化为人们的理解和知识。当我们做这些努力的时候,我们需要有旁观者的清醒,需要有高度的专业精神,需要有对环境和人深切的热爱。

责任感来源于我们必须以自己的能力，专注、有效地理解每一个成员，并能够不断地发挥每一个人的长处，使所有相关人员的绩效得以发挥。当我们做这些努力的时候，我们需要有管理者的效率，需要有高度的职业精神，需要有对组织效率和人的长处的敏感。

正是研究者的使命感，让我们在混沌的商业世界里有着清醒的判断；正是管理者的责任感，让我们在变化的组织环境里有着绩效的发挥。

这些，是我对德鲁克先生的切实理解。

今年我全身心回到学校做研究和教学工作，贴近企业仍是研究的主要方法。赵曙明教授告诉我他与德鲁克先生的一段对话，当他与德鲁克先生谈及中国经济改革和企业管理时，德鲁克先生对他说："中国经济改革和企业管理取得了巨大成功，一定有很多值得总结的东西。管理实践总是领先于理论，要总结中国企业管理的特征，一定要从实践入手。我当年为了学习日本管理经验，也曾多次到日本考察。"

这段话无疑是对中国管理研究学者的一个忠告和指引，我们也唯有不断地根植于中国的企业实践，才有机会成为中国企业发展和企业管理历程的一个"旁观者"。

（原载：《销售与市场》，2005年第12S期）

第三代企业领导者的优势与劣势
——最好的影响就是服务

我很同意"领导者就是为他人服务"这个观点,因为领导者最重要的是施加影响,让别人去做他要做的事情。如果需要施加影响,最好的影响就是服务。

是否存在中国式的领导力?在管理实践上,我们需要符合企业和市场的管理,而不是中国的,或者美国的,但管理研究需要探讨在中国背景下管理有什么不同。所以,在管理实践中没有中国式的领导力,在管理研究中有中国式的领导力。

在领导力上,新一代和第一代、第二代企业家相比,本质上没有什么不同。但是,新一代企业家因为所处的经营环境和时代不同,所面对的挑战也会不同。

事实上,我并不同意用"一夜暴富"来形容这一代人,不是因为上市使得他们一夜暴富,而是在今天的经营环境中,因为金融的创新、技术的创新,财富获得的时间变得越来越短。借助于各种创新,人们获得财富的途径和时间已经不能用原有的标准来衡量。问题的关键,不在于他们获得财富的时间,而在于如何保持财富的持续增值。

相对于第一代、第二代企业家来说,新一代的企业家具有明显的知识背景、国际化背景、全球化沟通的能力,创新的能力等优势。但是,他们也有很明显的弱势:企业的稳定性并不来源于企业自身,而是来源于相关力量的平衡,人才的独立性决定了新一代企业家需要有更强的领导力才能够驾驭,新一代企业家需要有能力保持企业的长期使命转变为所有人的使命。这是非常困难的一件事。

更困难的是,新一代企业家自我超越的要求更高,需要更快地明白自己的局限性并要更早地寻找自己的接班人。如果不能够解决这些问题,维持财富增长只能是一句空话。

(原载:《英才》,2006年第2期)

管理学教授能贡献什么？

时值美国的商学院教育处于巅峰之际，亨利·明茨伯格出版了他的最新著作《管理者而非MBA》。书一上市，"管理学教育能够发挥什么作用"立刻成了人们关注的话题。

我非常赞同他的观点，这也引发了自己对于管理学教授能够贡献什么的思忖。借用彼得·德鲁克的词汇，管理学教授是"知识工作者"。关于"知识工作者"的定义，德鲁克的描述是：知识工作者并不生产本身具有效用的产品，他生产的是知识、创意和信息。因此，管理学教授所生产的产品本身并无用途，只有通过其他人，把他/她的产品当作投入并转化为另一种产出，它们才具有实际的意义。那么可以说，管理学教授和所有知识工作者一样，是一项特殊的"生产要素"。通过这项生产要素，当今一些发达的社会和经济实体，如美国、日本和西欧的国家，才能获得及保持强大的竞争力。

正如泰勒总结的科学管理理论，让很多人懂得如何提高生产效率，如何对大规模的生产进行管理一样，管理学教授所需要做的正是如何让管理实践中有效东西能够知识化，可复制，这也是管理学教授的责任。

所以管理学教授一定注重对这个责任的贡献，那么他/她就必须回答"我能贡献什么"。

一、反思之地

学院是一个反思的地方，是一个从经验中抽身出来并从中学习的地方。但是这种学习不是理论和知识的灌输，而是静下心来反省自身。不是对理论和知识的掌握，而是在相应的理论和知识的理解中引发自身的跃动。所以管理学教授需要做的是，引导学生具有批判性的反省，抽身出来重构自身的管理框架，用理性的、逻辑的方式审视自身行为。古代有句谚语："最好的境界是，知道自己知道；次之是，知道自己不知道；再次之是，不知道自己知不知道；最糟糕的则是，不知道自己不知道。"这句谚语十分符合管理学教授的境界，也符合作为公司管理者的商学院学生们的境界，只有双方达到不断提升的境界，商学院的作用才得以发挥。

二、传授分享

卡耐基·梅隆大学的罗伯特·凯利，多年来一直向来自不同公司的员工问同一个问题："你工作时百分之几的知识是你自身所具备的？"在20世纪80年代中期，答案基本固定在75%；到了21世纪初，这个数字则滑落到了15%。这种变化一方面体现了学习的重要性，另一方面也表明我们越来越依赖于他人提供的信息和技能，管理学教授也不例外。所以，管理学教授所要做的，不仅是传授知识，还要学习知识。因为我们自己所能掌握的知识本身就有限，我们也需要从作为管理者的学生身上学习知识。如果管理学教授能够形成一个分享的学习环境，而不是传授的学习环境，对于管理学知识的理解会更加充分和有效。衡量商学院课程的效果不是管理学教授讲授了什么，而是学生们学到了什么，如果这样理解商学院课程的特性，就更需要彼此分享知识。

三、教晓综合

管理的很多问题都掩盖在细分当中，如战略管理、营销管理、财务管理、生产运作管理、组织管理等。因此在管理实践中，管理者会因为陷入在具体的事务中，并为这些细分的职能所拖累。但是，管理不是细分是综合，管理不是职能是实践。亨利·明茨伯格说：综合是管理的真正精髓。在他们自身的环境中，管理者必须以连续的远见、一致的组织、综合的系统等形式把事物组合在一起。这也正是管理如此困难和如此有趣的地方。管理学教授所能贡献的正是系统地理解事物的方法和工具。透过工具和方法，学生们可以借助综合的视角去做具体的分析，从而得到系统的、全局的结论。如果仅仅是在分析本身，没有提升到系统、综合的程度，这样的学习会断送管理。

四、启发思考

　　管理者回到商学院最大的好处是个人学习和组织学习能够相互辉映。组织学习带来的宽度和深度都是有目共睹的，正如我们所熟悉的"脑力激荡法"——一个独特的创意和解决方案诞生于多个人自由的表达和不受限制的想象力发挥中，这是个人学习永远达不到的高度。让个人学习和组织学习能够发生联系的正是管理学教授的作用。任何疑惑的解答最终都是提出疑惑的人自己才能够得到答案，管理亦如此，管理学教授没有，也不可能给出答案。相反，管理学教授可以通过启发所有学生的思考，让他们自己找到答案。我讲授管理课程已经10多年，也知晓了很多管理者的困惑或者疑惑，早期我也力图解答学生们的疑惑，也认为管理学的教授应该做这件事情，更以古训要求自己"师者，所以传道授业解惑也"。但是回顾这10年的教学历程，知道管理学教授无法做到这一点，能够解惑还是管理者自身，启发学生们的思考，他们会找到答案。

（原载：《21世纪经济报道》，2006年3月6日）

企业家是如何修炼成的？

为何两家公司的外部环境相同，创立者的出身也类似，却在几年后有着全然不同的运作方式？归根结底是企业家的作用不同。企业家能否科学地管理自己、管理企业，是一个企业能否持续发展的根本原因。

一、创造文化

企业文化是一系列相互依存的价值观念和行为方式的总和。这些价值观念、行为方式要为员工所共同拥有，需经过长时间的积累，需借助企业家行为的导向。促进企业经营业绩增长的企业文化，在开始的时候至少有两点十分关键：第一，企业家必须拥有（或创立）与市场经营环境相适应的、与企业文化核心价值观念相似的经营指导思想；第二，有一个能适应企业所处市场经营环境、并能带来经营成就的企业经营策略。

二、强调挑战精神

制定长期战略，确定未来的产品结构、销售规模、海外拓展计划等，并将其转化为具体的目标管理——这就是强调挑战精神。"价格的竞争并不重要，"经济学家约瑟夫·舒彼得这样写道，"重要的是新技术的竞争、新材料的竞争、新型管理的竞争。这种竞争不是依据利润和产量，而是公司的基础和生命力。"因此，以挑战精神面向市场才可能有所作为。

三、奖励外部取向

当企业家奖励外部取向时，员工会在行为中自觉站在顾客的观点和立场考虑问题，同时部门之间也容易形成相互配合的公司风气。企业家需要灌输由外部标准约束企业内部行为的理念，需要指导企业的管理者和员工以未来和顾客为基准。这样的基准可以培养企业关注未来、关心顾客的良好习惯，从而使管理者和员工不必以企业家的基准来做事，避免内部的不良行为，同时也可以使企业家脱离企业内部管理而关注企业的未来和顾客。

四、欢迎新理念

正如河野丰弘所说："新理念、新构想常常是少数人的意见，大多数人是反对的。因此，允许不苟同的人、特立独行的人、强调让有能力的人崭露头角，这种态度实属必要。"不为组织的压力限制，组织充满朝气，经常创造新的理念，可以自由地讨论，是企业家培养有活力企业的必须修炼。

五、宽容失败

宽容失败是衡量企业家能否构建有活力企业的标准之一。既然失败的经验是企业无法避免的，那么，只有不畏失败、鼓励员工的挑战精神，才会取得成功。相反在官僚化的组织中，由于采取追究失败责任的态度，反而造成畏事主义，组织因此逐渐僵化。

六、缩短上下级距离

借助缩短上下级距离，形成员工和企业家的良性沟通，这样成员对上司敢于提出相反的意见，创意产生的机会也会比较多。而上下沟通的扩大，更可以增进上下级之间的信赖。

七、行政指导

行政指导内容包括以下五个方面：①在高层企业家团体中形成一个有关企业文化的统一观点；②确定新的企业文化将导致的预期效果；③使公司的每一位成员在行动上承担一份重要的义务；④确保高层管理团队中的每一位成员明白并认同他们应有的作用；⑤制订一项实施文化变革的计划。

（原载：《财务与会计》，2016年第10期）

寻找我们的自度之伞

我总是会不断地想到一段禅。雨下个不停，一个人躲在屋檐下，一位禅师撑伞走过。"禅师！普度一下众生，带我一程吧！"屋檐下的人急喊。"我在雨中，你在檐下，檐下无雨，你不需要我度。"禅师高声回答，连脚步也没有放慢。"现在禅师该度我了吧！"这个人立即站到雨中。"你在雨中，我也在雨中。雨没有淋到我，是因为我有伞。你需要的是伞来度你，不是我度，请自找伞吧！"禅师说完，继续走他的路。

常常有人会问：中国企业如何面对市场？中国企业如何面对竞争？也常常有人试图运用成熟的营销理论来指导企业的营销实践；也有人试图通过学习成功的跨国企业的个案，来为自己的企业找到可以运用的经验。正如这段禅，企业需要的是自己面对市场的思考，自己面对市场去选择和行动；正如禅师所言，我们需要的是"伞"，不是现成的理论，也不是别人的经验。自伞自度，自性自度，只有备好伞，我们才可以在雨中自度。

2005年以来，我一直被一种情绪所影响，我发现那是我对中国企业发展所感受到的不安。我回到德鲁克对中国管理者的忠告上去找寻这些不安产生的根源，德鲁克先生说："管理者不同于技术和资本，不可能依赖进口。中国发展的核心问题，是要培养一批卓有成效的管理者。他们应该是中国自己培养的管理者，他们熟悉并了解自己的国家和人民，并深深植根于中国的文化、社会和环境当中。只有中国人才能建设中国。"我们并没有做到德鲁克所建言的那样，这是我不安的真正来源，因为我们没有准备好可以自度的伞。

一年前，有人问我做教授和做总裁有什么区别，我回答说："做教授要有更多的使命感，做总裁要有更多的责任感。"使命感来源于我们必须以自己的专业知识，理性、客观地理解所面对的环境，并能够不断地用自己的专业知识把对这个变化的环境思考的内容转化为人们的理解和知识，当我们做这些努力的时候，我们需要有旁观者的清醒，需要有高度的专业精神，需要有对环境和人的深切的热爱；责任感来源于我们必须以自己的能力，专注、有效地理解每一个成员，并能够不断地用自己的能力发挥每一个人的长处，使得所有相关人员的绩效得以发挥，当我们做这些努力的时候，我们需要有管理者的效率，需要有高度的职业精神，需要有对组织效率和人的长处的敏感。正是研究者的使命感，使我们在混沌的商业世界里有着清醒的判断；正是管理者的责任感，使我们在变化的组织环境里有着绩效的发挥。正是基于这样的理解，我一直有一种冲动：要以观察者的身份，专业、理性、客观地理解思考中国市场。这来自于一种恢宏的责任和道义，来自于内心的冲动。

《中国营销思考》是我10年计划的一部分，10年前我决定研究中国企业的问题。到了2004年，这个计划的第一本书围绕着中国企业成长的道路出发，总结出中国领先企业的成长之道，我确定为《领先之道》；到了2005年，这个计划的第二本书围绕着对中国管理的思考出发，解析中国企业在组织与管理问题上的困惑和概念的混淆，我确定为《中国管理问题10大解析》；而这个计划的第三本书从对中国市场的观察与思考出发，站在一个观察者的角度来思考、理解和探索中国市场中的种种表象，我确定为《中国营销思考》。

中国企业所面临的挑战不是在今天才出现的，在大多数情况下，我们所接受的管理训练和所积累的管理经验与所面对的市场情况相距甚远，甚至截然不同。我们生活在一个巨变的时代，在这个时代发生的变化比以往任何一个时期都来得猛烈，来得彻底。许多人感到失望和不知所措，我在写本书的时候也有同感。因为在许多情况下（如中国企业的品牌之路所面对的挑战，对于营销战略的基本思考，竞争基础的彻底改变等），当我们面对新的现实以及要求的时候，我们曾经行之有效的经验和方法不再有效，营销以及营销人员的观念需要更新。

《中国营销思考》是关于中国市场思考的书，对战略、渠道、品牌、价值链、营销团队、服务、营销思想等问题进行了探讨。营销需要回归基本层面，战略需要务本；渠道优于品牌，品牌是能力而非梦想；竞争的基础是价值链，而价值链需要共享；业务员时代终结意味着营销团队时代开始；服务必须增值，因为免费服务会吓跑你的顾客。虽然这些都是市场最基本的概念，但是我们需要清醒地认识到：当不确定性成为常态的时候，做好基本层面才可以面对变化。这些思考很多散见于我的其他著作中，之所以再一次强调，是因为觉得需要不断地强化，才能够做好基本层面。

作为一个管理领域的研究人员，必须承担的责任到底是什么？行为的基本准则是什么？如果一个研究者不能够不断地根植于实际当中，不能够理解世事的变化，不能够理解环境的变迁，不能够让内在的知识和外部的条件互动，那么这样的知识和理论又有什么价值呢？

事实上，任何一个企业的课题，都会在当时的环境中留下一些体现其精髓的痕迹，留下一些无法在文字中表述的气韵。我们真的很幸运，能够在这些市场实际的运作中，寻找到我们的自度之伞。

（原载：《中国文化报》，2006年8月4日）

清润秀美凝固在西塘

到嘉善的时候，恒星的朋友建议我到西塘看看，一个不经意的决定，让我凝固在了江南的境遇里。

长达几千米的雨廊，一色的黑瓦盖顶，沿河而建，连为一体，绵延不断；古建筑重重叠叠，小船儿悠悠荡荡；处处碧波荡漾，家家临水映人；一座座江南小桥是一颗又一颗闪亮的珍珠串在古镇的脖子上；小镇留下的古建筑成为了一个群体，而且大都深藏在小镇不起眼的角落里，淹没在青砖小瓦之中。江南不张扬的性格，尽显其中。形形色色的茶馆，几乎有与世隔绝的清雅，但也许正是这样的江南镜头才是真实的，毫无修饰。

我们顺着古河道走，河道两旁都是古色古香的古民居，廊棚长长，置身其中，不管身着如何，总是觉得会是长衫飘飘，一派古风之调，思古之幽情油然而生。西塘镇很小，方圆才两平方里，相传春秋时伍子胥为修筑水利所凿伍子塘之水直抵境内市河，故也有"胥塘"之称。唐宋时这里就有大姓人家建宅居住，聚成村庄，至元明已是颇具规模的市镇了。岁月流逝，百年千年，西塘穿越历朝历代，如今犹如一方古玉，更显剔透玲珑，空灵隽永。西塘水网交错，河道纵横。小街傍河，人家依水，青瓦白墙，木栅花窗，构成一幅幅江南水乡特有的经典画面，清润秀美。

不记得在哪里看到这样的文字来形容西塘的小桥：河水将市镇分割成碎片，桥又将碎片连缀起来。小小的古镇竟有几十座桥，而每一座桥就是一本古老的书。

卧龙桥就是一部小说了，桥建于清代，初为木桥，雨后水急桥滑，有行人不慎落水溺死。桥边一位竹蔑匠见状大为悲痛，遂投寺为僧，誓以铁链穿肩，募集修桥银两，奔走十余年修成这座全镇最高的石拱桥。而环秀桥则如一道优雅的古诗，写于明代。高高的桥身犹如一道白色的长虹卧于水上，半圆的桥孔与水中的倒影合二为一，合成一个碧玉圆环。"船从碧玉环中过，人步彩虹带上行""上下影接波底月，往来人渡水中天"，走在桥上，人便融入诗情画意中。还有因宋代福源宫道人立桥望仙而得名的望仙桥，明代建桥时有鸟飞来呈祥瑞之兆而得名的来凤桥……我也曾经写过巴黎的桥，两者都是石头的质感，述说着城市的历史，诉说着历史的城市。

我们坐定下来，依河而望，长长的廊棚沿着长长的河岸蜿蜒向前。轻舟如梭，柔橹如梦，酒家问是否需要畅饮？可是哪用清酒？一池清水已经醉在心头：一河清流如酒，满目皆醉。选择称之为"孔乙己"的店家，茴香豆的清香缭绕，周遭静静的，小镇静静的。古镇成了一幅黑白水墨画，白灰的水、灰白的墙、浅黑的树、深黑的瓦……远远近近、浓浓淡淡、深深浅浅，这份安静是人内心归依，单纯的色彩，单纯的空间，单纯的生活。

何以踏上这小镇的土地，我的心就有了一种如归的亲近？安静地坐在西塘的午后，我知道这是自己内心向往的生活状态，不需要繁华，不需要奢侈，只需要清纯的河水，只需要一缕箫音，在微微的风中思绪淡尽就可以了……

（原载：《新华航空》，2007年第1期）

成 长

生命里就需要一座大山

雪山在、路在、空明的音符在。时空在、朋友在、我在。我还要怎样更好的世界？

"生命真的是一场大的遇合"，读张晓风这句话的时候，我还没有任何的感觉，但是看到玉龙雪山的时候，我为之震撼。在小雨阴阴中我们开始朝拜雪山的行程，小刘师傅提醒我们这样的天气可能看不到冰川和雪山，我们没有回应，因为内心中我们都渴望见到。所以乘车到了3350米的高度时，看到天色仍然是灰黑的，有人怀疑，可是我们还是坚信雪山在那里等待我们。乘坐缆车开始向上，一路朦胧的树林和朦胧的小径从脚下滑过，走了大半的路程，是云、是雾已无法分清，什么也看不到了，只知道雪山还是在那里。猛然，雪山就这样大刺刺地凸现在我们眼前，没有任何征兆，没有任何准备，我惊呼"天哪！"一瞬间被它清晰的亮白征服，除了震惊还是震惊！这就是我期待等我的雪山，它真的就这样安静地、明确地在那里等待。

一个歌手，在洲渚的丰草间遇见关关之鸠，于是有了诗；陈子昂遇见幽州台，生命的情景从此就不一样了。而在海拔5000多米的峻岭中，一个游人的我，遇见了玉龙，生命是否也会展开不一样的境遇呢？呼吸急促，内心惶恐，知道这是高原反应，可是除了生理上的呼应，心灵的呼应是否更为强烈？

山风与发、冷气与舌、白云与眼、雪域与心，他们等着，在神秘的时间两端等着，等着相遇的一刹。一旦相遇，就不一样了，永远的不一样了。依着朋友的肩，我才明白我所等待的就是这一刹，我的生命从此会不一样了。

就如晓风而言：也许中国人从内心里就是需要一座山。

孔子需要一座泰山，让他一览天下之小。

李白需要一座敬亭山，让他在云飞鸟尽之际有"相看两不厌"的对象。

我是否也有权利要一座山？这座山就是玉龙雪山。

以往我会为着看风景去看山，可是这一次竟然是为看山去看山，与朋友相约去看山的时候，我并没有看风景的意愿，只是想让自己在城市里浮躁的心能够安静下来。确切地说，是让一个活得很有兴致的女人，离开她熟悉的轨道，走上全新的体验。

　　我几乎想停滞呼吸，看看那金光下浮动的颤动在哪里？看看可以与我交互注释的生命体验在哪里？为什么我可以这样安然地伫立在洁白雪山面前？为什么我可以窥见这样荧光四射的亮丽？为什么独有冰川能够如此清癯苍古？为什么这些岿然不动的岩石有着生命的沸腾？

　　一定是有一种召唤，我看不见，可是它在那里！有如一个信徒和神明之间的神秘互动。这一刻，玉龙雪山对我而言，也是一场神秘互动，我虽然没有能力与它交谈，与它交往，甚至我也不认为我就真的窥见了它的容貌，但我笃信它了解我的存在。

　　当我乘缆车在迷雾缭绕中上山的时候，我知道自己越过的是空间，而玉龙雪山来与我相遇时，越过的是时间，一场十万年的约会。我们终于在11月一天的一个下午相遇了。

　　下山的路又一次开始在细雨中延伸，车上传出丽江空明的音符，小刘师傅说，明天白天一定可以在酒店看到雪山了。我们也确信，因为雪山已经与我们相恋，更奇特的是酒店前面的路竟然叫作"情人路"。相信，我在的时候，雪山一定在了。

　　雪山在、路在、空明的音符在。时空在、朋友在，我在。我还要怎样更好的世界？

（原载：《新华航空》，2007年第2期）

成 长

三生有幸，感动的力量

许多高贵品质，在一路追赶里遗失。追赶什么，却又说不上来，或者只是沿着过去的路重复地走来走去。

亚龙湾的安逸是游人的心境，和朋友们相约到三亚聊天，在微凉的夜风中，沿着涛声与星光辉映的沙滩漫步，觉得很安详。第二天，在阳光明媚的下午，站在岸上看朋友游向海的深处，看他们从深处又游向岸边，觉得很安然。朋友倡议，让我也下到海水中，我小心翼翼地把自己交给朋友，依靠朋友的双手开始走入海中。我努力让自己平定下来，努力让自己能够接受海水给我的刺激和冲荡。慢慢地我可以与海水融在一起，可以接受海水的抚摸和涤荡，可以领略海水的苦涩和深沉，可以悬浮在海水的怀抱中飘飘荡荡了。

我们陷在太多自己想象的世事中，陷在太多人为的烦恼下。大海依旧，阳光依旧，我们的困顿只是离开了依旧的自然，所以当困顿来临的时候，我们无法汲取到从自然而来的力量，恐惧便从人的内心生出。但是只要我们把自己交出去，交给自然，你就会感受到生命的力量。

上了岸，我们再坐到泳池边的沙滩椅上，和着阳光和微风，和着周遭漂亮的人群，享受着属于亚龙湾冬天的和暖，自己觉得很是安逸……

坐在这个安静的下午，想起桑德拉·希斯内罗丝在《芒果街上的小屋》里的一篇文章"四棵细瘦的树"："它们是唯一懂得我的，我是唯一懂得它们的……它们的力量是个秘密……假如有一棵树忘记了它存在的理由，它们就全会像玻璃瓶里的郁金香一样耷拉下来，手挽着手，坚持，坚持，坚持，坚持。当我太悲伤瘦弱无法坚持再坚持的时候，当我如此渺小却要面对这么多砖块的时候，我就会看着树。不畏水泥仍在生长的四棵，伸展从不忘记伸展的四棵，唯一存在的理由是存在的四棵。"

海水如我也如四棵细瘦的树，它们也是坚守存在的理由。

我一直喜欢这个故事：圆泽（又做圆观）是唐朝一个高僧，有天与好友李源行经某地，见有个大腹便便的妇人在河边汲水，圆泽便与李源道："这个妇人怀孕三年未娩，是等我去投胎，我却一直躲着。如今面对面见了，再也不能躲了。三天后，妇人已生产，请到她家看看，婴儿如果对你微笑，那就是我了，就拿这一笑作为凭记吧！十二年后的中秋夜，我在杭州天竺寺等你，那时我们再相会吧！"

当晚，圆泽就圆寂了，妇人亦在同时产一个男婴。第三天，李源来到妇人家中，婴儿果真对他一笑。十二年后的中秋夜，李源如期到天竺寺寻访，才至寺门，就见一牧童夸牛背上唱歌：

三生石上旧精魂，赏月吟风不要论。

惭愧情人远相访，此身虽异性常存。

这就是"三生有幸"的由来！无论四棵细瘦的树还是"三生有幸"的故事，人与情景的衔接和感触，让我徒生万千情愫，伸展不忘记伸展的四棵细瘦的树给我无尽的力量；"惭愧情人远相访"，隔世也要寻访的真情给我无限的感动。是啊，不论世事如何，人们似乎需要寻找的正是内心的这份力量和感动，只有这样人才可以真正地活着。

人原有的许多高贵品质，似乎在一路的追追赶赶里遗失，追赶什么却又说不上来，或者只是沿着过去的路重复地走去，人们一直让自己融入人群中，这并没有什么错误。但是，如果仅以此来理解人生，会让我们无法窥见人生的真实况貌。因为这个时候我们会包装自己，会受到环境的约束，会离开本源的自我，当我们需要真正体认自己的时候，我们需要单纯和天真。所以人在万千的生物中，才可以恢复为真正的尊者。

安静地坐在亚龙湾的午后，我知道这是自己内心向往的生活状态。记得曾经在西塘的午后也有这样的感觉，那时我写道"不需要繁华，不需要奢侈，只需要清纯的河水，只需要一缕箫音，在微微的风中思绪淡尽就可以了……"是的，在亚龙湾的午后，我再一次感受，因为有内心的力量和感动。

（原载：《新华航空》，2007年第3期）

成　长

繁华犹如三千东流水

人其实是可以非常简单和直白的，责任、爱、奉献仅此而已，这就是介子推的逻辑。

从晋祠宾馆出发的时候，天下大雨，卫军担心，小韩师傅也担心，但是我没有担心，因为没有理由认为到了山脚下一定是没有雨的，结果真是这样。顺着弯弯曲曲的山路我们一直向上，再搭乘电梯和缆车，绵山便在攀谈中展现在我们的眼前。

导游给我们介绍绵山的典故，讲起那个以自己的肉身给晋文公营养的介子推，那个为孝敬母亲而不受官爵引诱的介子推，那个为了坚守对母亲的承诺而抱着树干最后和母亲与绵山同在的介子推。

介子推的故事，史书多有记载。《左传》："晋文公返国，赏从亡者，介子推不言禄，禄亦弗及。推遂与母偕隐而死。晋侯求之不获，以绵上为之田，曰：'以志吾过。'绵上者，西河介休地也。"介子推的出身事迹见诸文献的极少，仅有奉公子重耳出亡一事。"骊姬之乱"后，晋公子重耳避难奔狄，随行贤士五人，介子推即是其中之一。由此，介子推早年也曾随重耳在外逃亡19年。风餐露宿，饥寒交迫，备尝"险阻艰难"。重耳最终能返回晋国，立为晋君，介子推也尽了犬马之劳。

这是春秋时期最动人的一段君臣故事。晋文公也是从故去的介子推身上，得出了君王三赏的原则：即辅君以仁义智慧者，得上赏；辅君以实现宏图大业者，得次赏；辅君以汗马之劳，排矢石之难者，下赏。以后开国立业的历代帝王，封赏功臣，无不借鉴于此。在历史上有记载的，三晋崛起于诸侯，春秋五霸之一的晋文公便首当其冲。

司马迁在《史记》中，不惜笔墨，记录了介子推归隐前与其母的一段对话，从中表达了司马迁对乡贤介子推的敬重。介子推说："晋献公九子，只有重耳在位当政，这是天意。个别小人自以为是他们把重耳扶上了王位，真是不自量力。偷窃他人东西即是盗贼，那么贪天之功的人又是什么呢？"其母说："你为什么不和他们对质呢？"子推答："我要再与他们争辩，罪孽更重。我不愿享受厚禄。"其母进一步问他："那你为什么不把你的意思告诉他们呢？"介子推答："语言，是心志的外衣。既然我一心想归隐，何必用语言来表述呢？"其母："你能有如此境界，我与你一起去隐居。"于是母子俩上了绵山，至死没有再露面。介子推的人格魅力，更征服了三晋帝王与百姓。《汝南先贤传》记："太原旧俗，以介子推焚骸，一月寒食。"以后在介子推蒙难的那个月，无论帝王还是百姓，都不得举火，只能吃一个月冷食，以示哀悼和敬重。久而久之，成了固定的习俗。可是太原等郡地处寒冷地带，冬天吃一个月的冷食极易生病，甚至冻死人。即使如此，晋人习俗不改。倒是后来的魏武帝善解人意，据《邺中记》载："魏武帝以太原、上党、西河、雁门皆严寒之地，令人不得寒食。"虽然如此，晋人仍不易俗，以示对介子推的敬重。直至后来周举任并州刺史时，方有改观。《后汉周举传》曰："太原一郡，旧俗以介子推焚骸，有龙忌之禁。至其亡月，咸言神灵不乐举火，由是土民每冬中辄一月寒食，莫敢烟爨。周举任并州刺史，乃作吊书置子推庙，言盛冬去火，残损民命，非贤者之意，宣示民还温食。于是众惑稍解，风俗颇革。"由此晋人寒食一月的习俗才稍有改观。后世置"寒食节"在清明前一天，现在清明节寒食节放在了一起，人们也就忘了寒食节的由来。

人在生活中，很容易受各种诱惑的困扰。很多人和事可以让我们有着暧昧和游移不定的情绪，人们常常求助于上天或者群神，希望在错乱纷繁的现实中找出一种隐喻。在现实中被模糊了的边界、自由与约束之间的不安，纷繁欲望的克制与心神安定的收摄，在名利与奉献之间难以取舍的抉择……我们在寻求一种平衡，但也总是被犹豫不决的情绪所左右。但是如果你到绵山，了解了介子推的情怀，就会得到释怀。人其实是可以非常简单和直白的，责任、爱、奉献仅此而已，这就是介子推的逻辑。

（原载：《新华航空》，2007年第4期）

晋祠之于晋商的遐想

站在晋祠前，相信我找到了答案，晋商的精髓就是晋祠和五台山的写照：包容、祥和。

因为《乔家大院》，也因为煤矿的富豪，更因为威名的晋商，山西成了朋友们津津乐道的地方。山西给我很久远的印象，褐色和灰色是我对山西色调的理解。但这一次出行让我对山西的印象全部换了颜色。

去晋祠，走的是唐太宗李世民所走的路："金阙九层，鄙蓬莱之已陋；玉楼千仞，耻昆阆之非奇。落月低于桂筵，流星起于珠树"；感慨的是李白的感慨："时时出向城西曲，晋祠流水如碧玉。浮舟弄水萧鼓鸣，微波龙鳞莎草绿"。

晋祠并不太大，从中轴线延伸，几条小路发散而去，随意地走东走西，便会在某一个路口与刚刚擦身而过的人再次相遇。就像当年的柳女途中遇一骑马人而成水母，随意一走就遇到神明，遇到了能够给她一解相思苦的神者。那天正是晋祠最美的傍晚，水母坐在瓮上，成为世人最美的爱的记忆。

晋祠的傲骨不仅因为它的俊美和悠久，还因为它有更广大的胸怀和宽容。据史料记载，秦汉时好神仙、尚方术之风兴盛，人们对前代神祇作了一番整理，建立了祭礼制度，并设置了最大的神祇，将多神崇拜的方式固定下来。几乎无神不有祠，无神不致祭。于是以祖先、山川崇拜为主，儒、释、道及民间诸神为辅的完善的祭祀场所逐渐形成，晋祠也就成了从玉皇大帝、太上老君、释迦牟尼到土地神、关帝老爷至文曲星君、英雄侠女等群"仙"会聚的地方，它们无不互弃己见，各居晋祠一隅，共享人间香火。

我联想到不远的五台山，那里更是相容的祥和之地，不同的信仰、不同的感观、不同的选择，却可以安然地相互交融。晋祠和五台山的连接，是否就是晋商与世人的联结呢？明清的晋商称雄中华商界五个多世纪，"生意兴隆通四海，财源茂盛达三江"，是晋商的自我写照。晋商的成功令人瞩目。世人不断地探询为什么晋商可以如此的成功？为什么晋商能够延续财富的奇迹？为什么在技术并不发达的地区却有了像"金融工具""股份制""职业经理人"这样全新的商业模式和管理模式？为什么诚信可以在晋商中广泛运用？为什么晋商可以走遍天下？

我们知道，每一种社会实践活动都有一种特殊的精神作为其灵魂，这种内在的灵魂是实践活动中最活跃的能动力量，而从事这一活动的人就是这一特殊精神的创造者和实践者。明清晋商的成功，背后的"晋商精神"一定也是成就晋商的根本。但这种精神的核心价值是什么？站在晋祠前，相信我找到了答案，晋商的精髓就是晋祠和五台山的写照：包容、祥和。

很多人都在分析晋商，也有很多人分析晋商在近代的沉寂。也许我们可以找寻更多的原因和理由，可以让更多的人吸取晋商近代的教训。但我更愿意了解晋商成功的精髓，因为这不受地域和时间的限制。我也同意任何人、任何事都需要与时代契合，晋商成功和落伍的原因都是与时代契合程度的变化有关，或许因为技术，或许因为市场，或许因为变化，或许因为国运等，这些契合一定是多种因素的交织。我相信当精髓保留而又认识变化，与时代保持紧密契合的时候，晋商仍会重回辉煌。因为包容和祥和是更为根本的价值，晋商天性中保有，正如晋祠的风范。

我不知道平日这里的香火如何，可今天这里静若处子、与世无争地站立在我眼前，也许这才是真正意义上修身养性的地方。如果说相距不远的五台山有求必应的话，那么，晋祠就是那偏居一方的隐者，道不尽的恬然安逸。佛与世人的缘分，也许不是我能够道尽的，但是站在晋祠古树之前，会感应到世事之外仍有净土，这片净土存于心中，存于与古刹的相互感应中。我对于晋商重又升起希望，因为古树、水母、晋祠。

（原载：《新华航空》，2007年第5期）

相克相生

关注到福列特是在研究企业组织管理特性的时候，我一直对冲突的理解无法把握清楚，在检索文献的时候，很偶然地发现福列特提出的"建设性冲突"的观点，研读下去才发现包括德鲁克先生在内的很多著名学者极为推崇她。我开始试着理解福列特的思想和观点，也尝试着理解在早期管理理论中人们所关注的问题实质到底是什么。

其中，福列特很早就已经分析了在什么时候竞争能够变为一种合作，例如：贸易联盟的形成。在这种形式中竞争者结成联盟并形成一个产业，为最终消费者提供最高质量的产品和服务，包括合作信用系统、涉及学徒学校的贸易、同产业间管理者合作和专业联合组织。正如她所写的，职业经理人协会的形成、联盟的形成，并不是在高度全球化竞争中所产生的一种新的理念。所有今天大家以为是全新理念的东西，特别是动态及联盟的想法，只不过是福列特观点的一种新的阐述形式而已。

在今天这样一个新的环境中，如何更好地理解福列特并使她的理论可以指导我们的实践，就需要我们再次认真地把握她思想的实质，我总结的福列特的四个原理是：第一个原理是冲突与建设管理；第二个原理是企业是一个社会组织；第三个原理是管理是一种职能并以科学为基础；第四个原理是重塑领导者的权责。下面仅对第一个原理进行阐述。

第一个原理是冲突与建设管理。福列特认为，冲突与差异是客观存在的。既然这一点不能避免，那么，我想我们应该对其加以利用，让它为我们工作，而非对它进行批判。"我希望，大家暂时将冲突看作是不好不坏的，不带任何道德上的预断去考虑冲突，不要将它看做斗争，而是将它看作观点或利益差异化的表现。因为冲突正意味着差异。我们不应仅仅考虑雇主和雇员之间的差异，还要考虑管理者之间、董事会的董事之间的差异，或者任何可能存在的差异。"

福列特对于冲突的这个看法具有非凡的洞察力，这是我第一次认识福列特魅力的地方。对于中国文化背景下成长的管理者来说，最大的挑战就是如何面对冲突。因为长期以来我们不愿意直接面对冲突，或者说无法妥善地处理内部冲突，结果导致大部分的组织没有活力。

事实上，正是因为存在冲突，才使得差异得以保存，进而保存了组织的活力。

更有价值的是，福列特还提出了怎样"运用冲突"。首先是运用冲突去理解。德鲁克先生对于这一点也给予了高度的赞誉。福列特告诫我们不要去追寻在冲突中谁对谁错，甚至不要去问什么是对的。我们先假设双方都是对的，对于不同的问题，双方都可能给出正确的答案。对冲突的正确运用就是在认同双方利益的基础上，使冲突为双方共同所用，使双方站在对方的立场上去理解对方的问题，同时寻求双方都认为是正确的满意答案。冲突管理的最终结果并不是"胜利"也不是"妥协"，而是利益的整合。

福列特"建设性冲突"的思想有着巨大的现实意义，在今天充满变化并需要不断发展的大环境中，整合和协同是解决冲突的根本之道，这也是为什么在今天的管理理论中如此多的管理学者强调战略联盟、协同营销和水平营销的原因。

借助福列特的理论，我们明确了管理"冲突"的方式和方法。在福列特看来，处理冲突的方式主要有三种：控制、妥协以及整合。

"显然，控制是一方战胜了另一方，这是处理冲突最容易的方式，但其效果是短暂的，长期来看并不成功。处理冲突的第二种方式是妥协，我们对其了解得比较多，因为它是我们解决大部分分歧的方式。每一方为了和平都退让一点，或者准确地讲，就是为了让被冲突妨碍的活动能够继续进行。然而，没有人真正想去妥协，因为这意味着要放弃一些东西。有没有其他方法可以结束冲突？目前，另一种方式开始得到承认：即将双方的要求整合起来。这意味着我们找到了一种解决方法，它满足了双方的要求，没有任何一方需要牺牲。整合可能是处理冲突和差异最富成效的方式。"

福列特所提供的解决冲突管理的这些方法，对很多管理者来说是非常及时和有效的。

（原载：《21世纪经济报道》，2007年6月8日）

花溪世界　完美自足

乱了很多年，总想让内心平静下来。春节过后，打开久违的诗词，元代王爱山的《小桃红·消遣》跳入了我的眼：一溪流水如水溪云，雨霁山光润，野鸟山花破愁闷。乐闲身，拖条藜杖家家问。问谁家有酒，见青帘高挂，高挂在杨柳岸杏花村。

这样的意境使我想到了"花溪"，觉得似乎捡回了失落的财宝——落花的情，流水的意，重合在一起，一瞬间出现在我晨起的小屋里。自己好像一下子不存在了，天地间只有一团喜悦、一片温柔、一腔勃勃然的生机。我第一次深刻地体会到造物的深意，一花、一溪都是生命的内涵。

我悠然地想象着花与溪的山谷，就这样坐在春日明媚的阳光里，想到远古流传的真理：自然就是美好！阳光一直沿着落地的玻璃窗洒泻下来，落在不知名的树上。光灿灿的太阳、嫩黄黄的树枝，这样温柔的京城春日，对于忙碌的人而言，一生之中又能几遇呢？

我就这样坐在自己的"花溪"里，我敬仰花的地方正是这里。不管人们是否欣赏，花总是适时开放，颜色鲜明、香气淡远；总是静静地跌落，从未张扬，从未索求。我们是何等的幸运，能够"掬一捧莹白，抱一怀宁静的清芬"，可我们并不自知。

我就这样坐在自己的"花溪"里，想念起山径的小溪来。记得在一本英文书上看到，形容溪水的声音和形容情人说话，用的是同样的状声词。我没有认真考究，但我情愿相信这是真实的说法。有人喜欢大海，有人喜欢河流，也有人喜欢瀑布，名江大河都不乏人之所爱。但唯有这平凡的溪水，安静流淌的时候，常常会被人遗忘。

我会想起那些真正优秀的管理者，记得德鲁克先生曾经说过：好的管理一定是枯燥无味的，如果管理进行得轰轰烈烈，那么管理一定出了问题。我也欣赏那些带领企业跨越一个又一个高峰的人,他们并没有把自己作为多么伟大的人,反而像山径的溪水,用安静的、执着的耐力带领人们克服每一个困难。

花与溪,它们有着一样美的品质:付出和热爱。而我们欠缺的恰恰如此。每一天,我们习惯在竞争和焦躁中寻求成长和成功的路径,而没有认真地问自己到底付出了多少?

在新六和公司的时候,看到养殖场我内心生出惶恐:所有养殖的人员,为了保证养殖环境不受侵蚀,为了能够24小时地照看,他们会一直留在养殖场内,与外部隔绝。我不曾造过一座桥,开过一条路,没有种过一亩地,养过一尾鱼,可是这一切我都能够拥有,我们所得到的实在是太多,而付出的实在是太少。

我们并不知道生命本身是否算是一场光荣的出征。如果我们只是获得而没有付出的话,更深的惶恐来自于甚至不知道如何热爱生活。因为我们不知自足反生更多怨恨,看到自怨自艾的人群,我总是感到心痛。我们为什么不像这花和溪?无论在任何地方都不会停止开放和流动,它们是那样地唯我和忘我:当没有阳光的时候,它们自己就是阳光;当没有欢乐的时候,它们自己就是欢乐。花与溪里有着多么完美自足的世界,人的生命不也正是这样的完美自足的世界么!

是的,我们在这个充满变化的城市里,只是匆匆过客,这也许是命运早已安排好的,但我们不应感到悲哀和无奈。因为,这种命运事实上也是我们自己的选择。神圣的事业总是伴随痛苦,但是,也唯有这种痛苦能够把深度给予我们。我们也许静寂、孤独,也许需要咬紧牙关才能够不被痛苦击败,可是无论如何,我们还是能够获得生命的韵律,"于无弦之处听古琴,于无水之处赏清音",这不就是生命的美丽之处吗?

(原载:《新华航空》,2007年第6期)

一个记录成长的故事

2007年10月的一天,当传敏把这本书转给我的时候,我想一定可以看到一个对企业深刻而独到的理解和描述。事实上,这本书正是这样。

零售业是一个残酷的行业,家电零售业也不例外。在过去的20多年里,几乎没有哪个行业像零售业这样发生如此巨大的变化。自20世纪90年代开始,世界上50家最大的零售企业已经有70%进入了中国。而对一个成熟的家电行业来说,零售业就显得更加困难,促销的怪圈、价格的拼杀、零售商和制造商之间的博弈、消费者的不成熟等,都造成了这个行业不断分化、重组和变换。很多曾经在中国家电分销历史上显赫的企业也不复存在。

也许正是这样一个特殊的背景,这本书所要描述的内容更具有不同的意义。

传敏选择了一个独特的视角,用记者所具有的独特能力,以讲述故事的方式,来描述一个企业成长的历程和一个企业家成长的历练。本书以苏宁的发展过程为脉络,从其以小博大、一年挣到上千万的激情岁月,到从批发为主到以零售为主,从专业店到连锁店,从单店综合家电商场到大型家电连锁的变革转型的"战略长征",再到令人侧目的遍及全国的攻城略地的连锁狂潮,以及伴随商业势力的扩张而带来产业界的阵痛和触及各利益相关者的"工商"大战,再到目前苏宁与张近东对未来的思考及相关动作,以生动的笔触,将一部充满激情、奋斗、智慧与危机的传奇呈现在读者的面前,让你在阅读故事的同时,得以反思。

对渠道的关注和研究是我这几年工作的一个焦点,而家电业也是我所关注的重点领域。我在很多场合和著作中不断强调一个观点,认为今后不是产品与产品、企业与企业的竞争,而是价值链与价值链的竞争。同时,多年的研究也说明,对于中国企业而言,渠道驱动比品牌驱动更加重要,在品牌知名度与渠道成熟度两者之间,我建议首先选择渠道。其实,早在2005年国内连锁巨头们拼命扩张,制造商与销售渠道之间的"工商"口水战之前,我就在我的著作中提出了这些观点。2004年初我出版了《争夺价值链》，写这本书其实是源于大型跨国零售企业来了以后给中国制造业带来了压力。书中主要分析了沃尔玛和家乐福在中国市场的做法，在做法上我比较欣赏沃尔玛。当时我想阐明的一个重要问题就是：企业之间是争夺价值链还是共享价值链？这里面最大的区别是，零售商到底是从自己的能力出发做经营，还是从客户的价值出发做经营？制造商与零售商之间的"工商"大战，虽然直接反映了超级连锁商对于生产厂家的潜在威胁和危害，但从营销战略的层面上讲，制造商和零售商之间不应该是"你死我活"的关系，而应是依存共赢的关系。我也一直期待着家电零售商能够在战略层面上体现这样的思想，对照苏宁的成长，我们也能感受到这一点。

　　本书更令人信服的是资料的翔实与踏实。作者广泛搜集了多年来媒体、企业、专家学者的言论与数据，在整理归纳的基础上揭示了零售巨头发展的真实内涵。其资料之翔实，来源之广泛，显示了作者写作的严谨态度和资料收集的艰辛而长期所作的努力。这些资料与结论对于进一步的理论探索有着重要意义，而对于渴望解决"工商"矛盾的相关利益方而言，这些资料与结论更是难能可贵。哪怕你既不研究理论，也不在商界拼搏，这些故事也非常有趣而富有启发。多方位的资料收集，多方位的观点碰撞，对于从真实的角度来了解企业是非常必要的。而能够做到这一点的少之又少，本书就显得尤为珍贵。

　　本书以丰富的资料和入微的洞察记录了苏宁及张近东从以小博大到狂飙突进的故事。这个让人激动的故事不禁使人又想到了中国企业的宿命。很多中国企业非常关注自身的高增长，也的确在很短的时间里实现了惊人的飞跃。但问题是，企业真正具备高增长的条件吗？这种增长飞跃是有效而持久的吗？

　　几年的观察和思考让我更多地看到了很多企业在增长问题上做出了三种可怕的选择：第一种是在错误的企业设计之下的增长。这种增长更多的是资源投入的结果，似乎是一夜之间就可成名，但是却忘了如果投入的资源只是换来规模的增加和产能的扩充的话，那么企业就一定会陷入"经济黑洞"。一旦没有资源的投入，企业就失去了所有。这是非常可怕的选择，但可惜我们很多企业习惯选择这种增长方式。第二种是高速增长。脱离现实的高速增长，虽然带来了快感，但也带来了对企业管理的挑战。高速增长本身没有任何错误，错误在于企业并不具有支持高速增长的体系。我们都知道，有两个方面会对高速增长产生影响，一个是组织外部环境的影响，一个是组织内部的影响。抛开外部影响不谈，组织自身的影响是企业必须面对的。高成长企业必须面对的最根本的问题就是组织与文化的问题。但事实上很多企业并没有注重组织与文化的创新，沿用过去的组织与文化来解决高速增长带来问题是无济于事的。第三种是将企业业务延伸到一个以前从未打算进入的客户群。很多企业或者高估自己品牌的力量，或者高估自己渠道的能力，或者高估自己技术的能力，或者高估自己整合资源的能力，甚至可以说高估了自己的"核心竞争力"。如果是在高估的前提下进入新的顾客群，这样的增长会加速企业陷入困境。

张近东是如何判断自己企业的资源与能力的？苏宁将要如何面对企业高速成长的组织与文化陷阱？随着本书作者的叙述，回顾他们已经走过的道路，或许会有一个基本的答案。但无论他们的未来如何，都将是另一个激动人心的传奇。

（原载：《经营者》，2008年第2期）

也许，道理就该如此

　　1987年开始恋爱时，两个人计划每年走一个地方，虽然后来因为他的工作忙碌而放弃，但我自己却一直坚持到1998年。11年的旅行，应了"走万里路，读万卷书"的古训。万卷书不敢讲，但是万里路的启迪的的确确升华了自己，即便是悟性不高的我，也多多少少有了些进步，每一个地方都给了我深刻的记忆，早年的时候还写写游记，想想那时的自己该是怎样的得意和风发，现在似乎有些暮气。

　　记得去新疆，到新疆的感受没有在途中的感受强烈。从兰州开始，一踏上河西走廊，才明白什么叫作"戈壁"，也才明白为什么人在河西走廊上会有热泪涌出。同行的朋友认为太郁闷、太单调，我却只有惊讶和慨叹。生命在这茫茫的戈壁上显得那么无助，只有天空的白云以其倒影让戈壁染上些色彩，任凭绿树、青草怎样的顽强都无法在戈壁有所作为，更何况人呢？

　　到了敦煌，望着沙漠，想象着鸣沙山的音乐，在心中涌出的却是喜多朗的乐章。光着脚踩在沙上，感受热气从脚下涌动，听着细沙滚动的声音，知道月亮泉的威力，神明的造化。傍晚为了感受诗意，请骆驼做自己的坐骑，听着驼铃声，很想大声唱歌，但终究没有唱出来。因为在这里，人真的太渺小，哪怕仅有一点点的自我感，也会淹没在沙漠里。这感觉很特别，让你觉得离自己很远，离大地很近。盛夏的敦煌有40度，只有在晚上8点之后才可以出行。我约了一辆毛驴车去看阳关，想知道"春风不渡"的地方是什么样的。那时残阳如血，只有几块断墙在余晖下思考，我愣愣地望着那断墙，不断遐想古人的风貌，真的就"西出阳关无故人"了吗？那份凄美留在我心里很久很久。每当一个人觉得不可抵抗，不知所措的时候，这残阳、这断墙、这大漠就会提醒我，别失去"故人"。

　　夕阳下的阳关是有几分凉意的，抬头可见满天的繁星，同一片的星空下，远在我生活的广州却与这灿烂的星空无缘，人真的要在空灵之下才会宽容和依恋吗？即使是十年之后的我，仍无法回答这个问题，或许有人可以回答。在敦煌停留四天，之后我们便乘车去了葡萄沟，一个充满诗意的地方。

只是在这一段日子里敦煌的种种记忆总跳跃出来，我知道它在提醒我：一个人很渺小，人的欲望就更渺小，不要太过任性。当鸣沙山围抱着月亮泉的时候，它们静止的美才是永恒。人该能够固守这份美：有一种旅游，可以只看一种风景；有一种背影，纵然无语，却也昭示风云际会，令人有万千怀想。任何的散文放在这里恰是我的语言。

我喜欢中国字画的原因也是如此，米芾的布局，"兰亭序"的飘逸，读帖时黄庭坚的轻风傲骨，时时让自己汗颜。自己没有好好去练字，倒是认真地读了很多字帖，有时挥笔乱涂时，几乎都是为了让自己能安逸下来。曾经很想学学写字、画画，广州美院的教授们常常开玩笑说我："可以说画，而不是画画。"记得去小洲看梁世雄教授的山水大作，看他浓重的墨、凝练的笔，知道一切都在画外。与他50年的磨炼相比，自己是否太急功近利了？

我时常与天空对话，与草地对话，在车中与空间对话，也与朋友对话，与字帖对话，与书中的伟人对话。可是真正需要的是与自己心灵的对话，这也许不需要声音，不需要表白。就像莫高窟里的壁画，不管世人是否能够走到那里，壁画自身的感受一直在，也许它也在等待，等了一个又一个的世纪，等了几千年的云和月。然而，正是这种等待，敦煌成了敦煌，没有什么可以取代。也许，道理就该如此……

（原载：《新世纪文学选刊月刊》，2008年第7期）

持续成长：永远不能回避的选择

历史认识的发展不仅逐渐控制了时间，也把我们的时代置于延续了几千年进步的中心，并且由于国际关系的扩大、信息和大众传播工具的发展，我们的思想已逐渐"思考世界的问题"。而这个问题，今天已经产生了较为普遍的认识，一种超越地域、政治、语言、经济、军事对立的概念已经明确起来，我们的未来完全依存于这个概念。

1978年的中国，掌握了这个概念，即其性质、将会带来的后果、其产生的根源以及为了实现这个概念所必需的改革。从那时开始，中国的时代是不同寻常的。观念的变革迅速而又深刻地改变着人们的生活和生存方式。人们真切地感到，必须严肃认真地对待一个富有挑战性、千变万化的时代。也正是从这个时代开始，中华民族开始了自己悠久历史中又一次真正的复兴。

1980年初，中国面临的第一个转折点——实行市场改革及对外开放政策。该举措促进了中国工业化进程并刺激了经济增长。

温州和中国的很多地方一样，从20世纪50年代后期开始实行公社制和"以粮为纲"的政策，这是全国农村基本的历史事实。温州地处沿海，人口密集，人多地少；温州是侨乡，没有办工业的传统，也不靠近任何工业城市。在"文革"期间，大量外流的人口分布在全国各地，起初是卖工卖艺，并偷偷按照他们经商的传统本领在地区间贩运。1984年，改革的政策承认了长途贩运的合法性，这一大批流动的人摇身一变成了一支公开的流通大军，在国内开辟了大市场。而后，这支流通大军回乡来分别开办家庭工厂，制造小商品以供应已开辟的市场。在短短的两年里，温州就出现了有名的十大小商品市场，这就是中国最有影响的"温州模式"。

这期间，也就是1992年，我到东莞挂职，当时是到厚街镇。邓小平南巡讲话后的东莞，呈现出一片生机盎然，"要致富，先修路"的投入让东莞成为内地的

"香港"和"台湾",甚至日本企业的产业转移地。在观察了整个珠江三角洲之后,我们发现从东莞到中山、顺德、南海,这被人们称之为"中国四小龙"的发展,带动的是整个制造产业的腾飞。人们开始看到中国制造的家用电器、世界品牌的鞋子和服装。东莞人曾经自豪地告诉我:你在世界上任何一个地方看到的产品,在东莞都可以找到。

供给的相对富足,是中国第一期工业化的成果。1999年,中国首次面临如何向消费者营销其工业品的问题,需求增长不足首次出现在政策声明中。中国正式告别了所谓的供应短缺型经济。

2000年初,中国经济逐渐步入了第二期工业化进程。无论实行的政策是否与时俱进,产业升级都已经如火如荼地展开:向价值链的高端移动,技术升级,聚焦于地区发展,经济和产业结构更加合理化,注重改善经济制度和政治体系。

2004年3月26日,联想集团在北京与国际奥委会签署合作协议,正式成为第六期国际奥委会全球合作伙伴,这是奥运历史上中国企业首次获得此项资格。作为国际奥委会全球合作伙伴,联想集团将在此后的4年内,为2006年都灵冬季奥运会和2008年北京奥运会以及世界200多个国家和地区的奥委会及奥运代表团独家提供台式电脑、笔记本电脑、服务器、打印机等计算技术设备,同时还提供资金和技术上的支持。宝钢集团实施国际化经营,形成了由近20个海外和国内贸易公司组成的全球营销网络;与巴西淡水河谷公司(CVRD)、澳大利亚力拓集团下的哈默斯利公司在海外的合资企业已正式运营。海尔几乎占领了美国小冰箱和酒冻柜的一半市场,并且在南加利福尼亚州办厂。华为技术的出口额已达自身营业额的50%,并且和3Com、微软、高通、松下等公司结盟。美的则在小家电、空调、微波炉等产品领域成为世界领先。

上述的历程,可以视为过去30年中国商业的阶段性总结。

那么,中国企业的未来在哪儿?下一个发展机会是什么?

当我整理思路、不断思考这30年的价值时,我发现成长才是更重要的,而且最好的纪念就是更好地前行。所以,这本书既不是关于30年中国企业的总结,也不是关于30年后中国企业的判断,它依然在寻找有效提升中国企业持续发展能力的因素。以往,我和研究团队从行业先锋企业中获得了本土企业的领先模型,然后尝试到具体的企业中去实践这个模型。当更多的行业先锋企业成长起来时,我把立足点回归到大多数中国企业自身成长所必须面对的问题,提出了在新的经营时代中国企业如何寻找到适合的经营模式的问题。随着研究的深入以及企业具体实践的深入，我发现在今天的商业环境中，成为行业先锋的企业以及转型成功的企业都必须面对持续成长的选择。当经济发展到今天这个阶段，如何持续成长已成为根本性的问题，我知道需要做的就是寻找中国企业成长的方向。

所以说，本书讨论的其实只有一个主题：中国企业更应该思考如何利用本国市场去获取商业价值最大化。中国不仅是中国企业的本土市场，也是可以孕育、培养中国企业在国外市场竞争核心能力的场地，或者说是一个了解全球竞争对手的试验场。不管你的企业业绩如何，你都可以让你的企业成为价值型企业。

（原载：《上海证券报》，2008年7月7日）

新加坡之新

企业成长只能在其思维空间之内成长,因此,中国企业的成长受所能达到的思维空间限制。

2011年11月,像往常一样,我到新加坡国立大学讲学。在过海关到酒店的过程中,我发现我在新加坡有着与以往不同的感受。

转型增长也是新加坡这几年的发展模式,围绕着休闲产业、服务业所展开的产业调整和经济增长方式的调整,已经让新加坡在2010年成为全球增长最强劲的国家之一。以往的新加坡非常依赖全球经济,特别是美国经济的增长,但是今天的新加坡已经摆脱了这样的困境,可以借助自己的力量来发展自己。在全球金融危机之后的动荡环境中,走出了一条自己的转型增长之路。

新加坡转型成功背后的逻辑可以给我们非常好的启示,我理解其成功的原因是:

一、思维空间决定成长空间

如何去寻找成长空间,是每个经营者都必须清楚的问题。在经历了20世纪90年代亚洲金融危机、2008年全球经济危机之后,新加坡开始选择转型增长的路径。当其思维方式转变之后,成长的空间就被创造了出来。答案似乎是不言而喻的:应该在产业机会和市场机会的生长演变中去寻找成长空间。

比较新加坡,我们对全球市场、产业、金融、政策、商业机会和危机控制等因素都不够敏感,对经营环境的变化也不够敏感。究其原因,就是我们的思维空间相对狭窄。由于思维空间延伸不够,大量产业机会和市场机会在我们的视野之外生生灭灭,再大的产业和市场空间都与我们无关。

企业成长只能在其思维空间之内成长。如果是这样的话,中国企业的成长受所能达到的思维空间限制。中国企业在全球化市场依然沿用自己习惯的思维方式，依然沿用自己在中国本土市场所形成的经营模式，这也许就是中国企业全球化进程中多受阻碍的根源所在。

中国企业进入海外市场常常亏损，很多人从多个角度分析原因。但是美国市场和欧洲市场的失利是根本所在，而这些市场出现问题的原因，是中国企业一直沿用在中国市场成功的商业模式，没有找到符合当地文化与消费习惯的商业模式，这是中国企业的惯性思维所致。

二、价值观体系决定创新素质

研究证明，环境是影响思维和行为的根源。中国环境下产生的企业思维和企业行为，必然与西方环境下所形成的企业思维和企业行为不同，从而导致了不同的价值观体系。而不同的价值观体系又决定了企业创造不同的价值，并最终决定企业不同的创新素质。经济学家熊彼特的这段话可谓一针见血："没有发展就没有利润，没有利润就没有发展。对于资本主义体系还必须补充一句：没有利润，就不会有财富的积累。"美国企业就是这类专注于创造利润的实用主义者，善于借助于一切技术和机会来提升创造利润的能力。

随着改革开放的深入，中国人一下子从"殉义"的背景下跳入"逐利"的大海中，有些人为了获得利益不惜牺牲原则、准则。在这30年间，中国企业表现出来的短视、急功近利、拼杀价格的行为比比皆是。这样的价值取向，在一个阶段里，让中国企业得到快速的发展，尤其表现在中国本土市场上，成功地引领了市场份额，包括索尼、IBM在内的跨国企业都在中国本土市场输给了中国家电企业和PC制造企业。

但是，到了海外市场，我们在中国市场上称雄的模式，没有产生任何作用。究其原因是不同的思维方式导致了对顾客和市场认知的差异。如果中国企业还是借助于中国市场的思维方式，其结果不言而喻。长期观察中国企业发展并与发达国家跨国企业的发展，让我还是感受到一些很特别的不同：

跨国企业对技术和人有着独特的偏好，在持续创新、发掘人的创造能力上不遗余力；中国企业对于成本和规模有着独特的偏好，在不断地降低成本、扩大规模上竭尽全力；

跨国企业对于增长有着自己的设定，希望保持持续稳定的增长；中国企业对于增长没有设定，认为可以跨越式增长；

跨国企业更依赖于系统和团队，而中国企业更依赖于英明的领导者。

这些不同的思维方式导致不同的经营结果，这些不同的思维方式也正是中国企业无法真正获得持续稳定增长和驱动全球市场能力的根本原因。由于偏爱成本和规模，认为具有成本优势和规模优势就会具有市场优势，这样的思维方式导致联想购并IBM的PC部门，TCL购并汤姆逊之后，没有获得真正的整合价值，而只是获得了进入国际市场的经验和教训。最终让联想和TCL摆脱国际购并困局的依然是依赖中国本土市场的价值贡献。

因此，中国企业如果想要真正获得世界范围内的成长空间，就需要拥有全球思维。让自己可以站在一个全球化整体的市场中思考，让自己可以调整自己的思维方式以释放成长的空间。

（原载：《IT经理世界》，2012年Z1期）

像成思危先生那样付出才会心安

一、引领性的贡献

对成思危先生,我的评价是:直言坦诚,创新担当。

中国企业发展的过程中,需要了解、懂得和掌握系统的管理理论。在全面系统地引进西方管理理论,构建中国的商学教育、管理研究领域,成思危先生做出了引领性的贡献。

他不仅深度参与管理学科的设立和构建,深度参与中国商学教育的设立和构建,而且还深入到中国企业的实践中,真正理解中国企业成长的问题和困难;他深度参与并创立了风投,推动资本市场在中国的发展和进步,让中国企业能够在一个更多维的市场资源中,获得更多的成长机会。

先生给我最深的印象是,每次会议他都会清晰地表达自己的立场和观点,从未有空话,不人云亦云,不随波逐流。先生每次的观点,都会带给人启迪,并有非常好的前瞻性。

后来因为两件事,让我有机会与先生近距离交流。

二、病体下的风骨

一个是新华都商学院的创立。我作为联合创始教授之一,在商学院教育、创业基金、创业教育等几个方面和先生做过交流。他虽然肩负很多事务,年龄已高,但他总是细心地理解新华都商学院的创立宗旨,细心地表达自己的观点,细心地爱护这个新生的力量。并且他在感冒的情况下,还是在寒冷的冬天,参加了新华都商学院在京举办的诺奖经济峰会,并做了一个精彩的报告。我印象最深的是,那一天很冷,秘书细心地为先生戴好帽子,但是马上要进入会场的时候,先生自己把帽子摘下来，我们都劝他可以戴上帽子，但是他坚持不戴。我没有去问先生的想法，但是我为先生这个动作而感动。

另一件事是"中国管理模式杰出奖理事会"，这是先生和金蝶的徐少春董事长牵头发起的。先生为中国企业管理模式研究的发展，可谓用尽心力。我作为第一届理事会成员，参与了一些工作，当时我的理事证书还是先生亲自发到我手上的。我记得他说："春花教授，这是一个意义重大的工作和职责啊！"我接过证书时，觉得责任沉甸甸的。在后期的工作中，我因自己的工作和研究计划安排，期间有一段时间申请停下来。今年年初，少春董事长再次发出邀请，并转达了先生希望我继续参与中国管理模式杰出奖理事会工作的愿望。而其时，先生已经身体不适。我深受感动。

当听到先生离去的消息那一刻，我脑海中闪现出的是先生慈祥而安静的微笑。我知道，先生对自己能够做出的贡献而心安。我也知道，我们也需要如此付出，才会心安。愿先生走好！

（原载：《中外管理》，2015年第8期）

你必须转型，就因为这两点！

组织转型并不是一个管理的话题，而是一个经营的话题。正是因为外部环境的变化，使得企业不得不做出经营的转变，相应而来的则是组织转型的配合。组织转型并不是为了转型，而是为了配合经营的需求。

一、企业经营逻辑变了

企业面对任何一次转型时，都必须回到经营的基本层面上去重新思考，因为正是这些基本层面元素的理解，可以让我们洞察市场的变化，以及对商业模式的选择。

我认为经营的基本元素有4个：顾客价值、成本、规模和盈利。对应于商业模式的基本要素则转化为：价值主张、成本模型、盈利模型、供应链管理、核心能力等。我也明确界定了经营基本元素的内涵：有竞争力的合理成本、有效的规模以及深具人性关怀的盈利。

企业经营者已经达成一个基本的共识：经营逻辑将围绕着顾客价值展开。但是一个突出的现实是，传统经营模式的假设核心是：价值是由企业创造的。而新的经营逻辑假设核心是：价值是由顾客和企业共同创造的。

这是一个根本的变化。可以说在既有的思维惯性下，这个变化一直在艰难地扭转过程中。互联网技术的出现，让企业经营者真切地感受到企业独立创造价值的局限性，更重要的是，让企业经营者切身地感受到顾客或者用户创造价值的巨大能量。

这一切带来了经营逻辑的根本改变。

难道不是吗？以前你的销售人员更像猎人，还是价值伙伴？传统观念中，顾客是企业提供产品的被动需求目标，顾客和企业之间的关系犹如猎手和猎物的关系。这导致了企业不断地推出新产品，销售人员不断地寻找顾客，形成了一个恶性闭环。渐渐地，企业就和顾客站在了对立的立场上，自己无法生存，顾客也厌倦了产品和企业。所谓的"顾客是上帝"成为一个自欺欺人的口号。

我一直以来坚持：企业只有一个立场，就是顾客立场。但这里并非是一个泛化的顾客概念。《市场领导者法则》（1997年出版）一书说过："无任意一个公司能同时应付各种人，要选择顾客、集中焦点、掌握市场。"这个认识到现在终于可以成为现实：企业把自己的目标顾客称为"社群"或"粉丝"，重新还原为一种"生态"，生成彼此共生的关系。

在这个认识前提下，让我们回到商业模式本身来重新思考。当我们必须把这种思考付诸转型和增长实践时，围绕着商业模式的构成要素，我们需要梳理出清晰的逻辑，也自然会有了全新的答案。

二、商业模式构成要素变了

商业模式构成要素如图1所示。

商业模式构成要素
1 价值主张
2 成本模式
3 盈利模式
4 供应链管理
5 核心能力

图1　商业模式构成要素

（一）价值主张

我们必须清楚顾客的价值主张是什么。作为从事经营的人来说，第一个要探讨的不是赚多少钱，而是要回答我们的顾客价值主张是什么。就好比我们做食品的价值主张是什么？手机的价值主张是什么？微信的价值主张是什么？这一点要非常明确。

（二）成本模式

一个好的模式一定是在成本模型上具有很强竞争力的，而且要非常明确地知道成本构成成员是如何组合在一起的。互联网带来的一个最直接的好处，就是让不产生价值的消耗降到最低，比如信息传递、营销与沟通、模组化的制造。有人说，3D打印的出现，可以让大规模制造变为大众制造。如果真的如此，制造成本的改变就会更加惊人。

（三）盈利模式

到底凭什么盈利？需要把这个想清楚。就如我和同事所探讨的那样：我们是要养殖户赚钱之后盈利，还是我们盈利之后养殖户赚钱？这是两个不同的逻辑。我们是要中间商去盈利，还是与中间商一起去为养殖户服务？盈利能不能分配？能否让产业价值链上的各个环节都受益合理、共同成长？这是关键。如果能做到价值的分配，那么无论是合资公司、中间商、供应商、终端消费者，都会与你站在一起。所以，好的商业模式一定是可以分配价值，让所有人在产业链中成长。能够真正成为价值链的管理者，能够管理利润的分配并兼顾消费者可接受程度，这就是你的经营水平。

（四）供应链管理

好的商业模式，一定包含供应链与供应链管理。如果从消费端来理解企业，几乎所有的企业都需要有供应链属性以及具备供应链的管理能力。企业竞争力在商业模型中有两个方面：一个是成本模型，一个是供应链的管理水平。成本模型很大一部分也是由供应链决定的。我有幸与真正的跨国企业进行合作和交流，无论是嘉吉还是汇丰，这些具有150年历史的企业，都会强调其风险管理的能力，而这个能力也都体现在供应链管理之中。

（五）核心能力

企业核心能力建设，一直是我极其关注的话题。很多企业积累了很多能力，这些能力是否可以持续并在新的环境下发挥作用，就涉及核心能力获取及复制和延伸的问题，这是一个企业持续发展的关键。正如我在新希望六和所做的努力一样，我希望能够持续地保持这家公司的核心能力。在今天商业模式的要求中，企业的核心能力可持续性显得尤为关键，假如可以获得，那么就能够看到企业经营的持续性。

企业经营逻辑和商业模式构成要素，这两个根本改变，要求组织转型需要从多个方面做出改变，包括结构、流程、职能、分工、授权以及决策方式等，也可以说成组织模式重构。我曾经用"水一样的组织"来形容相应变化的组织所需要呈现的形态。这的确是一个非常大的挑战，但是也是必须接受的挑战，是每一个企业经营者都必须能够接受的挑战。

（原载：《销售与市场》，2015年第8期）

为什么"改变要在现场发生"?

王健林曾经谈到万达的4次转型:始于1993年,万达从区域走向全国;从住宅房地产转向商业地产;从地产转向综合型企业;当下的互联网转型。马云问他万达准备付出多少代价?调侃王健林不是转型而是升级。理由是:这次变革和以往有最大不同,它不是外部变革,而是内部变革。我们要思考的不是如何变革别人,而是如何变革自己。他认为10年、20年后,世界主要经济形式是平台型企业。不一定每家企业都需要转型,但是每家企业都需要升级。而真正的升级是人才的升级、思想的升级、文化的升级。

无论是王健林谈到万达4次转型,还是马云强调的内部变革与企业升级,其核心都是一个,就是组织如何激发每一个成员与企业同步成长,而这对管理者而言是最大的挑战。

一、改变来自一线还是总部?

我始终记得自己在青岛海景花园酒店的感动体验:

一天清晨,当一个门卫看到我的汽车发动机出现问题,主动上前询问是否需要他通知酒店车队帮忙。出于好奇,我问他天这么冷是否能够调得动车队?他回答说,只要顾客需要,他能够调动包括总经理在内的任何人。我当时不禁对这个酒店的管理发出由衷的赞许。接下来留心关注,也证明了这家普通的五星级酒店给顾客带来的是不同寻常的感受,它总是能够让顾客在细微之处感到被照顾和被关怀,而这一切都是通过一线员工一点一滴的行动达成的。任正非"让听得见炮火的人指挥战争"的管理智慧,也一定来自前线。因为一旦战役打响,决定胜负的权力就交到前线战士手里了。只有亲临实战的人,才能够明白这句生死攸关的话的含义。

稻盛和夫也因为亲身的经历得到一个结论：解决问题的答案总是在现场。所谓的"现场"，第一个含义是对于组织的意义。讲求组织动力源泉来自上下同心、团队努力，而只有现场才能让中高层管理者跟员工打成一片，也才能让每一个员工都感觉到"现场是我的"的切身体验。第二个含义是指提高效率和整个运营的方式，认为员工才是解决问题的主人，现场很重要。

这个道理往往被大家运用在日常管理中，但是却不知道，转型也是一样的道理。如果仅仅是高层提出转型的要求，而现场没有呼应和动作，转型一定无法实现。

所以，一定要让改变在"现场"发生，让一线员工真正被调动起来，才可持续突破极限，释放潜能。组织转型的重点，不是理念灌输和观念改变，而是要把一线员工中潜在的、隐性的创造能量给发掘出来。

二、"发动机"文化所解决的

看到柳传志先生在联想30周年之际写给全体员工的一封信，最让我触动的就是联想提倡的"发动机文化"。其核心是指最高管理层是大发动机，而子公司的领导、职能部门的领导是同步的小发动机。

联想的人才是在一线实践中"用"出来的，那也是联想的"发动机文化"管理模式本质，可以永远驱动联想机器运转的动力系统。

三、链接：柳传志给员工的信

在我印象中，香港人做事往往中规中矩、一丝不苟，老板叫作什么就做什么，老板叫怎么做就怎么做，不偷懒，也不越权。在联想把这叫"齿轮文化"。齿轮可以高效运转，但本身不产生动力。联想提倡的是"发动机文化"，意思是最高管理层是大发动机，而子公司的领导、职能部门的领导是同步的小发动机。

大发动机制定好下一阶段公司发展的目标、战略路线（当然制定这些时也会请小发动机参加研究），每个小发动机努力吃透总目标，然后领回分解到自己这一部分的子目标，以及相应的责、权和利（责、权、利是可以和大发动机讨论商榷的）。据此，小发动机定出一套工作方案，先提出个概要和大发动机对一下，看是否正确了解了上级意图，这称为"对大血管"。然后就可以召集本部门的骨干研究，要过到河那边去摘桃子，咱们到底是造船，还是建桥？游泳行吗？于是小发动机就会有各种创新的方案，就会发现更有潜质的小发动机苗子，而且自觉地不断提高执行力，把激励使用得更到位。最后的结果，大多数情况是出色地完成了任务。

这种做发动机完成任务的感觉，和做齿轮完成任务的感觉是很不一样的——充满了成就感。而就在这一次又一次的设计、执行之中，主人翁的感觉也越来越浓，小发动机苗子涌现得越来越多。这些小发动机不但可以不断输送人才，而且自己也想要更大的平台。

如果让我只说一件事，我就说说这个发动机文化吧。只有大小发动机都倾力投入，企业才能发展得更好。只有企业发展好了，反过来才能为大小发动机创造更大的舞台。虽然，一个企业要能持续高速发展，发动机文化远不是充分必要条件。但30年来，联想就像一个奔日子的人，前面，永远有不断往高了挑的目标；脚下，正是大小发动机层出不穷，而且同步开足马力，才催生了无比澎湃的动力，推动我们勇往直前。

四、转型需要上下同欲

联想的"发动机文化"有效解决了现代管理在中国企业的落地问题。而其有效实践也证明企业可持续发展的核心是激发人。激发人内在成长的自我驱动力，激发人担当责任从而获得成就的行动。

用公司持久力专家艾伦·奈特的妙语来说，就是"不可持续是无法持续的"。无论是现实还是对未来的判断，"一切照旧"的商业模式无法带来可持续发展。我们不得不承受转型带来的痛苦，不得不面对技术创新所带来的生活方式改变。而作为管理者该如何引领企业走上可持续发展之路？

彼得·威利斯预测三个主要趋势推动新的范式发展：

第一，所有体系中不断增长的压力和干扰；

第二，商业和社会组织将快速发展产生可行度更高的、新的组织形式；

第三，人类价值的演变。

那么新范式的关键要素是什么？威利斯的结论是："在商业世界中，我们需要具有企业家精神的企业来解决未来的许多问题。"在我看来，这种具有企业家精神的企业，其核心要素就是在组织中生成那些具有企业家精神的人。

"生成那些具有企业家精神的人。"不是企业家、管理者才必须具有企业家精神,而是人人都具有"企业家精神";不只是自上而下地发动与带动,而是每个节点、每个人都是动力源。对管理者而言这意味着,你不但是率先垂范者,更是发动者。

聚变的环境意味着量级的增长,否则你不足以走到明天。这就提出了一个迫切的要求:每个组织都必须在结构内建立可持续成长的机制。一方面,这意味着每一个组织越来越需要有计划地放弃,而不是试图延长某一个成功的产品、政策或者习惯的寿命;另一方面,意味着每一个组织必须致力于创新,致力于改善和变革。这两方面的含义具体到联想的管理实践中,"发动机文化"是一个自然而然的结果。

所有的组织经常把"人是我们最重要的资产"这句话挂在嘴边。然而,说到做到的组织非常少,真这样认为的管理者就更少了。

在企业转型和变革中,我们或许无法做出完美的决策,甚至无法阻止错误的决策。但是我们必须要有更正、修复、再造的能力。更正错误的过程常常是痛苦的,但我们必须将这种痛苦转化为成长之痛——痛定思痛之后,更需要管理者带领大家创造机遇,求得成长。让我们身边的同事能够获得持续发展的平台,公司获得持续成长的基础。

决定组织文化是任务的本质,组织要完成自己的任务,其组织方式和管理方式必须与其他同类型的组织相同。如果你认为自己的企业与其他优秀的企业在管理上应该有差异,就大错特错了。只要企业所承担的任务是一致的,你也必须和这些优秀的企业保持一致的管理方式。换句话说,你也应该如联想一样,缔造属于自己的"发动机文化"。

互联网技术的发展,使得个体具有了前所未有的能力与信息,这带来了组织与个体之间一种全新的关系,即双方不再是简单的目标任务导向,而是持续发展导向。在这种新型关系中,如果组织要赢得员工的忠心,不仅要提供有竞争力的薪资,还必须为员工提供发展的机会,以及成长的能力。这既是对组织的新要求,也是对管理者的新要求。因此,管理者需要有激活组织和激活成员的能力。一个成功管理者应该是一个善于培养人的人,是一个能够让人们相信自我并热爱工作的人。

记住,"不可持续是无法持续的",这场转型,关乎持续性,因此关乎生死。

(原载:《销售与市场》,2015年第8期)

让一个人造宫殿

很久很久以前，在一个遥远的国度，大臣收到了王子的指令，必须在公主来年生日之前造出一座世界上最豪华的宫殿。面对这个巨大的工程，大臣成竹在胸，在他心里，他认为已经知道如何实施这个工程了。他画下了一个巨大的金字塔形的建造机构并面试了每个部门的负责人，又与部分负责人共同确立了各下属的岗位。为了让每个职能部门都知道自己的工作范围，他制定了金字塔中每个人的工作描述和考核制度；为了让所有成员都能安心工作，大臣甚至安排好了工作室，给每个部门相对独立的工作场合。大臣建立了一个工作的王国，他是整个项目的负责人，安排了每个人的职能范围并给出了独立而完好的工作场所及设施。当这一切安排都完成的时候，他宣布宫殿建设项目启动。

一个月过去了，两个月过去了……工地上还是不见宫殿的影子，大臣每天忙于应付各种抱怨，而结果却无法落实：建筑负责人告诉他采购来的材料不是不齐全就是有质量问题，没有办法施工；采购部门抱怨财务预算紧张，他们无法购买优质的材料；财务部门抱怨管理成本太高，很多职能部门形同虚设……

到底是哪里设计错误了呢？他开始将建造机构的人员减少，试图有一个突破。果然，他一直将整个建造机构的人员减至1（他得到了答案），为什么不让我一个人造宫殿呢？所有的信息和流程都在我的脑子里，我可以迅速作出判断：我可以先调节预算，再权衡价格和质量，完成来料检验然后投入施工，一切都可以井然有序！

怎样可以让所有成员共同完成这个"一个人造宫殿"的方法呢？聪明的大臣开始重新对这个机构布局。他打通了所有部门之间的隔墙，提供了一个敞开的工作环境。在这个环境中，每个人都可以及时找到相关的工作人员，他还取消了金字塔形的组织机构和上下级间的考核制度——最重要的是，大臣制定了工作的流程，流程的上游对下游负责，下游的内部客户考核上游的绩效。

他立即看到了另一番景象：没有人来找他抱怨什么了，各个部门都按照流程工作，流程的上下之间一同处理问题并且及时解决。于是，材料开始投入了施工，人员得到了精简，预算不再超支。按照预定的计划，王子美梦成真，在这座宫殿里开始了和公主的幸福生活。

看完这个故事后，流程导向和职能导向的区别立即显而易见。受中国古代几千年官制的品位等级制影响，中国企业中的职能部门很大程度上秉承古代官制沿袭下的"自利取向"，而非"服务取向"。在"自利取向"的情况下，各职能部门特权膨胀，拥有更大的空间来牟取一己私利，导致效率下降。我们看到中国的商业经济开放仅20多年，很多企业沿用计划经济下的职能管理模式。要改变这套金字塔形的层级命令控制体系，先锋企业在改变过程中要面对的难度可想而知。让我们首先来理解两种管理模式所关注的不同点。

职能导向侧重于对职能管理和控制，关注部门的职能完成程度和垂直性的管理控制，部门之间的职能行为往往缺少完整有机的联系。它没有确定时间标准，这一最重要的工作标准一般是由该部门的主管领导临时确定的，这就大幅加重了主管领导的工作量，又由于标准不确定，导致整体工作效率大幅降低。

流程导向侧重的是目标和时间，即以顾客、市场需求为导向，将企业的行为视为一个总流程上的流程集合，对这个集合进行管理和控制，强调全过程的协调及目标化。每一件工作都是流程的一部分，是一个流程的节点，它的完成必须满足整个流程的时间要求，时间是整个流程中最重要的标准之一。

先锋企业的领导者对企业向更高管理模式迈进过程中所产生的各类管理问题直言不讳，谈论他们感受到的"危机""落后"和"失败"。李东生曾在一次高层主管千人大会上做了一次事先准备好的2万多字的发言，认为过去TCL在集团管理上有一个突出的特点，就是对企业管理团队的充分信任和授权。因为他相信信任和授权是一种有效的激励，这也的确加速了TCL管理干部的成长。而TCL以往大部分的项目都是以这样的经营方式成长起来的。

但是现在他感到，这种机制在TCL越来越显得不得力了，甚至已经导致许多项目的失败，给公司带来了巨大的损失。充分授权的模式带来了巨大的损失。随着企业经营规模不断扩大，管理跨度增加，充分授权的模式已经急需相应的组织制度和管理流程来保障，企业的各级主管此时也非常需要适时地改变自己不适应现代企业运行的观念和习惯。早期的企业，规模比较小，项目投资比较少，对管理的要求也不太高，充分授权的方式是比较有效的。但久而久之，这种方式使得一部分企业主管对控制资源的欲望增强,而主动承担责任和创造投资回报的意识和能力却日益不足。简单粗放的管理办法已无法适应市场环境的变化。

　　TCL管理层做出了如下决定:集团对下属企业充分授权的同时,有必要建立起对下属企业重大经营决策是否科学合理的评判机制,建立起对下属企业经营管理关键环节的流程监控,从职能导向向流程导向转变。

（原载:《北方牧业》,2016年第3期）

因生长见未来

最近一段时间以来，每个行业、每个企业都处在格局变化的考验中。如果说互联网带来了消费市场的变化，那么互联网+则带来了产业领域的深刻革命，而现在人们开始谈论工业4.0又将要带来更大的冲击。这一切预示着，变化成为常态的同时，企业需要具备全新的能力。

一、生长需要持续转型变革

2016年对我们来说，具有更多的不同，我用三句话做出了描述：第一，创造未来比预测未来更重要；第二，市场与技术的力量在改变格局；第三，边界被打破。如果深入到农牧行业来看，2016年显现出与这个行业以往的特征更加不同的趋势。

养殖端倒逼升级。对于环境保护以及资源可循环的认知已经成为常识，人们越来越深地感受到养殖端倒逼的机制对饲料产业产生的巨大影响。更需要注意的是，养殖端倒逼升级的情形，变得越来越普遍，如果找不到一个合适的发展途径，养殖端完全可以重新定义整个饲料产业。

消费端信息对称。农牧业在传统发展过程中，会有非常大的信息不对称。这种信息不对称导致了非常大的浪费，也带来了产业链环节的不安全性。互联网技术带来了很多变化，其中一个最大的变化，是消费端有能力与生产端信息完全对称起来。另一方面消费者对于食品安全的需要已经到了决定产业价值的时候，产业链的信息可追溯成为一种必然的选择。而信息技术的进入，可以提升更有效的生产以及减少消耗和浪费，保障生产的产品品质更高，这些因素都会改变产业格局。

产业集中度加速。最近3年，企业之间的兼并重组非常活跃，特别是排在行业前列的企业都展开了大量的并购，使得产业集中度速度加快。

资本化、品牌化、跨界化、平台化、数据化，更多的资本在进入到农牧行业,如果以大农业的视角去看,资本进入的力度更大。无论从饲料、养殖、还是屠宰以及食品,人们越来越关注品牌建设。以品牌区隔市场并提升价值的选择越来越普遍。不同行业与农牧业的跨界组合创造出非常多的商业模式,让这个古老的行业增添了很多新的元素。大型农牧企业都在做平台化、综合服务商的转型努力,"互联网+"、大数据已经成为这些企业策略的核心构成要素。

二、转型变革一定要落地

任何一种变革最重要的是一定要落地,不能够落地的变革,只是理念的巨人,行动的矮子,这不是我们要的转型变革。转型变革不在于理念,不在于开始的时间,而在于如何得到落实,如何形成习惯,如何获得成果,如何被检验以及被证明。

禽产业链竞争力的提升是我们转型中的一部分,在行业整体行情没有好转的情形下,我们取得了较好的成绩,是因为一系列的落地行动以及努力。

信息系统上线是我们转型中的一部分。我们不但在资源上做出倾斜,并且从上到下全面支持这项工作的推进,从大量增加人员到业务单元、财务系统的配合以及合作伙伴的专业匹配,大家倾力打造,让这个项目有序并高效推进中。

创新事业平台的设立也是我们转型中的一部分。希望金融、金橡树投资、养猪服务公司、鼎橙智子投资、新和云创、爱宅良配电商、刀客联盟、食光社等一系列的平台、项目脱颖而出,并取得了非常好的进步,让我们在新的发展领域找到了属于我们的机会。

区域打强是我们转型变革中的另一部分。在片联和区域市场展开的变革,已经深入到基层之中。无论是"基地+终端"的战略转型,还是激活经营单元的组织转型,让我们看到成都片联、华北片联均取得了稳健的增长和效益。山东片联在转型与调整的同时,努力保持市场的竞争力,为未来奠定了基础。海外两个中心也取得初步成效。我们在国内首创与商学院联合定制海外留学生的硕士课程,这些本土化国际人才的培养,会推动我们国际化的布局。新加坡平台的建设,更加有力地推动整合全球资源。而2015年我们更是完成了入股美国蓝星公司的工作,让我们有了更强有力的基础。

我们在做这些转型的过程中,需要给基层留出一定时间来接受和转变,需要克服不解、困难以及障碍,需要让大家把变革转型内化为行为习惯以及内心真正的需求。虽然这些都需要时间,但是经过大家努力,我们一步一步地走了出来。

虽然这些都还需要再进一步的深化，但是经过大家努力，我们已经为持续变革奠定了坚实的基础。变革转型已经不再受外部的影响，而自觉成为我们的行动选择和工作习惯。

三、生长需要持续更新自我

我最担心的是为转型而转型，为变革而变革。衡量转型变革的标准只有一个，那就是我们是否在市场中获得真正的业绩与增长。在互联网技术引发变化的环境下，对企业来说，两个方面的努力缺一不可，一个是商业模式创新，一个是效率提升。

商业模式的创新已经引发了足够的注意，我们也身在其中不断探寻。但是我们还需要关注到效率提升所带来的巨大价值。我们的滨州一体化、德州金珊公司等都做出了很好的实践。效率的改变是自我更新结果，这需要我们真正去审视过往做事的习惯，要彻底改变固有的行为以及停滞、固化的标准。内部效率与成本的水平，不仅是管理本身的能力，也是一个企业真实的竞争力。客户需求是变化的，市场是变化的，同行也是变化的，因此满足变化的组织与手段也需要与时俱进。质量好、服务好、运作成本低、真正解决用户的困难，依然是我们改变竞争格局的"四大法宝"。实现这四个目标，就必须进行持续的管理变革，其目的就是实现高效的流程化运作，确保从田间到餐桌的优质产品的交付。

获得今天的饲料生产规模，是中国市场给予我们的机会。现在这个市场机会做出了改变，我们需要改变自己，才可能与机会同在。因此只有持续管理变革，才能真正构筑品质、服务、运营效率以及响应用户需求的速度这四个方面的竞争力，才能真正职业化、国际化，才能达到业界最佳运作水平，才能实现低成本运作。

四、自我更新一定是蜕变

去年9月总部提出"拒绝不作为，打强执行力"的要求，11月集团提出"抓变革，抓内控"的要求。这些要求的提出，需要我们更全面地审视自己内部存在的问题，需要从根本上调整自己。而这一次的改变，是需要如华为当年所做的那样："削足适履""脱胎换骨"的自我改造。

技术、同行、用户、市场都在发生改变，很多时候并不是我们之前做得不好,而是外部改变了。如果我们不做出根本性的改变,一定无法跟上变化的步伐。如果我们不能客观而高标准地审视自己,一定会被市场所淘汰。客观而更高的标准工作可以用以下几点来描述,期待团队成员可以对照自己的日常工作行为来审视自己,并做出改变。

第一,责任高于考核,不能只为考核工作。一定要形成责任高于考核的工作习惯;第二,用不亚于任何人的努力降低成本,因为管理是有成本代价的;第三,绝不抱怨,抱怨是更可怕的损耗,无法给人以正向的帮助,会滋生内在的不快乐,会带来怀疑与不信任,结果导致无法真正做到合作与协同,抱怨还会导致推诿与逃避,让问题积累下来,无法得到解决;第四,认真去做每一件事,认真才可以输出工作品质。换句话说,只有认真去做每一件事,才可以收获到每件事带来的成效。没有认真的工作态度与习惯,是不可能得到有品质的工作成果,也就无法获得成长。

我们需要改变的可能不止这些,但是先从这些做起。蜕变是我们自己的选择,也是获取内在生长的动力及途径。从"向自己挑战",到"拒绝不作为",再到"抓内控,降成本,增效益",我们一步一步夯实自己,一步一步内化自己的能力。行情依然无法预测,但当我们关注责任、精简管理、不再抱怨的时候,市场会给予我们回馈。看看2015年禽肉事业部所取得的成效,我们有理由相信,蜕变一定会让我们成长。

五、未来在生长中呈现

2016年的经营判断,我用了以下的关键词:共创与共享。自创趋势,可能是2016年的求解之道。其中最需要关注的是共创与共享,并且体现在两个层面上,一个层面是企业与顾客,一个层面是企业与员工。

养猪服务公司已经展开了与养殖户共创共享的发展,这将极大带动养猪水平的提升。食品安全工程和体系建设,同样彰显了我们与顾客共创共享的举措。希望金融更是借助于互联网金融,打造共创共享的美好。企业与员工的共创共享在今天更加重要,这不仅仅是因为员工本身的需求,更重要的是个体创造能力的发挥已经成为关键,只有这样才可以激发企业的创新能力并保持持续创新的能力,以契合技术与市场的变化。而我们从2015年开展的创新事业平台的打造,也开启了与员工共享共创的步伐。

生态网。正如前面对经营环境判断的那样,无论是竞争对手还是行业边界,都已经变得越来越模糊。对于企业而言,需要拥有一种能力,连接上下游的合作伙伴,连接相关产业的合作伙伴,还需要和其他产业、资本、顾客组合在一个价值网络中,我把它称之为生态网。商业模式创新已经是今天企业应对变化的基本选择,而创新商业模式的核心是构建生态网络,以达成价值创造。所以,无论企业目前处在什么阶段,什么位置,形成生态逻辑与思维,打造生态网都是一个必要的选择。福达计划已经在打造一个生态网络,在这个体系下,产业链上的每一个成员都在提升自己的能力。各个区域片联也在构建属于自己的生态圈,并开始显现勃勃的生机。生态网与价值链(产业链)之间的根本区别是,前者注重共同成长的设计,后者注重价值分配。

更开放、更进取的内部激活。发挥个体价值、提升组织效率、提升产业链效率、提升响应顾客的速度,这些已经是基本共识,并且很多企业都在努力推进和转变中。我在此基础上,更强调企业进取心和开放透明。2016年市场会依然处在胶着状态,经济的增长也不容乐观。对于一家企业而言,领先企业的努力和新创企业的颠覆会同时存在。因此,一定要做市场的开拓者,开放自己的组织与业务,整合更多的资源,以更进取的态度和方式,获取市场并保持领先的位置。率先进入市场是对企业的一个挑战,但也是一个必须做的选择。从产品转向解决方案,不仅是为了提供服务,更是为了开放自己,融入顾客之中,融入价值网络中。一定要去除"产品思维",一定要去除"自我中心式",一定要尽可能地开放,一定要寻求外部资源。积极去与市场互动,全方位与外部融合,包括但不限于技术、资本、人以及竞争伙伴。这就要求企业要有能力超越自己,特别是超越原有的价值体系与组织习惯。

当我确定2016年经营策略的关键词时,更开心的是我们的同事已经走在正确的路上。我们从一家生产饲料的公司,延伸到养禽,再延伸到其他养殖业;从产品延伸到服务,再延伸到解决方案;我们从生产延伸到产业,再延伸到综合服务商;我们从饲料延伸到养殖,再延伸到食品;我们从制造延伸到技术,再延伸到可靠性;我们从养殖户延伸到养殖合作,再延伸到养殖数据及价值;我们从中国延伸到亚洲,再延伸到欧非;我们从自己延伸到用户,再延伸到顾客;我们从打一份工,延伸到创一份事业,再延伸到共创共享;我们从一家获得规模增长的公司,延伸到为顾客创造价值的公司,再延伸到拥有可持续能力的公司。

(原载:《现代企业文化》,2016年第10期)

创业路上，
大学生勿忘初心与童心

当我看到创业这个话题的时候，我第一个想到的是赤子之心。孟子说"大人者，不失其赤子之心者也。"在孟子看来，伟大的人不偏离他纯洁和善良的心。所以对于一个创业者来说，童心就是指他的赤子之心。而从童心的角度我们可以延展出另一个心，那就是初心。我们创业初始的梦想和理想以及引发我们创业的那个最原始的意念，就是我们的初心。不忘初心，方得始终。一个创业者在不断面临压力和挑战的时候，时刻不要忘记他最初创业时的那个目标，也不要失去最初想要追求的美好。初心是他内在的动力并且可以不断地支持和推动他，无论遇到多少困难，能守住初心的创业者往往成功的把握最大。

恰巧今天是6月1日，我们在这个时候来谈创业，尤其来谈大学生的创业，初心和赤子之心是存在着直接联系的。

我觉得有两个角度来理解这个问题：一方面，大学生群体非常特殊，他们具有很多很优越的创业基础条件，比如对知识、互联网技术、对于市场特别是线上消费人群近距离的理解，他们是有很多的机会的；另一方面，宏观环境的支持，国家和政府出台了多项鼓励大学生创业的有力措施，而且这个时代的技术和知识的积累迅速，这的确是一个从未有过的最好的创业时代。

这样两个条件使得大学生创业成为令人兴奋和引人关注的话题，也有很多的大学生的确取得了创业的成功。例如我自己就特别欣赏华南理工大学学生的创业——非常成功的陈第和他的有米科技团队，并且也在新三板上市，发展空间也非常好。所以我相信在大学生中创业成功的人会越来越多。

但是为什么我们又对这个话题非常的慎重？因为很多的大学生在创业时，失败概率也很高，所以我们会非常谨慎地建议并不是所有的大学生都要去创业。但就像何老师说的那样，必须要有创业的精神。所以我想从一个新的角度为大家阐述我对创业的看法。

大学生创业，更需要关注变化、需求和市场的敏感性，必须要做好吃苦的准备。要问自己，你是否有足够的热情和激情，足够的自我激励的性格？当你有以上的准备时，我相信你去创业就有了很好的条件。今天，如果你来问我如何看待这个问题，我也想从两个方面来回答这个问题。

创业的机会来自于两个维度：一个维度是技术，技术变化带来很多机会；另一个是顾客价值实现，顾客细分需求的出现，也会带来很多的机会。

技术对我们今天生活的改变是有目共睹的，市场与技术的力量在改变格局。对于技术力量的认知和体认已经成为常识，人们越来越深地感受到技术从各个角度对企业的影响。更方便的交易方式和交流方式，互联网技术正在深刻地改变用户的行为模式，技术改变消费者行为的力量，每一次技术的改变都在改变着商业模式。

技术也带来顾客价值创造方式的改变，这种变化几乎覆盖了人们生活的方方面面，以至于顾客价值实现的方式也层出不穷，顾客的细分需求被大量挖掘，并且由于技术的发展有满足的可能。顾客细分需求的大量出现，让满足顾客需求的创新也大量出现，创业的机会也出现从未有过的丰富。

所以从技术的变革和顾客价值实现两个维度来看，我们今天是有非常多的商业机会和商业模式的。如果你有创业的准备，你需要在这两个维度中选择贴靠一个维度，这两个维度中都会产生无限的机会。大学生创业为什么在当今如此被关注？是因为无论从技术维度还是顾客价值需求维度来讲，今天的大学生比以往任何时代的大学生都具备创业的条件和基础。所以如果你有这个条件和梦想，我支持你去尝试，但更为重要的是你需要和市场、和团队做一个恰当的组合。

（原载：《新华日报》，2016年6月8日）

跟不上时代是最致命的挑战

一、人的高度是由双手决定的

"手比头高"这是我个人的座右铭之一。人的高度不是由思想决定的,而是由双手决定的。一个优秀的经理人能够持续地完善自己的行为,以比别人更高的标准来行动。从根源上来解惑,我们必须知道:战略更重要的是行动而不是思想。从经理职能的角度来解惑,我们必须知道:经理人不是思想者而是行动者。从做人的道理来理解,我认为:人之优秀正是基于他的行动,企业也如此。

还记得到埃及分公司的感受。在一大片的黄沙之中,看到熟悉的蓝色厂房,23位中方同事,带领着70多位埃及本地同事,仅用4年时间,在一个全新的地方,又遇到社会政治环境剧烈波动的情形,依然创造了当年投产当年盈利,次年投设第二家工厂,接着筹备第三家工厂的业绩。让我记忆深刻的是成彬养的一条称之为Tiger的狗。因为一直住在沙漠里,实在是太孤独了,两次从二楼跳下来,不想活了。成彬只好细心地和Tiger交流,做思想工作,并让它理解到这里是个好平台以及发展的意义。Tiger抑郁一扫而光,当我再看到它时,它很快乐了。这是个故事,却也真实反映了那里孤独的环境。

作为个体,经理人可以是一个充满理想的人,可以是一个热爱思考的人,也可以是一个不屈从于现实的人。但当作为职业选择的时候,经理人只能够承担作为职业所必须承担的角色。而这个角色决定了他必须是一个充满理想而又脚踏实地的人,必须是一个热爱思考而又身体力行的人,必须是一个面对现实解决问题的人。这样的要求也许在很多经理人看来太过苛刻,但是一旦成为经理人,你所承担的责任便要求你必须如此思考、如此行事。

二、心有多大舞台就有多大

还记得三年前我们决定拥抱互联网的时候，我们什么也不懂，甚至连我们与互联网是否有关联都不能确定。但是，我们知道，如果不拥抱互联网就会被淘汰。所以在永好董事长的带动下，我们去做了。我们选择"新希望六和+"，或者"+新希望六和"的方式去尝试，还真的尝到了互联网的味道。

两年多前我们决定做食品研发，即使没有技术、没有积累，甚至没有人，但我们还是去做了。美食发现中心成为一道亮丽的彩虹，让新希望六和成为食品领域的强势进入者。

一年多前，我们决定打造创新事业平台。一个大型的传统企业如何做内部创新？没有经验，没有标杆，但是我们去做了。一年后的今天，无论是互联网金融，还是金橡树投资、新道路托管、新云和创大数据平台等，让人们在重新理解新希望六和的同时，感知到了创新的品质与内涵。

每一次调整都是一次阵痛，每一次调整都是一次考验。可喜的是，我们经受住了考验，迎来了一个属于我们的全新成长。

三、坚守由外而内的原则——与顾客在一起

坚持贴近顾客，要求企业必须成就顾客而不是自己。只有和顾客在一起，才会获得生机，只有顾客才是增长的决定性因素。市场不是由上帝、大自然或者经济力量创造的，而是由企业家创造的。企业家必须设法满足顾客的需求。是顾客决定了企业是什么，因为只有当顾客愿意付钱购买商品或者服务的时候，才能把经济资源转化为财富，把物品转化为商品，才会有企业存在的价值。

企业认为自己的产品如何并不重要，重要的是顾客在哪里，顾客如何认知你的产品。顾客最后决定企业的前途和成功。顾客对企业的认同，对企业产品的认同，有着"决定性"的作用。

由外而内的观察方法是企业成功的必要条件，只有从外部寻找到价值，企业才能够获得生机。使企业持续充满活力的因素在外部，而不在内部的直接控制，顾客才是这些外部现实力量的推动者。正是为顾客提供价值的愿望使企业有了目标，也正是满足顾客的需求使企业实现了目标。

四、人先于利润

如何调动员工的积极性、创造力和对顾客的优质服务？取决于以什么方式进行管理，人本管理最好的注解就是：用爱来经营。

我们在2013年设立美好互助金，每个员工拿出100元钱，6万员工就有600万元。这笔钱在每一年可以帮助有需要的员工，使员工得到帮助并拥有了大家的爱。几天前我们一位年轻员工得了重病，需要一大笔治疗费，我在微信朋友圈里看到很多员工自发去筹款，每一笔款都是一份真诚的爱。

任何一个组织或企业都是由许多不同个性和品格的个人所组成。领导管理职能的定义，是指影响人们为组织或企业目标做出贡献的过程。具体而言，管理者的工作就是要让不同个性和品性的人能够在特定组织或企业中和谐相处，发挥群体合作的影响力，以实现组织或企业的目标。这样看来，管理者的领导职能实质上就是一种影响力，它是"艺术性"地影响人们心甘情愿、满怀热情为实现组织的目标而努力奋斗的过程。

当我们再一次确定企业愿景时，"美好公司"的打造，成为我们战略必要的构成部分。高层次的战略性管理不需要也不应该局限在传统意义所关心的问题中，诸如利润。更明确地说，成功的领导者依靠的是突出强调企业文化体系的战略性创造。在这种体系下，人才能够真正发挥才能。激活个体与组织激活，成为我们三年来最大的一笔宝贵财富。

五、以创新超越变化

如果回顾企业发展的历史，每一次超越危机，都是企业家的创新精神带来突破，并使得企业保持旺盛的发展。

为什么创新会有如此的魅力？因为企业的创新精神就是创造顾客的能力，对于企业竞争能力实质的理解可以让我们评判企业的真实能力。企业竞争能力实质上就是指企业配置和使用各种生产要素的能力。一般认为，企业核心竞争能力的根本特征就是创造顾客的价值。

创造顾客本身就创造了一个属于自己的市场，如果从这个角度思考，我们很容易获得这样的认识：只有在不断变化的经济中，或者至少是视变化为理所当然且乐于接受改变的经济中，企业才能够存在。这个时候因为变化会产生新的顾客群体，也就意味着新的机会。所以那些拥有创新能力的企业，非常欢迎变化并拥抱变化。因为他们深知，变化正是获得机遇的绝佳时机。

我们深知，在一个用颠覆作为注脚、用迭代作为说明的时代，跟不上时代是这个时代最致命的挑战。

六、开放学习分享价值

在一个巨变的时代，没有人可以高高在上，没有人可以凭借经验，更没有人可以独立创造价值。如果因循守旧、固步自封一定会被淘汰。

真正成功的企业以及真正成功的人，都是不断学习的。这是一个颠覆、被颠覆的时代，我们不颠覆自己，别人就会颠覆我们。帮助我们与这个时代共处的有效方式，就是开放学习，分享价值。我们与公司一起根植于农牧行业，从田间来到互联的空间，我们所受的教育，所形成的行业习惯、思维及行为都需要重塑。这个重塑的过程，本身就是学习与进步。

我们倍加珍惜现在拥有的一切，因为这背后的驱动力量意味着我们能够自我学习、开放吸收、分享成长、创造价值。也正因为如此，我们才有机会与6万人聚集在一起，能够去结识一家超过30年的公司，能够真正把自己的努力借助于这样一个时刻，聚集在职业平台上，在一个宏大的变化中，在一个不断创造奇迹的时代里，缔造着属于我们的传奇。

这是一个变化远超过任何一个时代的时代。那些曾经辉煌的名字如戴尔、摩托罗拉、诺基亚等，仿佛过眼烟云；那些曾经稚嫩的名字如阿里巴巴、华为、腾讯等，瞬间就光耀如星。这一切，都是前所未有的。这是一个被变化加速的时代，你我刚好身在其中。

然而，无论如何变化，社会依然有着可以遵循的逻辑自然生长。一家优秀的企业，一定能够用增长来应对变化，用价值创造来拥抱变化，用符合规律的发展路径来获取机遇。这个逻辑就是顾客价值的逻辑，就是创新的逻辑，也是我所认知的优秀企业的逻辑。

拥有这样的逻辑，在快速变化的宏大场景中，可以使我们依然清醒与坚定；拥有这样的逻辑，在喧嚣与焦虑中，可以使我们依然清明与笃定；拥有这样的逻辑，可以让我们在巨变之中，有一个坚定稳固的内核。当变化变得更加剧烈，挑战变得更加巨大时，这内核更加熠熠生辉，充满力量。

（原载：《中国商人》，2016年第7期）

企业和个人如何在复杂的经济环境下安处？

我们很多人有焦虑，有不安，有求解、求知、求友，要的东西其实很多。但你所要的这一切都由一个东西决定，就是你拥有的能力。

今天我们遇到了一个比较复杂的经济环境，没有人敢说用一招就可以解决。在这种情况下，你自己或者作为一个企业怎么能安处在这样的环境中？

一、用增长应对复杂的经济环境

我们在做战略或者研究战略，或者研究市场，或者研究经营的过程中，其中有一个很重要的要求就是如何保持增长。因为所有的问题都需要通过增长去化解。就如刚才姚洋老师介绍的一样，我们这几年为什么很困难？坦白地讲一个核心的原因是增长降速。我们的企业之前为什么活得很好？原因就是因为自然增长摆在那里。所以对于企业来说，一个很重要的要求，或者做战略的一个基本要求，就是用增长来面对变化。

如何获得增长？如何让自己的增长超过别人？从战略的基本思维来讲，有两个最重要的方式：一是用未来决定现在；二是选择不做什么。因为选择不做什么，你就有足够的资源集中去做什么，当你能够集中资源去做什么的时候，基本上你就可以把别人抛开，因为资源都有限，你越聚焦，你成功的可能性就越高。

复杂多变的经济环境下，你我今天所要讨论的主要问题是：未来已来。重要的是你要知道未来已来时，你要面对的到底是什么？你的旧观念是不是真的要终结掉？整个发展模式是不是要更新？经验是不是有末日？人跟组织的关系有可能被颠覆？"稳态"还会存在吗？

未来已来时，很多东西真的变了。比如说有没有边界？这就是一个很大的问题。什么才是真正的驱动力量？新的生活方式呈现了还是没有呈现？接下来技术、想象力以及未来到底是什么？我们能变成"新人"吗？而"新人"有可能是机器人。

最核心的问题是：未来已来时的你与世界，你属不属于那个未来已来的你？你属不属于那个未来已来的世界？

二、淘汰你的是你的旧思维

很多时候，我们被淘汰，绝对不是这个世界的变化，绝对不是技术，绝对不是外部环境，而是我们自己，因为我们生活在过去。很多人虽然生活在2016年，但是思维方式可能还停留在2000年前，这才是真正可怕的地方。同时，还需要大家理解，2016年最大的特点，可能是2020年、2050年的特点，那你又生活在什么时间点呢？这是我们所有人都要讨论的话题。

眼前正在发生的一切，也是未来发生的一切。你今天拥有的一切，也是未来拥有的一切。假如你今天不做努力，那个未来你就没有了。

这种变化正在发生中，比如工业4.0，有人认为无人驾驶汽车离我们的生活还很远，但是德国的博世集团却开发出一套产品模式，无人自动驾驶汽车去停车场，这个产品模式需求巨大并可以很快来到我们的生活中。这就是什么叫作工业4.0，什么叫作正在发生的未来，什么叫作未来已来。

从技术上讲，未来的大趋势就是从互联网到物联网，再到人工智能与生命技术。但问题就在于互联网、物联网、人工智能、生命技术对所有东西的判断发生了改变。最大的改变是什么？就是许多行业都被重新定义了。

举个例子，企业卖农机产品，一开始卖产品，接下来卖智能产品，有了移动技术之后就卖智能互联产品，当发现智能互联产品所有人都有了，就必须卖产品系统了。产品系统卖完之后，就得卖整个产业的结构。如果你不在这个产业结构网络当中，你是做不下去的。再比如，乐视的生态结构，其实是对的。从产品边界到互动边界，然后到网络边界，再到结构边界，一直在打通。如果不在一个结构当中，你很难有机会。你在什么样的结构里，这是非常非常关键的。因为边界被调了，所有的要素也变了。

今天制造业所有的知识和技术跟以前完全不一样，如果你还是用原来的知识和技术面对今天的制造业,将会很难。比如GE,把财务公司卖了,把家庭电器卖了,是因为GE发现定义的边界变了,对制造业的要求变了。制造业最重要的是降低损耗、提高效率,因为制造业占用了非常多的资源。GE从2008年开始转型,现在已经可以骄傲地宣布,他们在新一轮的变革中走在了前列。他们借助新的技术模式,为航空公司提高燃油效率,因此获得了全新的客户和价值创新。在今天的行业当中,这就是极高的效能,因为降低一个点的成本就是提高一个点的利润。再如福特汽车,要建一套完整的汽车生产线,整车出厂下线的新工厂建设只要26天,原因就是全部用数据与智能组合,这已经改变了整个制造业的效率。

三、不变的是顾客价值

云时代,从运作逻辑到世界图景,从基础法则到时间法则、空间法则,从协作法则到发展法则,全变了。今天你甚至不知道谁是你的竞争对手,所有行业的游戏规则都在调。互联时代的到来,最重要的两个要素变了,一是行业的本质竞争要素改变,二是增长逻辑改变。

工业时代,行业的本质竞争要素是规模、质量、成本。在2015年之前的互联网1.0时代,行业的本质竞争要素规模增长、盈利增长、技术进步以及资本驱动,特点就是有钱就任性,互联网企业没有盈利,但是估值很高,不盈利也赚钱,这让很多传统企业焦虑不安。但是我觉得这样的日子就要过去了。在互联网2.0时代,要真正的价值,要有效的市场,不是随便免费的用户,一定是精准的用户,一定考虑流量,考虑数据,考虑价值创造。

增长逻辑也从之前的线性增长变成非连续性增长。今天诞生出那么多新兴企业,它们和你根本不在一条轨道上跑,其实是增长逻辑变了。因此,对企业而言,真正的挑战是创新价值不同。比如工业时代还是关心产品的。但从互联网1.0时代开始,关心消费,到互联网2.0时代,关心系统和结构,也就是产业互联网。

阿里巴巴、腾讯、IBM等企业最核心的是什么?就是不断打破边界。他们在构建一个生态结构,让更多的人在这个结构里生长起来,这是他们最厉害的地方。

但是依然有不变的东西,那就是顾客价值,也就是做企业的起点和终点。德鲁克给企业的定义非常明确,那就是创造顾客。

面对未来有四个最重要的关键词:技术、数据、创造、智慧。

我们现在面临太多的变化,太多的无奈,太多的阻碍,太多的机遇,太多的挑战，太多的诱惑，一系列的变化需要靠你自己作选择，选择不做什么。但是怎么作选择？我觉得不是用机会，而是用你对于价值的判断来做选择。这个价值判断就是你的精神成长。

(原载：《企业观察家》，2016年第11期)